강시철

마케팅 전문가이자 트렌드 기획자. 1980년대 초 고려대학교를 졸업한 뒤 오리콤에서 일했다. 1990년대 말 경영학 박사학위를 받을 즈음. 비즈니스의 거대 담론은 인터넷이었지만 당시 사람들에게 낯선 분야였다. 그때 인터넷 관련 비즈니스 연구에 뛰어들어 남들보다 한발 앞선 산업 전략과 트렌드를 제시했다. 그 후 30여 년간 인터넷 비즈니스, 사물 인터넷, 인공지능 등을 연구하며 IT업계 최고 권위자로 강연과 저술 활동을 활발히 하고 있다.

스마트 병원 개척의 선구자인 권순용 교수와 함께 스마트 의료에서 인공지능과 인간이 공생하는 방법을 모색 중이다. 의료 기기의 스마트화를 넘어 스마트 기기와 의료진이 한 팀이 되는 구조를 만들기 위해 의료 산업을 낱낱이 분석하고 미래를 전망한다.

1987년 미국 오리건대학교, 2014년 서강대학교 경영대학원에서 강의했다. 저서로 《AI 빅히스토리 10의 22승》, 《인공지능 네트워크와 슈퍼 비즈니스》, 《디스럽션》, 《핸디캡 마케팅》 등을 출간했으며, 대한민국 혁신기업 대상(2020년), 대한민국 최고 경영자 대상(2018년), 한국을 빛낸 창조경영 대상(2017년)을 수상했다. 현재 AMD인베스트먼트그룹 회장으로 재직 중이며, 고려대학교 문과대학 교우회장으로 봉사하고 있다.

메타의료가 온다

의료의 미래를 혁신적으로 바꿀 스마트 병원 만들기에 대한 모든 것

메타의료가 온다

권순용, 강시철 지음

추천사

권순용 교수와 강시철 박사의 역작《메타의료가 온다》는 스마트 의료 병원의 근간을 이루는 핵심 개념들을 명쾌하게 풀어내고, 미래 의료의 새로운 지평을 여는 지침서다. 의료 분야에 대한 깊이 있는 통찰을 바탕으로, 스마트 기술을 활용한 혁신적인 병원 시스템 구축의 당위성과 구체적인 방안을 제시한다.

대한적십자사 회장으로서 이 책이 우리 조직의 인도주의 정신과 이념을 실현하는 데 크게 기여할 것이라 확신한다. 스마트 의료는 좀더 효과적이고 효율적인 의료 서비스를 가능하게 하여, 모든 이에게 공평한 의료 혜택을 제공한다는 적십자사의 숭고한 목표를 달성하는 데 든든한 디딤돌이 될 것이다.

이 책은 스마트 의료 병원 구축에 필요한 기본 개념부터 생생한 실제 사례와 구체적인 적용 방법까지 폭넓게 다루고 있다. 의료 관계자는 물론 스마트 의료에 관심 있는 모든 분에게 훌륭한 가이드가 될 것이다. 미래 의료의 방향성을 제시하고, 나아가 우리 의료 체계를 혁신적으로 변화시킬 이 책을 강력히 추천한다.

_ 김철수 대한적십자사 회장

디지털 시대의 도래와 함께 대한민국 의료계는 변혁의 시대를 맞이하고 있다. 그 중심에는 스마트 병원이라는 혁신적인 개념이 의료 서비스의 패러다임을 전환하고 K-헬스의 새로운 지평을 열어갈 핵심 동력으로 주목받고 있다.

요즘 '스마트 병원 만들기' 열풍이 일고 있다. 이 책은 스마트 병원의 모든 것을 아우르는 종합적인 지침서로, 스마트 병원 개원을 준비하는 분이라면 반드시 읽어봐야 하는 책이다. 인공지능, 빅데이터, 사물 인터넷 등 첨단 기술을 통해 병원 운영 효율성을 극대화하고, 환자 맞춤형 진료를 실현하며, 의료진의 업무 환경을 혁신하는 구체적인 방법이 상세히 소개되어 있다.

대한병원협회의 회원분들이 이 책을 꼭 읽어보기를 바란다. 스마트 병원은 단순한 기술 도입을 넘어 환자 중심의 의료 서비스를 제공하고, 글로벌 헬스케어 시장에서 K-헬스의 위상을 드높이는 핵심 전략이다. 이 책은 이러한 비전을 실현하기 위한 구체적인 로드맵과 성공 사례는 물론이고 대한민국 병원들이 새로운 시대를 선도하는 데 필수적인 통찰을 제공한다.

스마트 병원으로의 전환은 대한민국 의료 시스템의 경쟁력을 강화하고, 환자와 의료진 모두에게 더욱 쾌적하고 효율적인 의료 환경을 제공하는 핵심 열쇠다. 이 책에는 스마트 병원 황무지에서 아무런 참고서도 없이 고난을 딛고 스마트 병원 개원과 운영에 성공한 권순용 교수의 노하우가 담겨 있다. 이를 통해 대한민국 병원들이 더욱 스마트해지고, 대한민국 국민의 삶의 질을 더욱 높이는 데 앞장서기를 기원한다.

_이성규 대한병원협회 회장

디지털 혁명의 물결이 거세게 몰아치는 의료 분야에서, 스마트 의료는 이미 단순한 가능성을 넘어 우리 눈앞에 펼쳐진 현실이다. 환자 맞춤형 진료부터 병원 운영 효율성 증대, 의료진 업무 환경 개선까지, 스마트 의료는 의료 시스템 전반에 걸쳐 혁신적인 변화를 이끌어내고 있다.

이러한 시대적 흐름 속에서 출간된《메타의료가 온다》는 대한민국 스마트 의료의 미래를 밝히는 등불과 같다. 대한의학회장으로서 이 책을 강력히 추천한다. 책은 인공지능, 빅데이터, 사물 인터넷 등 최첨단 기술을 의료 현장에 접목하는 구체적인 방법론을 제시하며, 풍부한 실제 사례를 통해 그 가능성을 생생하게 보여준다. 단순한 기술 소개를 넘어 미래 의료의 청사진을 그려내는 탁월한 통찰력을 제공한다.

스마트 의료는 의학 연구의 토대를 더욱 견고히 하고, 학술 활동을 활성화하며, 의료 전문성을 한 단계 더 높이는 핵심 동력이 될 것이다. 그뿐만 아니라 스마트 의료에 대한 이해도를 높여 국민 건강 증진이라는 궁극적인 목표를 달성하는 데도 결정적인 역할을 할 것이다.

수많은 의학도와 의료인이 미래 의료를 향한 준비를 착실히 해나가고, 우리나라 의료 시스템의 경쟁력을 한층 더 강화할 수 있기를 진심으로 기대한다. 그런 측면에서 의학도와 현직 의사들이 시대 변화에 발맞춰 끊임없이 배우고 성장하는 데 든든한 길잡이가 될 것이다. "미래를 준비하는 자만이 미래를 소유할 것이다."라는 말콤 엑스의 말처럼 이 책은 미래 의료를 선도할 주역들에게 꼭 필요한 나침반이 될 것이다.

_ 이진우 대한의학회 회장

서문

2016년 가톨릭대학교 성바오로병원의 마지막 병원장이자 은평성
모병원 개원준비위원회 위원장이라는 중책을 맡은 권순용 교수는
깊은 고뇌에 빠졌다. 한국 최초의 스마트 병원인 은평성모병원을
건립해야 하는 그의 어깨에는 단순히 병원을 건립하는 것을 넘어,
대한민국 의료의 미래를 개척해야 한다는 막중한 사명감과 책임감
이 무겁게 드리워져 있었다.

　　권 교수는 밤을 지새우며 스마트 병원 건립에 대한 지식을 갈
구했다. 수많은 서적과 자료를 알아보았지만, 손에 잡히는 도서나
자료는 턱없이 부족했다. '스마트 병원 만들기'라는 주제의 책은 존
재하지 않았고, 국내외 어디에도 스마트 병원 구축에 대한 참고 자
료는 찾아볼 수 없었다. 마치 칠흑 같은 어둠 속에서 한 줄기 빛을
찾아 헤매는 듯한 심정이었다.

해외 유수 병원의 유사 사례는 있었지만 그것은 단순한 참고 자료일 뿐, 은평성모병원이 나아가야 할 방향을 제시해주지는 못했다. 인간 중심의 건강 관리 및 의료 서비스 시스템 구축에 대한 구체적인 정보는 어디에서도 찾을 수 없었다. 권 교수는 마치 미지의 세계를 탐험하는 개척자처럼, 수천억 원이라는 막대한 예산이 투입되는 스마트 병원 구축이라는 위험하고도 험난한 길을 걷게 된 것이다.

권 교수의 책임감과 사명감은 마침내 열매를 맺었다. 2019년, 세계 최초의 스마트 병원인 은평성모병원이 성공적으로 개원하고 권 교수는 초대 원장으로 취임했다. 병원을 건립하는 과정은 험난했지만, 권 교수는 좌절하지 않고 끊임없이 배우고 혁신하며 스마트 병원의 새로운 모델을 제시했다. 수많은 시행착오를 겪으며 얻은 값진 경험과 지식, 노하우는 그 무엇과도 비교할 수 없는 소중한 자산이 되었다.

이러한 경험을 바탕으로 권 교수는 첨단 기술, 인문학 분야에 다수의 책을 낸 경험이 있는 강시철 박사와 함께 이 책을 집필하게 되었다. 《메타의료가 온다》는 스마트 병원을 구축하는 과정에서 얻은 통찰과 노하우를 공유하여, 미래 의료 시스템의 발전에 기여하고자 하는 간절한 염원을 담았다.

이 책은 단순히 병원 경영의 문제뿐만 아니라 스마트 병원 구축 과정에서 발생할 수 있는 다양한 문제를 다루고 있다. 스마트 병원 구축을 꿈꾸는 이들에게 실질적인 도움을 주고 시행착오를 줄여, 궁극적으로 한국 의료 발전에 기여하고자 하는 바람을 담았다.

이 책이 스마트 병원 구축에 대한 아이디어를 제공하고, 실수를 줄이는 데 도움이 되는 나침반이 되기를 바란다. 또한 스마트 병원 구축의 의미와 중요성을 널리 알리고, 미래 의료 환경 변화에 기여하는 데 작은 밑거름이 되기를 희망한다.

4차 산업혁명 시대, 의료계의 새로운 패러다임: 스마트 병원

4차 산업의 급물살이 의료계에도 몰아치고 있다. 스마트 병원이란 용어는 더는 새롭게 느껴지지 않을 만큼 오래전에 등장했다. 요즘 지역 개발 사업 계획서에 많이 포함되는 단어가 스마트 병원이다.

병원에 첨단 기술이 도입되면서 환자뿐만 아니라 의료진도 완전히 새로운 경험을 마주하고 있다. 주요 의료 기관들은 디지털 전환이라는 거대한 물결을 타고 새로운 형태의 의료 서비스를 제공하기 위하여 경영적 측면에서 기존의 아날로그 체계에서 벗어난 디지털 체계를 구축하고자 노력하고 있다. 이러한 변화의 물결 중에서도 가장 중요한 안전과 감염 관리를 필두로 한 고품질 의료 서비스 유지에 집중하고 있다.

의료에서 가장 중요한 키워드는 환자의 안전이므로 검증을 완료한 근거 중심의 보장성이 확보되기 전에는 시행이 불가해 가장 변화가 더딘 분야다. 그리고 아무리 디지털 전환을 위한 초현대식 하드웨어들이 도입되어도 의료진과 환자 간의 스킨십을 포함한 인간적 소통과 교감이 가장 중요한 근간이다. 따라서 스마트 의료 전문가들은 다시 한번 '사람'이라는 존재에 주목해야 한다.

경영 측면에서 환자와 의료진 중심의 인적 관리는 이제 의료 기관 역량 관리의 필수 조건이 되었다. 디지털 시대 의료 기관은 인적 자원을 적절히 그리고 효율적으로 활용하여 환자 중심의 안전한 진료가 가능하게 해야 한다. 인공지능AI과 로봇이 아무리 발달해도 사람의 마음을 만지는 따뜻한 손길과 견고한 지식을 대체할 수 없기 때문이다. 여기서 우리는 스마트 병원의 권위자로부터 스마트 병원의 정의에 대해 들어야 한다.

권 교수가 정의하는 스마트 병원

스마트 병원에 관한 많은 정의가 있다. 그중 권순용 전 가톨릭대학교 은평성모병원 원장(현 가톨릭대학교 서울성모병원 정형외과 교수)의 정의가 좀더 현실적이다. 권순용 교수는 국내에서 유일하게 스마트 병원을 설계하고 공사하고 개원하고 운영해본 인물이다.

권 교수는 "스마트 병원은 단순히 디지털 병원 개념을 확장한 것이 아니라 정보통신기술ICT을 활용하여 환자 중심의 의료 서비스를 제공하고 병원 운영 효율성을 높이는 지능형 의료 시스템이다. 주 사용자인 환자와 병원 관계자 모두가 정보통신기술과 인공지능을 포함한 다양한 스마트 디지털 기술을 활용하여 환자 맞춤형 진단 및 치료, 의료 서비스 정확성 및 효율성 향상, 병원 운영 효율화, 의료비 절감, 의료 서비스 접근성 향상 등을 목표로 한다."라고 정의한다. 또한 그는 "스마트 병원은 4차 산업혁명 시대 의료 서비스 혁신을 이끌 핵심 기술이며, 다양한 미래 의료 시스템을 초월해 환자 중심의 통합적 휴머니즘을 지향하는 의료 서비스로의 방향성을 제시하고 있다."라고 한다.

여기서 공적 기관에서는 어떻게 스마트 병원에 접근하고 있는지 살펴볼 필요가 있다. 대한민국 보건복지부에서는 스마트 병원 선도 모델 개발 사업을 통해 2020~2025년 매년 3개 분야의 스마트 병원 선도 모델 개발을 지원하고 있다고 한다.[1] 스마트 병원 분야로는 원격 중환자실, 병원 내 자원 관리, 병원 내 환자 안전, 스마트 특수 병동, 지능형 워크플로workflow, 스마트 수술실, 스마트 입원 환경, 환자·보호자 교육, 스마트 투약 안전 환경 조성, 의료진 교육 및 훈련, 스마트 병원 환경 관리를 제시한다. 스마트 병원 선도 모델 개발 사업을 통해 구축된 도입 사례는 다음 표와 같다.

스마트 병원 선도 모델 개발 사업은 단순히 기술 도입을 넘어

연도	분야	주관 기관
2020	원격 중환자실	분당서울대학교병원
	스마트 감염 관리	국민건강보험 일산병원 연세대학교 용인세브란스병원 가톨릭대학교 서울성모병원
	병원 내 자원 관리	계명대학교 동산의료원
2021	병원 내 환자 안전	강원대학교병원 아주대학교병원
	스마트 특수 병동	국립암센터
	지능형 워크플로	한림대학교 성심병원 삼성서울병원
2022	스마트 수술실	충남대학교병원
	스마트 입원 환경	서울대학교병원 한림대학교 동탄성심병원
	환자·보호자 교육	연세대학교의료원
2023	스마트 투약 안전 환경 조성	부천세종병원
	의료진 교육 및 훈련	고려대학교 구로병원
	스마트 병원 환경 관리	강동경희대학교병원

스마트 병원 선도 모델 사업 선정 분야 및 기관 (출처: 왕창원, 신항식, 2023)

의료 서비스 전반에 걸쳐 환자 중심의 혁신을 이끌어내고 있다. 시간과 공간의 제약을 뛰어넘는 원격 중환자실부터 효율적 의료 자원 관리 시스템까지, 스마트 병원은 환자에게 더 안전하고 효과적인 치료 환경을 제공하고자 한다.

스마트 병원은 환자 개개인에게 맞춤형 치료 환경을 구축하여 치료 효과를 극대화한다. 원격 중환자실은 시간과 장소의 제약 없이 환자를 관리하여 환자 안전을 확보하고, 스마트 특수 병동은 특수 질환자에게 맞춤형 치료 환경을 제공한다.

병원 내 자원 관리 시스템은 의료 자원을 효율적으로 활용하여 의료비 절감과 의료 서비스 질 향상에 기여한다. 지능형 워크플로는 의료진의 업무 효율성을 높여 환자가 의료 서비스를 받는 데 걸리는 시간을 단축하고 환자의 만족도를 높이는 것을 목표로 한다. 스마트 수술실은 최첨단 기술을 활용하여 수술의 안전성과 정확성을 향상하여 환자에게 최적의 치료 결과를 제공한다.

스마트 입원 환경은 입원 환경을 개선하여 환자의 만족도를 높이고 참여를 유도한다. 환자·보호자 교육은 환자의 건강관리 역량을 강화한다. 스마트 투약 안전 환경 조성은 약물 오류를 방지하여 환자 안전을 확보하고 의료 서비스 질을 향상한다. 의료진 교육 및 훈련은 의료진 역량을 강화하여 의료 서비스 질을 향상하고 환자에게 최상의 치료를 제공한다. 또한 스마트 병원 환경 관리는 병원 환경을 개선하여 환자 만족도를 높이고 환자에게 쾌적하고 안전한 치료 환경을 제공하고자 한다.

이처럼 스마트 병원 선도 모델 개발 사업은 환자에게 더 안전하고 효과적이며, 환자 중심의 의료 서비스를 제공하는 미래 의료 시스템을 구축하는 데 중요한 역할을 할 것이다.

그러나 위와 같이 병원 일부 시설이나 시스템, 교육만을 스마트화하는 경우를 스마트 병원이라 하기에는 무리가 있다. 스마트 병원이란 당연히 병원의 시설과 기기들이 스마트해야 하지만 이를 사용하고 조작하는 다양한 의료 직군이 스마트 기기들과 융합되어 하나의 팀을 이루어야 하기 때문이다.

권순용 교수는 "시설과 기기를 스마트화하는 것도 중요하지만 의료진들 의식의 스마트화도 매우 중요합니다."라고 하면서 "의사, 간호사, 임상병리사, 방사선사, 의무기록사, 물리치료사, 약사 등 병원을 구성하는 모든 의료 종사자가 서로 연결되고 소통하며, 스마트 기기와 융합되어 한 팀으로 움직일 때 스마트 병원이 되는 것"이라고 주장한다. "디지털 시대에 스마트 닥터로는 충분치 않다. 스마트 의료팀을 만들어야 한다."라고 그는 덧붙인다. "스마트 병원이란 스마트한 시설을 만드는 것이 아니고 기기와 의료진이 수직적·초월적으로 연결되는 구조를 만들어야 완성된다."는 것이다.

스마트 병원에 첨단 기기나 인공지능과 같은 첨단 기술을 도입할 때는 신중해야 한다. 2023년 빌 게이츠는 개인 블로그에서 인공지능을 의료 분야에 도입하는 데 주의를 당부했다.[2] 그는 "의료 인공지능이 완벽하지 않고 실수할 수 있다는 점을 인정하면서도 전반적으로 유익할 것이라는 증거가 축적되고 있다."라고 했다. 하지만 게이츠는 "의료 인공지능은 인간의 생명과 건강에 직접 영향을 미치는 분야이므로 다른 분야보다 더욱 신중하게 접근해야 한다."는 입장에는 변함이 없었다. 그는 "철저한 테스트와 적절한 규제를 통해 의료 인공지능의 안전성을 확보해야 한다."고 강조했다.

이처럼 스마트 병원은 시설과 운영, 즉 정보 기술IT, Information Technology과 운영 기술OT, Operation Technology이 스마트해야 하는 것은 기본이고 그 병원을 운영하는 의료진과 지원 인력들이 함께 스마트한 사고방식으로 지식과 경험을 스마트 기기와 융합하는 것이 무엇보다 중요하다. 그래야만 빌 게이츠의 주장처럼 스마트 기기의 효용성과 한계를 정확하게 인식하여 인간 중심적humanocentric 스마트 의료를 제공하고 인류 발전에 이바지할 수 있다. 이에 권순용 교수는 은평성모병원을 통해 국내 최초로 모든 스마트 병원 원칙을 충족하는 모델을 제시했다.

권 교수 역시 스마트 병원에서 도입하는 기기들을 신중하게 선택해야 한다고 주장한다. 가톨릭대학교 은평성모병원을 건립한 그는 세계 최초로 회진 로봇과 음성 전자간호기록을 도입한 스마트 병원의 선구자다. 이는 로봇이 의사를 대신해 무언가를 할 수 있다는 커다란 사고의 전환이자 대한민국에 스마트 병원 시대를 연 역사적 시도였다.

하지만 권 교수는 초기에 도입한 로봇들이 개원 후 1년 이상을 못 버티고 대부분 창고로 향하는 시행착오를 겪었다고 한다. 당시에는 자율 주행이 불가능했고 병원 중앙 서버와의 무선 연결 및 연동 기능이 없었으며 의료진이나 환자와의 충돌 등의 안정성이 완전히 보장이 안 된 상태였기 때문이다. 병실 침상 테이블에 부착한 주문형 태블릿 역시 환자가 직접 본인의 식단을 주문하고 확인하며, 본인의 진료 일정이나 일부 검사 결과를 보는 편의성을 제공하려는 좋은 뜻이 있었다. 하지만 실제 통증으로 거동이 불편하고 심리적으로 불안한 환자에게 이러한 디지털 기기는 빛 좋은 개살구 정도가 아니라 오히려 사족이었다. 이들에게 스마트 의료의 상징처럼 보이는 디지털 기기는 신경 써야 할 복잡한 기계일 뿐이었다.

이러한 시행착오로 권 교수는 큰 교훈을 얻었다고 한다. 그뿐만 아니라 스마트 병원을 설립하거나 기존의 병원에 도입, 구축하고자 하는 이들에게는 반면교사가 되었을 것이다. 권 교수는 환자의 안전이 최우선이라는 가치에 기반을 둔 곳이 병원이므로 경험과 교훈을 나누는 것이 의료인이자 교육자로서 사회참여의 사명감 이상의 큰 의미가 있으리라 생각해 진정한 스마트 병원의 의미를 깨닫는 이 책의 공동 저자로 나섰다.

사실 스마트 기기를 들이는 데 기술 근시안적 시행착오를 겪은 곳은 병원뿐만이 아니다. 권 교수가 7~8년 전 겪었던 스마트 기기의 이상과 현실의 괴리를 최근 뉴욕 경찰이 경험했다. 2024년 뉴욕 경찰은 맨해튼 지하철역에 배치한 로보캅, 즉 로봇 경찰 'K5'의 시범 운영을 중단했다. 이는 권 교수가 시도한 회진 로봇과 마찬가지로 스마트 경찰의 상징으로 여겼던 경찰 로봇이 애물단지로 전락한 사건이다.

뉴욕을 미국에서 가장 안전한 도시로 만들기 위해 선택한 혁신적 로보캅의 최대 장애물은 어처구니없게도 계단이었다. 로보캅

로봇 경찰 K5 (출처: 조선비즈)

은 계단도 내려가지 못해 지하철역 구석에 쓸쓸하게 서서 고독을 즐기는 경우가 많았고 훼손을 우려한 나머지 보모처럼 경찰이 항상 옆에 있어야 하는 등 스마트 경찰이 아니라 손이 많이 가는 불쌍한 뚱보였다.[3] 게다가 로봇의 카메라 눈은 깐깐한 뉴요커들에게 사생활 침해 논란까지 일으켰다.

2023년 전격 취업한 로보캅은 2023년 9월부터 맨해튼에서 가장 붐비는 타임스스퀘어 역에 배치됐다. 뉴욕 경찰은 K5를 시범 배치 후 활용도가 높아지면 뉴욕시 전역에 배치하려 했다. 그런데 로보캅은 10만 달러에 육박하는 억대 장난감일 뿐이었다.

은평성모병원의 로봇이나 뉴욕 경찰의 로보캅에는 묘한 평행이론이 존재한다. 둘 다 현장의 목소리를 외면한 나 홀로 첨단 기기다. 문제는 개발자들이 현장의 실무를 극히 단편적으로 해석해 사용자와 소통이나 교감을 소홀히 하는 데 있다. 이들은 의료나 치안 현장에서 필요로 하는 부분을 이해하지 못한 채 기기를 개발하는 경우가 많다.

병원 로봇은 도입하는 순간부터 새로운 경쟁품이 지속해서 등장하므로 곧 한물간 제품이 된다는 사실을 로봇 전문가는 잘 알고 있다. 또한 수억 원 하는 로봇을 업그레이드 계획이나 장치도 없이 납품하는 배짱 두둑한 개발자가 아직도 많다. 스마트 병원에서는 로봇뿐만 아니라 거의 모든 스마트 기기가 같은 운명에 있다. 이런 위험성을 간과하고 스마트 병원을 만들겠다고 나서는 순간 병원은 폐기물 보관소로 전락할 가능성이 높다.

스마트 병원의 상징이라 불리는 로봇은 데뷔 무대를 갓 밟은 신인 배우와 같다. 새로운 기능을 탑재한 후속 모델이 등장하면 곧 구식이 되어버리고 최악의 경우 창고에 영원히 갇히기도 한다. 로봇이나 다름없는 테슬라 자동차처럼 시간이 갈수록 더욱 영리해지고 성능이 좋아지는 로봇은 불가능한 일일까?

테슬라는 풀 셀프 드라이빙FSD, Full Self Driving 기능을 탑재하여 스스로 작동하는 자율 주행 자동차 시장을 선도하고 있다. 테슬라 자동차를 경험해본 사람은 시간이 흐를수록 자동차가 점점 더 진화하는 모습에 감탄한다. 이처럼 테슬라 자동차의 성공 비결은 바로 데이터에 기반을 둔 지속적인 학습과 개선에 있다. 테슬라 자동차는 수백만 대의 차량에서 수집한 방대한 데이터를 기반으로 지속해서 업데이트되고 발전한다. 로봇 엔지니어, 의료 전문가, IT 전문가, 의료진 그리고 로봇을 사용하는 환자가 한 팀이 되어 협력한다면 의료용 로봇도 테슬라 자동차처럼 갈수록 영리해지고 성능이 좋아지는 존재로 거듭날 것이다.

로봇이 단순 반복 작업을 넘어 환자와 소통하고 환자의 상태를 정확하게 파악하며, 상황에 맞는 최적의 치료를 제공한다면 의료 분야는 엄청난 변화를 맞게 될 것이다. 의료 서비스의 질 향상과 의료 비용 절감, 의료 접근성 향상 등 다양한 긍정적인 효과를 기대할 수 있다.

스마트 의료는 단순히 기술을 도입하는 것이 아니라 환자 중심의 의료 서비스를 제공하기 위해 다양한 기술과 전문가의 협력을 통해 진정한 개선을 추구한다. 로봇의 진화는 메타의료의 핵심 가치를 실현하기 위한 중요한 과정이자 통과의례다. 로봇 엔지니어, 의료 전문가, IT 전문가, 의료진 그리고 환자들의 협력을 통해 스마트 병원의 로봇은 '데뷔 무대를 넘어 진화하는 배우로 거듭나 환자 중심의 의료 서비스를 제공하는 핵심 역할을 할 것'이라는 결기를 다져야 한다.

스마트 병원 정부 지원 사업의 핵심은 사업 자체가 아니라 사업의 성과가 스마트 병원이라는 정의에 부합하는지를 엄격히 평가하는 데 달려 있다. 과거 정부 지원 사업에 대한 비판과 불신을 넘어 혁신하기 위해서는 사업 선정 단계부터 철저하고 투명하게 평가 모델을 구축해야 한다.

2023년 정부는 'R&D 카르텔' 혁파를 내세우며 2024년 과학기술 R&D 예산을 14.8% 줄였다.[4] 정부는 과학기술 지원 예산 감축에 대한 비난에도 과거 지원금 남용 사례를 반복하지 않기 위해 목적에 부합하는 사용을 위한 노력을 강조하고 있다. 이는 단순한 삭감이 아닌 미래를 위한 현명한 포석으로 해석될 수 있다. 하지만 현실은 아직 갈 길이 멀다.

정부 지원 R&D 사업의 선정 및 집행과 관련해 불투명성은 진상의 사실적 분석보다는 상호 간 유불리와 이해관계에 따른 나눠먹기식 관행에 있었다. 그러나 최근 이러한 부정적 관행에 대하여 연구자들 사이에서도 자정적 성찰을 요구하는 목소리가 나오자 이에 화답하듯 정부에서 각종 지원책을 마련하고 있다. 정부는 2025년 R&D 예산을 대폭 증액하며 적시에 신속한 지원, 투명한 연구 환경 조성, 글로벌 연구 개방과 연대, 혁신-도전의 R&D 및 인재 양성에 중점을 두겠다고 밝혀 향후 스마트 의료를 포함한 K-헬스의 앞날을 밝게 해주는 계기가 될 것으로 생각한다.

따라서 앞으로는 정부, 기업, 시민사회의 협력을 통해 사업 운영의 투명성을 높이고 평가 시스템을 강화하며 부정행위를 근절하기 위해 한층 더 노력해야 한다. 이러한 노력을 통해 K-헬스 및 스마트 의료 R&D 사업은 진정한 의미의 혁신과 발전을 이뤄 의료 서비스의 질 향상, 의료 비용 절감, 의료 접근성 향상 등 다양한 긍정적인 효과를 가져올 것이다. 그리고 이는 궁극적으로 국민 건강 증진은 물론 포괄적인 K-헬스 관련 스마트 바이오 산업의 대외적 경쟁력을 높일 것이다.

그동안 스마트 의료와 관련한 R&D의 소산으로서 우리나라 스마트 병원의 현실은 스마트 병원이라는 화려한 타이틀 아래에 숨겨진 개념적 혼란과 부조화로 마치 아름다운 깃털을 가진 새가 날지 못하는 것과 같았다. 개별 프로젝트들로 이루어진 현재의 스마트 병원 선도 사업은 진정한 스마트화를 이루는 것과는 거리가 멀다. 스마트 병원은 단순히 개별적 기술 도입을 넘어 병원 전체를 하나의 유기적 시스템으로 연결하고 참여자들을 초연결해야 완성되는 개념이다. 개별 프로젝트들은 마치 흩어진 퍼즐 조각과 같다.

개별 프로젝트들은 오히려 혼란을 가중하고 시스템 전체의 효율성을 떨어뜨릴 수 있다. 아무리 수술실과 병동이 스마트해도 전체 시스템과 조화를 이루지 못한다면 의미가 없다. 정부 주도 사업역시 개별 노력에 그친다면 진정한 스마트 의료 시스템 구축을 선도하려는 노력은 물거품이 되고 말 것이다.

진정한 스마트 병원은 병원 전체가 하나의 완벽한 시스템으로 연결되고 모든 참여자가 유기적으로 협력할 때 탄생한다. 흩어진 퍼즐 조각들이 완벽하게 맞물려 새로운 차원의 의료 서비스를 제공하는 것이 바로 스마트 병원의 진정한 의미다. 스마트 병원은 단순한 개념이나 기술 집합체가 아니다. 이는 의료 시스템의 근본적 변화를 의미하며 새로운 의료 시대를 열어갈 추동력을 지닌 살아 있는 생명체와 같다. 진정한 스마트 병원을 만들기 위해서는 모든 요소가 초월적 연결을 통해 하나의 유기적 시스템으로 융합되어야 한다. 이는 단순히 개별 프로젝트를 연결하는 것을 넘어 오케스트라가 하나의 아름다운 선율을 만들어내듯이 병원 내부와 외부, 의료진과 환자, 시설과 기기, IT와 OT까지 모든 구성 요소가 수평적·수직적 연결을 통해 하나의 목표를 향해 나아가는 것을 의미한다.

컨트롤타워 또는 구심체는 이러한 연결을 가능하게 하는 핵심 요소다. 이는 개별 참여자들이 지적 재산권과 기술을 공유하고 운영체제를 호환하며 공통된 자원을 상호 지원할 수 있도록 뒷받침하는 역할을 한다. 정부는 사업 계획, 운영 전략, 정부 지원 등 모든 측면에서 초월적 연결을 위한 정책을 마련해야 한다.

스마트 병원의 키워드는 '원 팀one team'이다. 이는 병원이 스포츠팀이나 오케스트라처럼 유기적으로 플레이해서 환자를 치료하는 데 최상의 결과를 낼 수 있도록 하는 개념이다. IT와 OT와 같은 디지털 인프라는 이를 위한 보조적 수단이며 사회 문화적 역할 또한 중요한 요소다.

권 교수는 스마트 병원의 개념을 포괄적 통합의료의 개념과 메타헬스까지 확장하고 있다. 이는 의료와 관련한 많은 첨단 기술이 융합하는 미래에는 초월적 의료가 주류를 이루리라는 전망을 반영한 것이다. 스마트 병원은 단순히 기술 문제가 아니라 사회의 전반적 변화를 요구하는 과제다. 정부, 의료 기관, 기업, 시민사회 모두가 하나의 팀이 되어 협력할 때만 진정한 스마트 병원을 만들 수 있다.

미노타우로스 의료 체계에 대한 변증법적 고찰

1932년 올더스 헉슬리(1894~1963)는 《멋진 신세계》에서 인공 부화와 조건화를 통한 인간 대량 생산이라는 디스토피아적 미래를 제시했다. 당시에는 공상과학에 불과했던 이러한 설정이 현대 유전공학의 발전과 겹치며 헉슬리의 예지력에 경탄을 금할 수 없다.

소설 속 '멋진 신세계'는 인공 부화 과정에서 배아의 유전자를 조작하여 지능, 체력, 외모 등을 미리 결정함으로써 사회 계급을 고착화하고 안정을 유지한다. 이는 현대 유전공학의 크리스퍼 유전자 가위CRISPR-Cas9와 같은 유전자 편집 기술과 유사하다. 유전자 편집 기술은 질병 유발 유전자는 제거하고 특정 형질은 강화하는 등 잠재력을 지니지만 맞춤형 아기 디자인 가능성과 함께 윤리 문제와 안전성 논란을 야기한다.

또한 '멋진 신세계'는 인간을 알파, 베타, 감마, 델타, 엡실론의 다섯 계급으로 나누어 각 계급에 맞는 역할과 지능을 부여하는데,

이는 유전공학 기술이 초래할 수 있는 사회적 불평등 심화를 시사한다. 유전자 편집 기술에 부유층만 접근할 수 있다면 유전적으로 우월한 계층이 형성될 가능성은 간과할 수 없는 문제다.

소설 속 인공 부화된 인간은 수면 학습과 약물을 통해 특정 가치관과 행동 양식에 길든다. 이는 사회 안정과 통제를 위한 수단으로, 현대 사회의 미디어·교육·광고 등을 통한 개인 사고 및 행동 조종 시도와 유사하다. 유전공학 기술은 이러한 조종을 더욱 쉽게 할 수 있다는 점에서 우려를 자아낸다.

《멋진 신세계》는 유전공학 기술이 인류에게 가져다줄 혜택과 위험을 동시에 제시하는 예언적 작품이다. 질병 치료, 식량 생산 증대 등 긍정적 측면과 함께 윤리 문제와 사회적 불평등 심화, 인간 조종 가능성 등 부정적 측면을 균형 있게 고찰해야 한다. 유전공학 기술의 발전은 신중하고 책임감 있는 접근과 사회적 합의 및 규제를 통해 기술 오용을 방지하며 이루어져야 할 것이다.

헉슬리는 약 100년 전에 현재의 첨단 기술을 예측했으며, 그 예측이 현실화되고 있다는 사실은 경이롭다. 특히 스마트 의료 분야에서 수천 년 전 신화에 등장한 켄타우로스와 미노타우로스가 의료 패러다임의 대전환에 대해 시사하는 점이 헉슬리의 미래 사회 예측과 맞닿아 있다.

켄타우로스적 의료 패러다임은 인간 의료진의 전문성과 의료 기기의 효율성을 결합한 형태로, 산업혁명 시대의 기계화와 분업

의사 가운을 입은 미노타우로스 (출처: 챗GPT 4o를 이용한 자작)

화를 통해 의료 서비스의 생산성을 극대화한 모델이다. 이는 현대
의료 시스템의 근간을 이루고 있다. 그 반면에 미노타우로스적 의
료 패러다임은 인공지능의 뛰어난 연산 능력과 방대한 의료 데이
터를 기반으로 의료 서비스를 제공하는 새로운 모델이다. 이는 인
간의 한계를 초월하는 인공지능의 잠재력을 의료 분야에 적용하여
기존 의료 시스템을 혁신적으로 변화시킬 가능성을 시사한다.

　　미노타우로스는 황소의 머리와 인간의 몸을 가진 하이브리드
한 존재다. 따라서 미노타우로스적 의료란 사고와 조종은 황소의
머리, 즉 인공지능이 담당하고 인간은 인공지능의 지시에 따라 움
직이는 형상을 묘사한다. 첨단 로봇 수술 도구를 조작하는 인간 의
사가 결국 인공지능이 제공하는 정보에 의존하는 현실을 말한다.

스마트 병원은 이러한 미노타우로스적 의료 패러다임의 상징이며, 스마트 도시 역시 인공지능 네트워크 속에서 미노타우로스와 같은 형태로 변모할 수 있다.

2022년 11월 챗GPT의 등장으로 인간은 켄타우로스에서 미노타우로스로 변화하기 시작했다. 미래에는 모든 병원이 스마트 병원이 될 것이며, 의료진은 미노타우로스적 의료 패러다임에 적응해야 한다. 미래 의료진에게 필수 덕목은 인공지능 리터러시literacy, 즉 인공지능 문해력이다. 인공지능을 활용하여 병원 업무 프로세스부터 임상까지 전 과정을 아우르는 엔드 투 엔드end to end 의료를 실현하는 것이 의료진의 인공지능 리터러시다.

의료적 지식과 인공지능 리터러시를 겸비한 의료진은 기존 능력의 10배 이상을 발휘할 수 있다. 진료 속도를 포함해 효율성·안전성·정확성·지속성 등 기존 의료 시스템에서는 볼 수 없었던 놀라운 효과를 기대할 수 있다. 예를 들어 많은 환자의 디지털 트윈과 마찬가지로 인공지능이 100조 개가 넘는 DNA 분석에서 읽어낸 정보를 기반으로 진단하는 의사는 전통 방식에 의존하는 의사보다 훨씬 뛰어난 능력을 발휘할 것이다.

인공지능 시대에 지금의 의사 면허 취득은 태권도로 따지면 노란 띠 수준에 불과하다. 파란 띠, 빨간 띠를 거쳐 인공지능 리터러시를 체득하는 검은 띠에 이르기까지 끊임없는 배움이 필요하다. 인공지능을 자신의 것으로 만들지 못하는 의료진은 도태될 수 있으며, 인공지능으로 무장하지 않은 병원은 스마트 병원과의 경쟁에서 살아남기 어려울 것이다.

그러나 미노타우로스가 미궁 속에 갇혀 인간을 위협하는 존재로 묘사되는 것처럼 인공지능의 불확실성과 윤리 문제는 여전히 해결해야 할 과제다. 켄타우로스와 미노타우로스라는 이분법적 접근은 의료 시스템의 복잡성을 단순화할 위험이 있으며, 산업혁명과 인공지능 혁명은 의료 분야뿐만 아니라 사회 전반에 다층적인 영향을 미치므로 단일한 신화적 상징으로 환원하기에는·한계가 있다.

따라서 켄타우로스와 미노타우로스라는 신화적 은유를 통해 의료 시스템의 변화를 분석하는 것은 유의미하지만 그 함의를 균형 있게 평가하고 다양한 관점에서 비판적으로 검토해야 한다.

신의 불꽃, 인간의 지혜 그리고 스마트 병원의 미래

'인간의 욕망은 끝이 없고, 그 욕망의 끝에는 항상 신의 불꽃이 타오르고 있다.' 고대 그리스 신화 속 프로메테우스는 인간에게 불을 가져다주고 그 대가로 영원한 고통을 받았다. 불은 인간에게 문명의 발전을 가져다준 동시에 파괴와 고통의 씨앗이 되기도 했다. 오늘날 우리는 인공지능이라는 새로운 불꽃을 손에 넣었다. 그리고 이 불꽃은 의료의 미래를 혁신적으로 바꿀 스마트 병원의 탄생을 예고하고 있다.

신의 불을 받은 스마트 병원(출처: 챗GPT 4o를 이용한 자작)

스마트 병원은 인공지능을 기반으로 의료 서비스의 효율성과 정확성을 극대화하는 미래형 병원이다. 인공지능은 방대한 의료 데이터를 분석하여 질병을 예측하고 진단하며, 개인 맞춤형 치료 계획을 수립한다. 로봇은 수술을 집도하고 간호 업무를 보조하며 환자의 재활을 돕는다. 스마트 병원은 환자에게 최상의 의료 서비스를 제공하며 의료진의 업무 부담을 줄여준다.

인공지능은 의료 분야에서 판도라의 상자와 같다. 희망과 절망, 기회와 위협이 공존한다. 인공지능은 인간의 생명을 구하고 삶의 질을 향상할 잠재력을 가진 동시에 의료 불평등을 심화하고 의료 윤리 문제를 야기할 수 있다. 그렇다면 우리는 인공지능이라는 새로운 불꽃을 어떻게 다루어야 할까?

인공지능은 도구일 뿐, 목적이 아니다. 우리는 인공지능을 인간의 삶을 풍요롭게 하는 데 활용해야 한다. 의료 분야에서 인공지능은 인간의 생명을 구하고 건강을 증진하는 데 기여해야 한다. 인간의 존엄성을 훼손하거나 의료 불평등을 심화하는 데 인공지능이 사용되어서는 안 된다.

스마트 병원은 인간과 인공지능이 공존하는 미래 의료의 모습을 보여준다. 인공지능은 의료진의 파트너로서 인간의 지혜와 경험을 보완하고 의료 서비스의 질을 향상하는 데 기여해야 한다. 의료진은 인공지능을 활용하여 환자에게 더 나은 치료를 제공하고 환자는 그 도움을 받아 건강한 삶을 영위한다.

스마트 병원은 프로메테우스의 새로운 불꽃을 의료 분야에 접목하는 담대한 도전이다. 우리는 인공지능의 잠재력을 최대한 활용하여 인류의 건강과 행복을 증진해야 한다. 그리고 아울러 인공지능의 위험성을 인지하고 인간의 존엄성과 윤리적 가치를 지키기 위한 노력을 게을리해서는 안 된다. 스마트 병원은 인간과 인공지능이 함께 만들어가는 미래 의료의 새로운 지평을 열 것이다.

히포크라테스의 후예를 꿈꾸는 인공지능

'인공지능은 의술의 신성한 불꽃을 찬탈할 것인가, 아니면 그 불꽃을 더욱 밝게 비추는 등불이 될 것인가?' 최근 인공지능의 급격한 발전은 의료계에 격렬한 논쟁을 불러일으키고 있다. 일각에서는 인공지능이 의사를 대체할 것이라는 디스토피아적 전망을 내놓지만 필자는 인공지능이 의사의 능력을 극대화하여 의료 서비스의 질을 향상하는 유토피아적 미래를 그려본다.

인공지능은 방대한 의료 데이터를 분석하여 질병을 조기 진단하거나 예측하여 맞춤형 치료를 가능하게 한다. 인공지능은 인간의 눈으로는 볼 수 없는 미세한 병변을 발견하고 인간의 뇌로는 처리할 수 없는 복잡한 정보를 분석하여 최적의 치료법을 제시한다. 인공지능은 의사의 판단을 돕고 실수를 줄이고 시간을 절약하여 많은 환자에게 더 나은 의료 서비스를 제공할 수 있도록 한다.

인공지능은 의사의 손발이 되어 수술의 정확성과 안전성을 높이고 환자의 회복을 돕는다. 로봇은 인간의 손보다 더 정교하고 섬세한 동작으로 수술을 집도하며, 인공지능은 수술 중 발생할 수 있는 위험을 예측하고 예방한다. 인공지능은 환자의 생체 신호를 실시간으로 모니터링하고 환자의 상태 변화에 즉각적으로 대응하여 합병증을 최소화한다. 인공지능은 환자의 재활 과정을 개인 맞춤형으로 설계하고 환자의 운동 능력을 향상하는 데 기여한다.

인공지능은 환자의 감정을 이해하고 공감하며, 환자의 심리적 안정을 돕는다. 인공지능은 환자의 표정이나 목소리, 몸짓 등을 분석하여 감정 상태를 파악하고 환자에게 적절한 위로와 격려를 제공한다. 인공지능은 환자의 불안과 스트레스를 줄여주고 치료 의지를 북돋아준다. 인공지능은 의사와 환자 사이의 소통을 원활하게 하고 신뢰 관계를 구축하는 데 기여한다.

인공지능은 의사를 대체하는 것이 아니라 의사의 능력을 증강해 의료의 새로운 지평을 열 것이다. 인공지능은 의사의 파트너이자 조력자로서 인간의 지혜와 경험을 보완하고 의료의 한계를 뛰어넘는 데 기여할 것이다. 우리는 인공지능과 함께 의료의 미래를 만들어가야 한다. 인공지능은 히포크라테스 정신을 계승하여 인류의 건강과 행복을 증진하는 데 기여할 것이다.

의료 인공지능이 가장 먼저 꽃필 수 있는 나라, 대한민국

인공지능 시대의 꽃이라 일컫는 생성형 인공지능 기술을 꽃피운 국가는 한국·미국·중국뿐이다. 한국의 네이버 클로바X는 여러 면에서 챗GPT를 앞서고 있으며 삼성은 세계 최초로 스마트폰에 온디바이스 생성형 인공지능을 탑재하여 스마트폰 시장의 판도를 뒤흔들고 있다. 한국이 생성형 인공지능 기술에서 선두를 달리는 이유는 무엇일까? 바로 공산권을 제외하고는 유일하게 네이버, 카카오와 같은 자체 검색 엔진과 메신저 서비스를 보유하고 있기 때문이다. 이는 빅데이터를 확보할 수 있게 한다. 그리고 이 빅데이터는 생성형 인공지능 개발의 필수 요소다. 이와 달리 유럽은 구글과 같은 빅브라더들의 지배로 자체 거대 언어 모델 개발을 위한 빅데이터 확보가 어렵고 일본은 검색은 야후, 메신저는 라인이 지배하고 있어 자국 고유의 생성형 인공지능 개발은 꿈도 못 꾸는 상황이다.

한국의 강점은 여기서 그치지 않는다. 전 세계에서 3나노 이상의 반도체 기술과 12단 이상의 HBM 기술을 모두 보유한 나라는 한국뿐이다. 이를 반영하듯 로봇 밀도robot density 또한 한국이 세계에서 가장 높다. 이렇게 한국인은 스마트 병원에 관한 한 왕족의 DNA를 가지고 있다. 이런 토대 위에 대한민국은 진정한 스마트 의료 시대를 실현할 유력한 국가로 주목받게 된 것이다.

대한민국 정부는 축적된 바이오 역량에 뛰어난 제조 역량과 최고 수준의 인재, 양질의 의료 데이터 등 강점을 접목하여 첨단 바이오 시대를 이끄는 퍼스트 무버의 비전을 제시하고 K-헬스의 완성된 모습을 그리고 있다. 그러면서 정부 R&D 투자 확대 등을 골자로 하는 '첨단 바이오 이니셔티브'를 제시하여 앞으로 스마트 의료의 지평은 더욱 확대될 전망이다.[5]

스마트 통합의료는 인공지능, 빅데이터, 5G, 클라우드 컴퓨팅 등 첨단 기술과 한방, 대체 의학, 건강 기능성 식품, 운동 처방, 라이프 스타일 컨설팅 등을 접목하여 의료 서비스를 근본적으로 변화시키는 혁신적 개념이다. 한국은 이러한 기술을 모두 보유하고 있으며, 특히 세계적 경쟁력을 갖춘 생성형 인공지능 기술과 반도체 인프라가 미래 스마트 의료를 실현해줄 것이다.

이제 한국은 스마트 의료 시대 선두주자로 비상할 준비가 되었다. 세계적 빅테크가 인공지능·챗GPT·블록체인·클라우드 등의 기술로 초격차의 선두에 있는 것은 사실이다. 하지만 스마트 의료는 정교함으로 승부가 결정되며 현재 대한민국의 최대 강점은 바로 정교함에 있다. 따라서 정부와 기업, 학계, 시민사회가 하나의 팀이 되어 힘을 모은다면 우리는 스마트 의료를 통해 국민 건강 증진과 사회 발전을 동시에 이룰 수 있을 것이다. 많은 관심과 성원 그리고 적극적인 참여를 통해 한국의 스마트 의료 시대를 함께 만들어나가야 한다.

그러면 지금부터 스마트 병원 속으로 들어가보자.

차례

1장   키보드에서 해방된 의사들   ● ● ●

2장   의료와 로봇의 만남   ● ● ●

9장	**메디컬 3D 프린팅**	• • •

1장

키보드에서
해방된 의사들

의사들을 키보드로부터 구해내기

2019년 은평성모병원의 개원은 단순한 시작이 아니었다. 권순용 교수가 이끄는 이곳에서는 인공지능 기반의 음성인식 전자의무기록 시스템인 Voice EMR Electronic Medical Record (이하 보이스 EMR)이 첫선을 보였고 이는 의료계에 작은 혁명을 가져왔다. 특히 이 혁신은 의사와 간호사를 키보드의 굴레에서 벗어나게 해준 주인공이었다.

첫날부터 시스템은 의료진에게 코믹한 놀라움을 선사했다. "이제 수술을 시작하겠습니다."라고 말한 한 의사의 음성이 시스템에 의해 "이제 술을 시작하겠습니다."라고 오해를 불러일으켰다. 병원은 웃음으로 가득 찼고 이 해프닝은 의료진과 환자 사이의 긴장을 누그러뜨리는 계기가 되었다.

하지만 이는 단지 시작에 불과했다. 권 교수와 팀은 이 코믹한

활짝 웃고 있는 의료 관계자들(출처: 챗GPT 4o를 이용한 자작)

상황을 계기로 시스템을 끊임없이 개선했고 보이스 EMR은 점차 의료진의 업무 효율성을 향상했다. 의사는 이제 키보드에 얽매여 시간을 낭비하지 않게 되었다. 의사는 환자와 눈을 맞추고 환자의 이야기에 귀를 기울일 수 있는 시간을 가지게 되었다. 간호사도 이제 환자에게 더 많은 시간을 할애할 수 있게 되었다. 이러한 변화는 환자에게 좀더 양질의 서비스를 제공하는 길을 열었다.

한편 의료진 사이에서는 보이스 EMR과 관련한 재미있는 일화들이 끊임없이 전해졌다. "이제 술은 언제 시작하나요?"라고 묻는 환자에게 간호사가 웃으며 대답하는 장면은 병원의 일상이 되었다. 이런 유쾌한 순간들은 의료 현장을 더 인간적이고 따뜻하게 만들었다.

1장 키보드에서 해방된 의사들

은평성모병원의 보이스 EMR은 기술 혁신뿐만 아니라 의료진과 환자 간의 소통을 개선하는 데 크게 기여했다. 권 교수의 리더십과 개발팀의 노력, 간호사들의 헌신적 참여 덕분에 병원은 기술과 인간미가 조화를 이루는 곳으로 거듭났다. 이 모든 것은 한국 의료계에 새로운 지평을 열었고 은평성모병원을 혁신의 아이콘으로 자리매김하게 했다.

의료 분야는 빠르게 변화하고 있으며, 디지털 혁신은 이러한 변화의 핵심 동력이다. '키보드에서 해방된 의사들'이라는 개념은 이러한 변화를 상징하는 중요한 경향이다. 이는 의사들이 환자 진료 및 의무기록 작성에 키보드를 사용하는 대신 더 효율적이고 환자 중심의 진료가 가능하도록 돕는 기술과 방법을 사용하는 것을 의미한다.

키보드에서 해방된 의사들을 위한 핵심 요소 중 하나는 의료 데이터의 활용이다. 전자의무기록**EHR, Electronic Health Records** 시스템과 같은 디지털 도구를 사용해 의사들은 환자 정보에 빠르고 효율적으로 접근하고 관리할 수 있다. EHR은 환자의 진료 기록을 디지털 형태로 저장하고 관리하는 시스템이다. 기존의 차트를 대체하여 환자의 인적 사항, 병력, 진료 내용, 검사 결과, 처방 내역 등 의료 정보를 체계적으로 관리한다. 이는 의료 업무의 효율성을 높이고 환자 중심의 의료를 제공하는 데 중요한 역할을 한다.

빅데이터를 활용한 의료 데이터 분석은 중요하다. 빅데이터를 활용해 의사는 많은 양의 환자 데이터를 분석하여 질병을 예측하고 맞춤형 치료 계획을 수립하고 의료 시스템을 개선하는 데 활용할 수 있다. 이는 의료 의사 결정의 새로운 지평을 열고 환자 치료 결과를 향상하는 데 기여할 것이다.

인공지능은 EHR 시스템의 중추적 역할을 한다. 인공지능은 의무기록을 자동으로 분류하고 분석하여 의사가 필요한 정보에 빠르게 접근할 수 있도록 돕고 환자 치료에 필요한 결정을 내릴 수 있도록 지원한다. 또한 의료 이미지 분석, 맞춤형 치료 계획 수립 등 다양한 분야에서 의료 서비스의 질을 향상하는 데 기여한다.

키보드에서 해방된 의료는 현장을 변화시키고 있다. 의사는 이제 키보드 작업에 시간을 낭비할 필요 없이 환자와 소통하고 협력하는 데 집중할 수 있다. 특히 클라우드에 기반한 EHR 시스템은 진료 정보에 접근성과 확장성을 향상하며, 데이터 보안을 강화해준다. 이를 통해 여러 의료 시설이나 의사가 실시간으로 환자 정보에 접근하고 이를 업데이트하여 환자에게 최적의 치료를 제공한다.

EHR의 근간은 음성인식 기술이다. 음성인식 기술을 이용해 의사가 EHR에 음성 명령으로 데이터를 입력하고 조회할 수 있다. 이를 통해 의사는 환자와 더 밀도 있게 상호작용하면서도 의무기록을 효율적으로 관리할 수 있다.

EHR, 인공지능과 만나다

미국 메이요클리닉Mayo Clinic은 2018년부터 의무기록 분석, 질병 조기 발견, 환자 맞춤형 치료 등에 인공지능 기반의 EHR을 활용하고 있다. 메이요클리닉의 인공지능 기반 EHR 활용 사례는 다음과 같다.[1]

메이요클리닉의 인공지능 시스템은 의무기록을 자동으로 분석하고 입력한다. 이를 통해 의사는 수동으로 데이터를 입력하는 시간을 줄여 환자 진료와 상담에 더 많은 시간을 할애할 수 있다. 예를 들어 인공지능 시스템은 환자의 신체검사를 비롯한 각종 검사 결과나 약물 처방 내역 등의 다양한 의무기록을 자동으로 분석하여 의사에게 제공한다. 이를 통해 의사는 환자의 건강 상태를 빠르게 파악하고 필요한 조치를 신속하게 취할 수 있다.

메이요클리닉의 인공지능 시스템은 고급 음성인식 기술을 통해 의사의 말을 EHR에 직접 입력한다. 이를 통해 의사는 환자와 대화하면서 중요한 정보를 구두로 기록할 수 있다. 이는 키보드 사용을 대체하여 의사의 업무 효율성을 크게 향상한다. 또한 의사와 환자 간의 상호작용을 증진하여 더 인간적인 의료 서비스를 제공하는 데도 기여한다. 챗GPT나 제미나이Gemini와 같은 거대 언어 모델LLM, Large Language Model을 기반으로 한 인공지능이 실용화된 지금, 음성인식은 거의 완벽하게 키보드 입력을 대체할 것으로 예상한다.

메이요클리닉의 인공지능 시스템은 실시간으로 환자의 건강 상태와 관련 데이터를 처리하고 분석한다. 이를 통해 의사들은 진료 중에 키보드를 사용하지 않아도 환자의 건강 상태를 실시간으로 확인할 수 있다. 이는 진료 시간을 크게 단축해 환자의 대기 시간을 줄이고, 의사들의 진료 효율성을 향상하는 데 기여할 뿐 아니라 환자에게는 더욱 인간적인 의료 서비스를 제공할 수 있게 해준다.

메이요클리닉이 도입한 인공지능 시스템은 의사에게 진단과 치료에 필요한 중요한 정보와 추천 사항을 제공한다. 이를 통해 의사는 옛날 방식으로 의료 데이터를 분석할 필요가 없어서 신속하게 환자 치료를 위한 의사 결정을 할 수 있다. 이는 환자의 치료 결과를 개선하고 의료 서비스의 질을 향상하는 데 기여한다.

환자 맞춤형 분석은 인건비가 많이 드는 업무여서 특별한 경우가 아니면 제공하기 힘든 서비스다. 그러나 인공지능 시스템을 도입하면 거의 자동으로 분석할 수 있다. 메이요클리닉의 의사는 인공지능을 이용하여 환자 개개인의 특성과 필요에 맞는 치료 계획을 수립하고 있다. 이런 방식으로 메이요클리닉의 인공지능 기반 EHR은 의사를 키보드 작업에서 벗어나게 해준다. 이를 통해 의사는 더 많은 시간을 환자 치료에 집중할 수 있어 의료 서비스의 질이 전반적으로 높아지고 있다.

메이요와 같이 세계적 명성을 자랑하는 미국의 종합병원인 클리블랜드클리닉Cleveland Clinic은 2016년부터 클라우드 기반의 EHR을 도입하여 큰 성과를 거두고 있다.[2] 클라우드 기반 EHR은 기존의 온프레미스on-premise 방식의 EHR과 달리 데이터를 클라우드 서버에 저장하고 관리하는 방식이다. 이를 통해 병원은 기존 시스템과 비교하면 다음과 같은 장점을 누릴 수 있다.[3]

의사는 클라우드 기반 EHR 시스템을 통해 병원 내외 어디서나 장소 제약 없이 환자의 의무기록에 접근할 수 있다. 이를 통해 환자 상태에 대한 즉각적 판단과 조치가 가능해져 의료 서비스의 질을 높이고 있다.

클라우드 기반 EHR 시스템의 또 다른 장점은 비용 절감이다. 간단히 말해 클라우드 기반 EHR은 온프레미스 시스템과 달리 병원이 자체적으로 구축해야 하는 서버·네트워크·스토리지 등과 같은 장비와 인프라 비용이 들지 않는다. 클라우드 기반 EHR은 클라우드 서비스 제공업체가 최신 소프트웨어와 보안 기술을 지속해서 업데이트하고 적용하여 관리하므로 병원이 별도의 비용을 투입할 필요가 없다.

　실제로 미국 조사 기관인 IDC International Data Corporation 가 2023년 7월에 발표한 보고서에 따르면, 클라우드 기반의 EHR을 도입한 병원은 기존 시스템을 사용하는 병원에 비해 유지 보수 및 관리 비용을 약 30% 절감한 것으로 나타났다.

　구글에서 개발한 개인 건강관리 서비스 구글 헬스는 자연어 음성인식 기술을 사용해 의료 전문가가 EHR을 더 효율적으로 사용할 수 있는 도구를 제공하고 있다. 이처럼 구글 헬스의 첨단 자연어 처리 NLP, Natural Language Processing 기술은 환자와 의료 전문가 사이의 의사소통을 더욱 자연스럽고 편안하게 해준다. 가령 의사와 환자의 대화에서 구글 헬스는 다양한 언어 습관을 가진 환자의 질문을 정확하게 인식하여 의사가 빠르게 최적의 답변을 할 수 있도록 돕는다.

의료계 대표 EHR 시스템

EHR 솔루션 시장의 대표 브랜드로는 에픽Epic과 서너Cener, 써모피셔사이언티픽Thermo Fisher Scientific 그리고 이들의 인터페이스 역할을 하는 뉘앙스Nuance 등이 있다.[4]

에픽은 의료계의 스위스 아미 나이프라고 불릴 정도로 환자의 전체 의무기록을 일사천리로 관리하는 기능을 제공하면서 의료계 혁신적 변화를 이끈 대표 EHR 솔루션이다. 에픽은 환자의 의무기록을 통합하여 제공함으로써 의료진이 환자의 과거 병력이나 현재 상태, 치료 계획 등을 한눈에 파악하게 해준다. 또한 각기 다른 의료 기관들 사이에서 환자 정보를 매끄럽게 공유할 수 있게 해서 환자가 중단 없이 계속 치료받을 수 있게 해준다.[5]

에픽의 가장 큰 장점은 바로 사용자 친화적인 인터페이스다. 의료진은 복잡한 기술에 대한 부담 없이 시스템을 손쉽게 다룰 수 있다. 에픽은 또한 다양한 기능을 제공해 의료진의 업무 효율성을 크게 향상한다. 예를 들어 에픽은 진료 기록 작성이나 약물 처방, 검사 결과 관리 등 다양한 업무를 자동화하여 의료진이 환자에게 더 많은 시간을 할애할 수 있도록 한다.[6]

하지만 에픽은 도입과 유지 관리 비용이 만만치 않다. 에픽의 도입 비용은 약 5,000만 달러이며, 유지 관리 비용은 연간 약 1,000만 달러 정도가 든다. 또한 시스템을 완전히 구현하고 통합하는 데 시간이 오래 걸려 주로 대형 병원에서 에픽을 도입하고 있다. 에픽의 주요 고객으로는 메이요클리닉과 클리블랜드클리닉, 존스홉킨스병원 등이 있다.

서너는 1979년 설립된 의료 IT 서비스 및 단말, 하드웨어 전문 기업으로 EHR 시장에서 미국 기준 1위인 에픽의 뒤를 잇고 있다. 서너의 주요 고객으로는 플로리다에 위치한 의료 시스템 기업인 애드벤티스트헬스시스템Adventist Health System과 미국 전역에 걸쳐 병원을 운영하는 커뮤니티헬스시스템Community Health System, 테닛헬스케어Tenet Healthcare, 의료 서비스 및 의료보험 기업인 카이저퍼머넌트Kaiser Permanente 등이 있다.[7]

의료 데이터를 실시간으로 처리하는 서너는 미국에서 가장 많은 의료 데이터를 보유하고 있다. 서너는 중소 규모의 병원에 더 유연하고 접근성이 높은 시스템이라는 점에서 에픽과 차별화된다. 서너는 다양한 의료 환경에 적용 가능한 유연성을 지녔을 뿐 아니라 클라우드 기반의 EHR 솔루션을 제공하여 원격 접근이 쉽고 데이터 관리가 효율적이다. 서너는 또한 사용자의 필요에 맞게 시스템을 맞춤 설정할 수 있는 옵션이 다양하다. 비용에서도 에픽에 비해 상대적으로 도입 비용이 낮은 편이라 중소 규모의 병원에 많이 보급되었다.

서너는 2020년 기준 매출이 57억 7,000만 달러였으며 2021년 12월 283억 달러에 오라클에 인수되었다.[8] 오라클이 서너를 인수한 이유는 헬스케어 시장으로의 확장, 데이터 관리 및 분석 능력 강화, 클라우드 서비스 확대, 새로운 비즈니스 기회 모색 및 경쟁력 강화 등 다양하다. 특히 오라클은 서너의 EHR 시스템을 통해 헬스케어 분야에서 클라우드 서비스를 강화하고, 빠르게 성장하는 헬스케어 산업에서 새로운 비즈니스 기회를 창출하려는 전략을 마련하고 있다.[9]

써모피셔사이언티픽(이하 써모)은 실험실 데이터 관리에 특화된 EHR 솔루션이다. 대학병원, 연구 중심 의료 기관, 실험실, 과학 연구 시설 등에서 주로 사용하는 써모의 시스템은 임상 연구와 실험에 필요한 다양한 기능을 제공한다.[10]

써모의 가장 큰 장점은 바로 강력한 데이터 분석 도구다. 이 도구를 통해 의료진은 복잡한 의료 데이터를 쉽게 해석하고 새로운 치료법 개발에 활용할 수 있다. 써모는 또한 다양한 의료 기기와의 연동이 가능해 실험 데이터의 수집과 관리를 효율적으로 수행한다.

하지만 써모는 특화된 초점을 가지고 있어 일반 병원에서 사용이 제한적이다. 또한 일부 사용자는 그 인터페이스가 직관적이지 않다고 느낄 수 있다.

에픽과 서너, 써모가 모두 대규모 의료 기관을 대상으로 하는 EHR 솔루션을 제공한다면 뉘앙스는 중소형 의료 기관 및 개인 병의원을 대상으로 하는 EHR 솔루션을 제공하고 있다. 뉘앙스는 음성인식, 자연어 처리 등 다양한 기술을 기반으로 의료 분야에서 입지를 강화하고 있다.

뉘앙스는 에픽이나 서너와 같은 솔루션과 함께 작동하는 음성인식 솔루션이다. 미국의 인공지능 및 음성인식 기술 기업 뉘앙스는 의료·금융·정부 등 다양한 분야에 제품과 서비스를 제공하고 있다. 뉘앙스는 1992년에 설립되었으며, 2019년 마이크로소프트에 약 20억 달러에 인수되었다.[11]

뉘앙스의 의료 분야 사업은 EHR, 음성인식, 자연어 처리 등 다양한 기술을 기반으로 한다. 뉘앙스의 EHR 솔루션은 환자의 의무기록을 통합 관리하고 의료진의 업무 효율성을 높이는 데 기여한다. 뉘앙스의 음성인식 기술은 의료진의 업무를 자동화하고 환자와 의사소통을 개선하는 데 활용된다. 뉘앙스의 자연어 처리 기술은 의료 데이터의 분석 및 이해를 돕고 의료 서비스의 질을 향상하는 데 사용된다.

뉘앙스의 EHR 솔루션은 파워차트PowerChart, 서너 밀레니엄 Cener Millennium, 올스크립트 터치워크Allscripts TouchWorks 등 다양한 제품으로 구성된다. 파워차트는 뉘앙스의 대표적인 EHR 제품으로, 환자의 의무기록을 통합 관리하고 의료진의 업무 효율성을 높이는 데 기여한다. 파워차트는 인공지능 및 자연어 처리 기술을 기반으로 개발되었으며, 의료진이 환자의 의무기록을 좀더 쉽게 이해하고 효과적인 진단과 치료를 할 수 있도록 지원한다.[12]

뉘앙스의 음성인식 기술은 드래건 메디컬Dragon Medical, 리얼타임 드래건Realtime Dragon 등 다양한 제품으로 구성된다. 드래건 메디컬은 의료진의 음성을 텍스트로 변환하는 기술을 제공한다. 드래건 메디컬을 사용하면 의료진은 손을 사용하지 않고도 의무기록을 입력할 수 있으며, 이는 업무 효율성을 높이고 의료진의 피로도를 줄여준다. 리얼타임 드래건은 실시간으로 의료진의 음성을 텍스트로 변환하는 기술을 제공한다. 리얼타임 드래건을 사용하면 의료진은 환자와 대화하는 동시에 의무기록을 입력할 수 있으며, 이는 환자와의 의사소통을 개선하고 의료 서비스의 질을 향상하는 데 기여한다.[13]

뉘앙스의 자연어 처리 기술은 메딕노트MedicNote, 서너 밀레니엄 등 다양한 제품에 적용되어 있다. 메딕노트는 의료 데이터를 분석하고 의미를 추출하는 기술을 제공한다. 메딕노트는 의료진이 의료 데이터를 더 쉽게 이해하고 효과적인 진단과 치료를 할 수 있도록 지원한다. 서너 밀레니엄은 뉘앙스의 자연어 처리 기술을 기반으로 개발된 EHR 제품으로, 의료 데이터의 분석 및 이해를 돕고 의료 서비스의 질을 향상하는 데 기여한다. 특히 최근에는 마이크로소프트 오피스 제품들처럼 코파일럿이 장착Nuance Dragon Ambient eXperience Copilot되어 업무 효율을 더욱 높이고 있다.[14]

뉘앙스의 의료 분야 사업은 지속해서 성장하고 있다. 2022년 일사분기 기준, 뉘앙스의 의료 분야 매출은 약 3억 2,000만 달러에 달한다. 뉘앙스는 인공지능 및 자연어 처리 기술을 기반으로 의료 분야에서의 입지를 더욱 강화하고 의료 서비스의 질을 향상하기 위해 노력하고 있다.[15]

한국 의료계의 EHR 혁신은 은평성모병원에서 시작되었다. 2019년 병원의 개원과 함께 당시 초대 원장으로 병원 설립을 진두지휘한 권순용 교수는 한국 최초의 스마트 병원 개원과 동시에 인공지능 기반의 음성인식 전자의무기록 시스템 보이스 EMR을 발표했다.

보이스 EMR은 음성인식 인공지능을 기반으로 전자의무기록과 의료 영상 저장 전송 시스템PACS, Picture Archiving Communication System에 연동하는 시스템이다. 이 보이스 EMR은 서울성모병원과 은평성모병원 그리고 인공지능 스타트업 퍼즐에이아이가 2년 동안 공동 개발한 것으로, 음성인식률과 사용자 편의성 측면에서 세계 수준에 도달했다는 평가를 받고 있다.

은평성모병원의 보이스 EMR은 현존하는 가장 높은 인식률을 보여주는 인공지능 음성인식 모델을 탑재했으며, 음성인식기의 성능을 향상하기 위한 음성 전처리pretreatment 엔진을 갖추고 있어 다양한 의료 환경에서 음성인식이 가능하다.[16]

모든 EMR과 호환되며 외래환자 및 입원환자의 수술 기록이나 시술 기록, 판독 기록 등 다양한 형태로 연결된다. 음성인식률은 한국어와 영어를 혼용할 때조차 95% 이상을 인식하는 놀라운 성능을 보여준다.

특히 방사선학·병리학·정형외과·소화기내과에서 사용하는 의학 용어뿐만 아니라 한국어와 영어를 동시에 인식할 수 있는 전문 엔진을 탑재하여 병동, 외래 진료실, 수술실, 치료실, 검사실에서 의료진이 목소리로 정확하고 편리하게 전자 기록이 가능하다. 은평성모병원은 또한 독자적으로 개발한 음성 보안 기술을 통해 의료 음성인식의 보안성과 의료 정보의 투명성을 확보했다.

보이스 EMR 사용으로 은평성모병원의 의료진은 기록 작업 시간이 대폭 줄어들고 기록 정확도가 향상되어 본연의 업무에 충실할 수 있게 되었을 뿐만 아니라 입력 실수로 인한 안전사고를 예방할 수 있게 되었다.

은평성모병원의 보이스 EMR은 의료계에 일대 혁신을 가져왔다. 이러한 혁신은 가톨릭대학교 은평성모병원의 초대 원장인 권순용 교수의 탁월한 리더십과 혁신 정신이 있었기에 가능했다. 권 교수는 의료 현장의 현실을 누구보다 잘 알고 있었으며, 그 현실을 개선하기 위해 끊임없는 노력을 기울였다.

권 교수는 보이스 EMR을 개발하기 위해 서울성모병원과 은평성모병원과 퍼즐에이아이와 협력했다. 이들은 각자의 전문성을 바탕으로 협력하여 세계 수준의 보이스 EMR을 개발해냈다. 은평성모병원의 보이스 EMR은 한국 의료계를 넘어 세계 의료계에 새로운 패러다임을 제시하고 있다. 이 시스템은 앞으로 의료계의 발전에 크게 기여할 것으로 기대한다.

은평성모병원은 보이스 EMR과 더불어 목소리만으로 간호기록을 남길 수 있는 세계 최초 음성인식 전자간호기록 시스템인

은평성모병원의 인공지능 보이스 ENR 시범병동 입구
(출처: 은평성모병원 홍보팀)

Voice ENR^Electronic Nurse Record(이하 보이스 ENR)을 상용화한 기관으로, 의료계의 혁신자로 주목받았다.[17]

보이스 ENR은 간호사가 별도의 기록 작업을 하지 않고도 간호 업무 중에 모든 정보를 음성으로 실시간 입력하고 저장할 수 있는 인공지능 음성인식 모바일 간호 기록 플랫폼으로, 간호 업무 시간을 거의 절반으로 줄여주는 혁신적 발명이다. 이는 환자 곁에서 간호 업무를 수행하면서 간호사가 전자간호기록에 모든 정보를 음성으로 입력하고 저장할 수 있는 새로운 지평을 열었다.

2021년 은평성모병원의 보이스 ENR은 한층 진화하여 '보바일^Vobile ENR'로 탈바꿈했다. 전 세계 최초로 상용화된 이 기술의 이름은 '음성voice'과 '모바일mobile'과 '전자간호기록ENR'의 매력적

은평성모병원의 보바일 ENR 사용 장면(출처: 청년의사)

인 조합으로 탄생한 신조어다. 이는 간호사의 손발이 되어주는 기술로, 인공지능 음성인식 기술을 기반으로 간호사가 업무 세부 사항을 음성으로 입력하는 간호 음성 기록 시스템이다.[18]

보이스 ENR의 초기 버전은 노트북이나 태블릿 PC 등 비교적 큰 기기를 사용해야 했기에 활용도가 떨어졌고 단순히 음성을 받아 적는 수준으로 간호 업무 효율성을 높이는 데 한계가 있었다. 게다가 소음과 음성 중첩으로 음성인식이 부정확해 간호 내용을 음성으로 기록했어도 인증 및 저장은 스테이션 PC에서 해야 하는 등의 번거로움이 있었다.

은평성모병원은 이러한 단점을 대폭 개선해 신속하고 편리한 사용자 중심의 실용적 기능에 초점을 맞춰 보바일 ENR을 개발했다. 우선 이동성을 높이기 위해 가벼운 장비를 활용하는데, 특정 프로그램을 탑재한 스마트폰을 활용하면 언제든 자유롭게 사용할 수 있다. 또한 비접촉 방식RFID 인증과 스마트폰 카메라 바코드 스캔을 동시에 지원해 사원증 태그나 스캔만으로 빠르고 편리한 로그인이 가능하다.

보바일 ENR은 모바일 기반 솔루션으로, 병동 간호 환경에 꼭 맞춘 이동성과 사용 편의성을 대폭 향상했다. 간호사들이 병실을 누비며 환자를 돌볼 때 스마트폰 앱처럼 간편하게 접근해 업무를 기록할 수 있는 시대가 열렸다. 이제 간호사는 환자의 소리에 더 귀 기울이고 환자를 돌보는 데 집중할 수 있게 되었다.

보바일 ENR의 가장 큰 특징은 "수혈하겠습니다."나 "혈액을 뽑겠습니다."와 같은 대화 형식의 상호작용 명령어를 사용하여 환자에게 별도의 안내 없이도 기능을 활용할 수 있다는 것이다. 보바일 ENR은 또한 다양한 환자 요청을 즉시 수용하고 예기치 않은 상황에서 내용을 신속하게 기록할 수 있는 간호 메모 기능으로 실용성을 대폭 강화했다.

실제로 은평성모병원에서 보바일 ENR을 사용한 병동에서는 환자 확인이나 수혈 팩 확인, 근무자 간의 교차 검증, 수혈 중 활력 징후 입력 등의 업무에 걸리는 시간이 기존 대비 최대 절반으로 줄어들었다. 실시간 인증과 기록 입력으로 안전성도 향상되었다. 보바일 ENR은 단순한 음성인식 기술을 넘어 간호 업무 환경을 변화시키고 환자 치료 방식에 패러다임 전환을 이루어낼 것으로 기대한다.

최초라는 타이틀이 붙은 일을 하는 데는 항상 엄청난 리스크가 따른다. 만에 하나라도 실패하는 경우 커리어를 모두 잃을 수도 있기 때문이다. 권 교수는 벤처기업 정신으로 모든 리스크를 극복하고 한국 최초의 스마트 병원이라는 이정표를 세웠다. 이 일을 하는 데는 간호사들의 헌신적 참여도 크게 한몫했다. 보이스 ENR을 만들려면 우선 인공지능이 딥 러닝을 해야 한다. 이를 위해 은평성모병원의 간호사 300여 명이 합심하여 자신의 음성으로 수천 시간 동안 딥 러닝시켰고 1만여 시간 넘게 의무기록을 입력했다. 이들의 노력으로 한국어로 작동하는 전자의무기록과 전자간호기록이 탄생한 것이다. 이는 뉘앙스 같은 세계적 기업도 하기 힘든 일이었다.

로봇과 EHR

병원에서도 로봇 도입이 증가하고 있는데 EHR은 로봇 사용에도 매우 중요하다. 로봇은 의사와 환자의 대화를 듣고 이해할 수 있으며, 음성 명령을 인식하여 텍스트로 변환한다. 로봇은 또한 센서 및 카메라를 이용하여 환자의 신체 상태 및 의료 장비의 상태를 모니터링해 음성 정보와 결합해서 의사에게 적절한 도움을 제공한다.

예를 들어 환자가 내원하면 의사는 로봇에게 환자의 기본 정보를 수집하라는 지시를 내리고 로봇은 환자와 대화하며 이름이나 생년월일, 주소와 같은 진료에 필요한 개인 정보를 수집한 다음 이 정보를 토대로 EHR 시스템의 가동을 준비한다. 의사가 로봇에게 진료에 필요한 의무기록 수집을 명령하면 로봇은 환자의 혈압과 심장 박동 수(이하 심박수), 체온 등을 측정하고 이 데이터를 EHR 시스템에 기록한다. 로봇은 또한 의사와 환자 간의 대화를 녹음하고 필요한 내용을 텍스트로 작성하여 의무기록을 보완한다.

로봇이 작성하는 의무기록의 장점은 높은 정확성이다. 로봇은 인간의 오류나 누락을 방지하고 환자 정보를 신속하게 기록한다. 이로써 의사는 키보드에 매달리지 않아도 좀더 정확하고 일관성이 보장된 의무기록을 확보하면서 환자 치료에 더 집중할 수 있다.[19]

하지만 로봇을 통한 의무기록 작성은 보안과 개인 정보 보호에 신경을 써야 한다. 로봇은 의무기록에 포함된 민감한 개인 정보에 접근할 수 있어 해킹당하거나 데이터가 유출되면 환자의 개인 정보가 노출될 위험이 있다. 로봇 사용에 앞서 강력한 보안 시스템 구축이 반드시 선행되어야 한다.

로봇의 의무기록은 정확도가 높다. 하지만 로봇은 의료 전문가가 아니다. 로봇이 의무기록을 작성하는 과정에서 정보의 왜곡이나 오류가 발생할 수 있다. 이러한 오류는 환자의 건강에 심각한 영향을 미칠 수 있다. 따라서 로봇이 의무기록을 작성하는 과정에서 오류를 방지하기 위한 데이터 오류 방지 시스템 구축해야 한다. 이를 위해서는 의무기록에 포함된 데이터의 품질을 향상해야 한다. 이는 데이터 수집 및 입력 과정에서의 오류를 최소화하고 데이터의 일관성을 유지해야 한다는 뜻이다. 아울러 로봇 학습 강화도 필요하다. 로봇이 의무기록을 작성하는 데 필요한 지식을 충분히 학습하도록 해야 하며 이를 위해서는 의료 전문가의 지식과 경험을 기반으로 한 교육 및 훈련 프로그램이 있어야 한다.

예를 들어 의무기록에 포함된 환자의 이름이나 주소, 연락처 정보 등은 정확하고 일관되게 입력해야 한다. 의료 검사 결과와 진단, 약물 처방 내역 등 역시 정확하고 최신 상태로 유지해야 한다. 그리고 로봇은 의무기록 작성에 필요한 의료 용어 및 개념, 의료 검사 및 진단 방법, 약물 처방 및 치료 방법과 같은 지식을 학습해야 한다.[20]

로봇이 작성한 의무기록의 오류를 검증하는 시스템 구축도 반드시 포함해야 한다. 이를 위해서는 의료 전문가가 참여하는 검증 과정을 마련하거나 인공지능 기술을 활용한 오류 검출 시스템을 구축해야 한다. 오류 검증 시스템 구축은 로봇이 작성한 의무기록의 형식 및 내용을 검토하여 오류를 발견하고 오류의 종류 및 심각도를 평가하며 오류를 수정하기 위한 권고 사항을 제공하는 기능을 수행해야 한다.

마지막으로 로봇을 통한 의무기록 작성이 의료 전문가의 일자리 감소와 윤리적 문제로 이어지지 않도록 사회적 논의를 통해 합리적인 방안을 마련해야 한다. 그러기 위해서는 의료 전문가의 역할을 재정립해야 한다. 로봇이 의무기록을 작성하는 역할을 하더라도 의료 전문가는 환자의 건강 상태를 종합적으로 평가하고 적절한 치료 계획을 수립하는 역할에 더 많은 시간을 사용하여 진료 수준 향상으로 이어지게 해야 한다. 따라서 의료 전문가의 역량을 강화하여 로봇과 협업으로 최상의 진료가 될 수 있게 로봇 협업 교

육 및 훈련을 강화해야 한다.[21]

결국 로봇을 통한 의무기록 작성이 의료 전문가의 일자리 감소가 아니라 의료 분야의 효율성 및 품질 향상과 의료 서비스의 확대로 이어지게 하는 정책을 마련해야만 한다. 여기에는 무엇보다 먼저 로봇의 의무기록 작성에 대한 윤리적 기준이 있어야 한다. 이를 위해서는 의료 전문가와 환자, 시민단체 등이 참여해 논의하고 사회적으로 합의하는 과정이 필요하다.

원격의료와 EHR

원격의료telemedicine에서도 EHR은 중요한 역할을 한다. 원격진료 중 의사는 환자와 실시간 음성통화나 영상통화를 통해 상담 및 진료를 수행하면서 환자의 EHR을 실시간으로 열람하여 과거 의무기록, 검사 결과, 처방 등의 정보에 접근할 수 있다. 의사는 또한 원격진료 중에도 새로운 진단 및 처방을 EHR 시스템에 기록할 수 있다. 이 정보는 환자의 전체 의무기록에 업데이트되며, 환자의 의무기록은 최신 상태로 유지된다. 이는 다른 의료 전문가들에게 공유되어 환자가 항상 최적의 진료를 받을 수 있게 한다.[22]

환자가 자신의 건강 데이터를 모니터링하는 의료 기기(혈압계, 혈당계, 웨어러블 의료 기기 등)를 사용하는 경우, 이러한 기기들은 원격의료를 통해 데이터를 전송하고, 전송된 데이터는 자동으로 EHR에 기록된다. 그러면 환자의 건강 정보가 실시간으로 업데이트되어 위험한 순간에 가장 빠르고 현명한 치료를 받을 수 있게 도와준다.

　메이요클리닉은 원격진료를 적극적으로 활용하는 병원 중 하나이다. 2023년 기준 메이요클리닉은 원격진료를 통해 연간 약 100만 건의 환자를 진료하고 있으며, 이는 전체 진료 건수의 약 10%를 차지한다. 메이요클리닉의 원격진료는 환자의 EHR을 기반으로 이루어지는데, 환자는 병원의 원격의료 플랫폼을 통해 진료를 예약하고 진료 시 의사는 환자의 EHR을 확인하고 업데이트한다. 이후 의사는 환자와 영상통화를 하며 환자의 상태와 진료 내용을 EHR에 기록하여 의료 서비스를 제공한다. 이처럼 메이요클리닉은 원격진료에 EHR을 활용하고 정확한 의무기록 관리를 통해 원격 관리에서 발생할 수 있는 문제점들을 해소해나가고 있다.[23]

　메이요클리닉의 연구에 따르면 EHR을 적용한 원격진료는 환자의 치료 만족도를 높여주었으며, 의료비를 절감해준 것으로 나타났다. 이는 환자의 의료 접근성을 향상하고 의료 서비스의 질을 개선하는 데 기여하고 있는 것으로 평가한다.

　한국에서는 코로나19 위기 속에서 사회적 거리두기와 자가 격리 제도의 보완 방안으로 원격의료 도입이 활발하게 논의되었다. 당시 한국은 뛰어난 의료 시스템과 높은 수준의 의료진, 국민들의 공동체 의식을 바탕으로, 진단 키트를 신속하게 개발하고 드라이브스루 진료소를 설치하는 등 혁신적 대응하여 코로나19 극복 모델로 자리매김하면서 전 세계의 주목을 받았지만 원격의료를 두고 서는 정부와 의료계 간 의견 차이가 있었다. 정부는 치료 접근성 확대와 디지털 의료 혁신 차원에서 제한적 원격의료 적용을 긍정적으로 바라보지만, 의료계는 환자 안전과 진료 질, 미흡한 기준과 지침 등을 이유로 급속한 변화에 우려를 표명했다.

하지만 권순용 교수는 원장으로 재직하던 은평성모병원에 코로나19 환자가 발생하여 병원이 17일간 문을 닫아야 했을 때 제한적 원격의료가 얼마나 중요한지 깨달았다고 한다. 병원 폐쇄로 환자는 의료 서비스와 단절되었고 불충분한 환자 기록은 다른 병원 진료도 어렵게 했다. 처방을 포함한 치료가 거의 중단되는 상황에서 치료받지 못하는 환자를 위해 즉각적 조치가 필요했다. 다행히 병원은 잠시 동안 전화로 기본적인 원격의료를 할 수 있었다. 이를 통해 의사는 간단한 대화만으로도 환자의 불안감을 줄일 수 있음을 깨달았다.

은평성모병원의 대처에 힘입은 정부는 해외 거주 국민을 대상으로 원격의료를 일시 허용했다. 이를 계기로 의료계와 대중 모두 원격진료에 대한 관심과 수용성이 높아졌다. 원격의료 지지자들은 언제 어디서든 치료를 받을 수 있는 장점을 강조한다. 쉽게 이루어지는 환자와 의사 접촉은 치료 효과를 높일 수도 있지만 원격의료를 하는 데는 아직 많은 단점과 극복 과제가 있다. 환자의 안전을 보장하고 효과적 원격의료 구현을 위해 고려해야 하는 4가지 핵심 문제를 제시하겠다.

- 생체 인증을 통한 환자 확인: 원격의료를 통해 적절히 치료를 진행하기 위한 전제 조건은 정확한 환자 확인이다. 현재는 영상 진료에서조차도 환자의 신원을 정확히 확인할 방법이 없다. 정확한 인증은 최적의 치료 제공뿐만 아니라 의료보험 사기나 처방 남용 방지에도 필수적이다. 원격의료의 미래는 생체 인증 기술과 관련 인프라 및 규제 개발에 달려 있다.

- 인공지능 기반 보이스 EMR의 자동 문서화: 환자가 의료 정보에 접근하고 저장할 수 있어야 하고, 환자와 의료진 간의 모든 대화는 전자 형식으로 저장되어야 한다. 현재 대부분의 모바일 원격의료 플랫폼은 병원이나 클리닉의 EHR과 연결되어 있지 않아 의사가 환자의 증상을 수동으로 기록하는 형태다. 원격의료 시대는 인공지능에 기반한 보이스 EMR 시스템 개발을 위한 완벽한 동기가 될 수 있다. 이 시스템은 환자와 의사의 대화를 인식하고 진료 상황에 맞게 정확하게 문서화할 수 있어야 한다. 또한 실시간으로 환자 기록을 업데이트하는 시스템도 필요하다.

- 치료 범위와 처방 지침: 환자가 원격의료 시스템을 부주의하게 남용하지 않도록 세부 지침과 제한을 마련해야 한다. 구체적으로는 상담 범위와 빈도, 기간을 제한하고 새로운 증상은

대면 진료를 의무화하며, 원격의료 처방을 엄격히 모니터링해야 한다.

- 법적 예방 및 조치: 원격의료가 일상화되면 이로 인한 법적 분쟁도 증가할 것이다. 현재 환자나 의료진을 보호할 수 있는 선례가 거의 없다. 원격의료로 발생할 수 있는 분쟁 유형을 연구하며 분쟁과 그로 인한 부정적 영향을 최소화하고 공정한 방식으로 분쟁을 처리하기 위한 법적 프레임워크를 마련해야 한다.

정부는 의료 기관과 의료진의 의견을 수렴하여 앞의 문제를 적절히 해결해야 환자의 안전을 저해하지 않으면서도 원격의료의 치료 접근성을 확대할 수 있다. 원격의료가 제대로 도입된다면 사회 전반적으로, 특히 해외 거주 국민에게 많은 도움이 될 것이다. 만성질환자나 특별한 치료가 필요하지 않은 환자는 대형 병원에 방문해 진료를 받는 것보다 원격진료가 더 효율적 대안이 될 수 있다. 특히 코로나19 유행과 같은 비상사태에서 원격진료는 환자와 의료진 모두에게 유용한 대안이 될 수 있음을 우리는 이미 경험했다.

키보드에서 해방된 의사는 환자와 더 나은 소통을 통해 더 강력한 유대감을 형성하는 것을 핵심 목표로 삼는다. 이러한 목표는 의료 서비스를 환자 중심으로 개선하고 환자가 의사에게 더 쉽게 의견을 표현하고 질문하게 돕는 것을 의미한다.

미국 메릴랜드대학교의 한 연구에 따르면 키보드에서 해방된 의사의 진료에서 환자의 만족도가 15% 증가한 것으로 나타났다. 환자가 의사에게 더 쉽게 의견을 표현하고 질문할 수 있게 되었으며, 의사와 환자 간의 신뢰가 향상된 것으로 나타났다. 게다가 키보드에서 해방된 의사의 진료를 통해 우울증 치료를 받은 환자 100명 중 80명이 자신의 감정을 더 잘 표현할 수 있었고, 90명이 의사와의 관계가 더 친밀해졌다고 응답했다. 환자들의 우울증 증상은 치료 전보다 크게 완화된 것으로 나타났다.

미국 펜실베이니아대학교의 연구에서는 키보드에서 해방된 의사의 진료에서 치료 효과가 10% 개선된 것으로 나타났다. 이는 의사가 환자의 말에 더 집중하게 되어 그 내용을 치료 계획을 수립하는 데 반영할 수 있었기 때문이다.

두 연구 모두 키보드에서 해방된 의사가 환자의 말에 더 집중할 수 있다는 점을 중요하게 생각한다. 이는 치료 계획을 효과적으로 수립하고 의사와 환자 사이에 신뢰를 형성하는 데 기여한다. 의사와 환자 간의 신뢰가 형성되면 환자는 치료에 더 적극적으로 참여해 치료 효과는 높아진다.

넘쳐나는 윤리 문제

인공지능과 의료 윤리와의 충돌은 복잡하고 다양한 측면을 포함한다. 앞에서 제시한 대응 방안은 이러한 문제를 해결하기 위한 기본 방향성을 제시할 뿐이다. 각 분야의 전문가들이 협력해 지속해서 논의해야 하는데, 특히 다음과 같은 사항을 논의해야 한다.

- 의료 판단과 책임: 인공지능이 의료 판단에 참여할 때 의사와 인공지능 간 역할 및 책임을 명확히 해야 한다. 인공지능은 최종 의사 결정을 내리는 주체가 될 수 없으며, 의사의 판단을 보조하는 도구로만 활용해야 한다.
- 데이터 보안 및 개인 정보 보호: 인공지능은 대량의 환자 데이터를 기반으로 작동하므로 데이터 보안 및 개인 정보 보호에 각별한 주의가 필요하다. 환자의 동의 없이 데이터를 수집

하거나 데이터를 안전하게 보관하지 않으면 개인 정보 유출로 이어질 수 있다.

- 알고리즘의 투명성과 해석 가능성: 인공지능 알고리즘의 작동 방식과 결정 근거를 이해할 수 있어야 한다. 의사와 환자가 인공지능 결과를 신뢰하고 이해할 수 있으려면 알고리즘의 투명성과 해석 가능성을 강화해야 한다.

- 의사와 인공지능 개발자의 협력: 인공지능 개발자와 의료 전문가 간의 협력을 강화해야 한다. 인공지능이 의료 분야에서 더 안전하고 효과적으로 활용되기 위해서는 인공지능 개발자와 의료 전문가 간의 지속적인 협력이 필요하다.

- 교육과 인식 제고: 모든 이해관계자에 대한 교육과 인식 제고가 필요하다. 의료 윤리와 인공지능-머신 러닝의 상호작용을 반드시 이해해야 한다.

인공지능과 의료 윤리의 충돌을 해결하기 위해서는 다음과 같은 관계자들의 협력이 필요하다.

- 인공지능 개발자: 알고리즘의 투명성과 해석 가능성을 강화하기 위한 연구와 기술 개발에 노력해야 한다. 또한 데이터 보안 및 개인 정보 보호를 위한 조치를 취해야 한다.

- 의료 전문가: 인공지능의 장점과 한계를 이해하고 인공지능

을 의료 분야에서 안전하고 효과적으로 활용하는 방안을 모색해야 한다.

- 정부 기관: 인공지능의 의료 분야 활용에 대한 윤리적 가이드라인과 규제를 개발하고 이를 시행하기 위한 기반을 마련해야 한다.
- 윤리 위원회: 인공지능의 의료 분야 활용에 대한 윤리 문제를 논의하고 해결 방안을 제시해야 한다.

인공지능 기술은 의료 분야에 혁신을 가져올 잠재력이 있다. 그러나 의료 윤리와의 충돌 가능성을 해결하기 위한 노력이 필요하다. 모든 이해관계자의 협력을 통해 이러한 문제를 해결하고 인공지능을 의료 분야에서 안전하고 효과적으로 활용할 수 있도록 해야 한다.

인공지능과 의료 윤리와의 충돌을 해결하기 위해서는 다음과 같은 추가적 의견도 고려할 수 있다.

- 인공지능의 편향성: 인공지능 알고리즘은 인간이 수집한 데이터를 기반으로 학습하므로 편향성을 내포할 수 있다. 인공지능의 편향성이 의료 분야에서 환자에게 부정적 영향을 미치지 않도록 주의해야 한다.
- 인공지능의 신뢰성: 인공지능 알고리즘의 정확성과 신뢰성

을 확보하기 위해 노력이 필요하다. 인공지능 알고리즘의 정확성과 신뢰성이 확보되지 않으면 환자의 생명과 안전에 심각한 문제가 발생할 수 있다.

• 인공지능의 공정성: 인공지능 기술이 모든 사람에게 공정하게 활용될 수 있도록 주의해야 한다. 인공지능 기술이 특정 집단에 불이익을 초래하지 않도록 정책적 장치를 마련해야 한다.

이러한 윤리적 문제에도 EHR 기술은 발전을 거듭해 미래에는 더욱 진보한 형태로 등장할 것이다.

• 혁신적 데이터 수집 기술: 현재 웨어러블 기기와 센서 분야에서 혁신적 데이터 수집 기술이 개발되고 있다. 스마트워치나 스마트링과 같은 기기는 실시간으로 환자의 생체 신호를 수집할 수 있는 대표 기기들이다. 이러한 기기들은 심박수·혈압·호흡수·체온 등의 데이터를 측정할 수 있으며 최근에는 혈당까지 측정 가능한 기기가 출시를 앞에 두고 있다. 웨어러블 기기를 통해 수집한 데이터는 EHR에 실시간으로 업데이트되어 의료진이 환자의 상태를 더 잘 모니터링할 수 있도록 도와준다.

예를 들어 미국의 스타트업 기업인 베릴리Verily는 베릴리 헬스 카탈리스트Verily Health Catalyst라는 프로젝트를 통해 웨어러블 기기를 활용한 EHR 시스템을 개발하고 있다. 이 시스템은 환자의 심박수·혈압·호흡수·체온 등을 실시간으로 수집하여 EHR에 업데이트한다. 이를 통해 의료진은 환자의 상태를 더 잘 모니터링하고 필요한 경우 신속하게 조치를 취할 수 있다.

센서 기술은 환자의 환경과 행동 데이터를 수집하는 데 주로 사용된다. 온도 센서로 환자의 체온을 측정하거나 동작 감지 센서로 환자의 활동량을 측정한다. 이러한 데이터는 환자의 상태를 더 잘 이해하는 데 도움을 준다.

예를 들어 메이요클리닉은 환자 모니터링 시스템Patient Monitoring System이라는 프로젝트를 통해 센서 기술을 활용한 EHR 시스템을 개발하고 있다. 이 시스템은 환자의 체온·호흡수·활동량 등을 센서를 통해 수집해 EHR에 업데이트한다. 이는 평상시뿐만 아니라 비상시에도 환자를 신속히 돌볼 수 있게 해준다.

• 인공지능과 자연어 처리: 인공지능과 자연어 처리 기술을 활용하여 의료 문서의 자동화 및 의미 추출에 관한 연구가 활발히 진행 중이다. 이를 통해 의무기록 작성 및 분석 과정이 자동화되고 효율적으로 수행된다.

미국국립보건원NIH은 의료 자연어 처리Clinical Natural Language

Processing라는 프로젝트를 통해 인공지능 및 자연어 처리 기술을 활용한 EHR 시스템을 개발하고 있다. 이 시스템은 의무기록에서 특정 정보를 추출하고 질병의 진단 및 치료에 대한 정보를 제공하는 것을 목표로 한다. 이를 통해 의료진은 의무기록을 더 빠르고 정확하게 분석할 수 있게 된다.

- 블록체인 기술: 블록체인을 활용하여 의무기록의 보안과 개인 정보 보호를 강화하는 연구도 활발하게 이루어지고 있다. 블록체인은 데이터 위조·변조 방지 및 접근 제어를 향상할 기술로 각광받고 있다. 예를 들어 IBM은 왓슨 헬스Watson Health라는 프로젝트를 통해 블록체인을 활용한 EHR 시스템을 개발하고 있다. 이 시스템은 블록체인 기술로 의무기록을 분산 저장하고 접근 권한을 제어한다. 이를 통해 의무기록의 보안과 개인 정보 보호를 한층 더 강화할 수 있다.

- 환자 중심 EHR: 미래의 EHR 시스템은 환자 중심으로 개발될 것으로 예상한다. 환자가 자신의 의무기록에 접근하고 제어하는 기능을 강화해 의료 결정에 더 적극적으로 참여할 수 있게 된다.

예를 들어 하버드대학교는 '나 같은 환자들PatientsLikeMe'이라는 프로젝트를 통해 환자 중심 EHR 시스템을 개발하고 있다. 이 시스템은 환자가 자신의 의무기록에 접근하고 다른 환자와 정보를 공유할 수 있도록 한다. 이를 통해 환자는 자신의 질병에 대한 정보를 더 잘 이해하고 의료 결정에 더 많이 참여할 수 있다.

마지막으로 EHR 발전 방향을 알아보자. 인공지능과 머신 러닝은 의무기록에서 증상 및 진단 패턴을 자동으로 감지하고 의사에게 의료 의사 결정을 지원할 것이다. 이러한 시스템은 의사에게 신속하고 정확한 정보를 제공하며 진료 과정을 개선할 것이다.

미래의 EHR은 환자 개별의 건강 상태 및 병력을 고려한 개인화된 의료 서비스를 제공할 것이다. 환자에게 맞춤형 치료 및 예방 방법을 제안하고 관리하는 시스템이 구축될 것이다.

앞으로 의무기록의 교환과 통합이 더욱 원활하게 이루어질 것이다. 다양한 의료 기관 및 제공자 간에 데이터의 안전한 공유가 증가할 것이며, 환자 데이터의 통합이 치료에 도움을 줄 것이다.

사물 인터넷IoT과 건강 모니터링 기술은 환자의 건강 상태를 실시간으로 관찰하고 EHR에 통합하는 데 본격적으로 사용될 것이다. 이로써 의사는 환자의 상태를 더 정확하게 파악하고 실시간 의료 서비스를 제공할 수 있게 될 것이다.

이처럼 미래의 EHR은 의료 분야를 혁신하고 환자 치료와 의료 서비스를 개선하는 데 큰 역할을 할 것으로 기대한다. 의무기록의 디지털화와 기술의 발전은 환자와 의료 전문가 모두에게 이점을 제공할 것이며, 의료 시스템을 더 효율적으로 만들어나갈 것이다.

홀로 남겨진 회진과 EHR: 의료 대란의 역설

2024년 3월 서울성모병원 정형외과 외래 진료실은 침묵으로 뒤덮였다. 권순용 교수는 홀로 외래 진료를 봐야 한다는 사실에 머리가 아팠다. 의대 증원 반대로 전공의들이 떠나버린 후 야기된 의료 대란으로 외래 진료에서 문진·시진·촉진 및 각종 이학적 검사나 처치, 치료를 혼자 해야 했다. 무엇보다 가장 큰 문제는 많은 환자를 줄 세워놓고도 환자의 외래 차트 의무기록 작성을 직접 해야 한다는 것이었다.

몇 년 전 은평성모병원 병원장으로 재직하던 시절 권 교수는 영상의학과에서 사용하는 보이스 EMR 시스템을 접했다. 엑스레이 판독 내용을 음성으로 기록하는 이 시스템은 홀로 남겨진 권 교수에게 희망의 불씨와 같았다.

권 교수는 병원 정보팀과 상의하여 상황이 상황인 만큼 퍼즐에이아이의 보이스 EMR 시스템을 외래환자 진료에 도입했다. 은평성모병원에서 퍼즐에이아이의 뛰어난 서비스 품질은 이미 검증되었다. 보이스 EMR 시스템은 외래 진료에서 환자 의무기록을 성공적으로 작성했다.

보이스 EMR이 외래에 처음으로 도입되던 날, 권 교수는 역사적인 순간을 맞이했다. 바로 세계 최초로 인공지능 보이스 의무기록을 외래 진료에 적용한 것이다. 이는 작은 시도이자 실험이었지만 결과론적으로 의료 현장의 패러다임을 바꿀 획기적 사건이었다.

퍼즐에이아이의 보이스 EMR은 음성인식, 음성 명령, 차트 생성 기술과 진료 지원 기능이 융합된 인공지능 솔루션이다. 권 교수는 보이스 EMR을 활용하여 혼자 외래 진료를 진행하면서도 의료 차트를 더욱 자세하고 정확하게 기록할 수 있었다. 특히 환자와의 대화가 그대로 차트에 자동으로 입력되는 기능은 키보드로부터 권 교수를 해방시켜 환자와의 소통을 증진시키고 의료 서비스의 질을 향상시키는 데 큰 도움이 되었다.

"저는 교수님 뵈려고 6개월을 기다렸어요. 그런데 막상 뵈니 교수님은 저는 안중에도 없는 듯 자판만 치고, 저를 보지 않으셔서 실망했어요. 그런데 오늘은 이렇게 얼굴을 마주하며 대화하니 너무 좋네요." 한 환자의 감동적인 소회는 보이스 EMR 도입의 효과를 잘 보여주었다. 이 새로운 기기가 과거에는 불가능했던 환자와의 진솔한 소통을 가능하게 해준 것이다.

"척추에서 골반, 무릎까지 다 아파요." 환자의 말을 있는 그대로 차트에 입력하는 것은 의료 정보의 정확성을 높이고 풍부한 데이터를 확보하는 데 기여한다. 이는 빅데이터를 생성하고 더 나은 의료 서비스를 제공하는 데 중요한 역할을 할 것이다.

보이스 EMR 시스템 도입 이후 권 교수는 더는 홀로 힘겨운 외래 진료를 수행하고 버거운 의료 차트 작성에 시달릴 필요가 없었다. 시스템은 권 교수의 진찰 내용을 정확하게 기록하고 분석하여, 더욱 효율적인 의료 서비스 제공을 가능하게 했다.

권 교수의 경험은 의료 대란이 가져온 역설을 보여준다. 혁신적 기술은 의료 서비스의 질을 향상하는 동시에 의료 현장의 변화를 가속화하고 의료 전문가에게 새로운 어려움을 안겨줄 수도 있다. 진료실에 홀로 남겨진 권 교수는 의료 대란이 가져온 현실인 동시에 새로운 미래를 향한 가능성을 열어준 셈이다.

과거 일부 의료 현장에서 나타났던 간략하고 불완전한 차트 작성은 빅데이터 시대에 큰 맹점으로 작용했다. 증상과 처방만 간단하게 기록하는 방식은 데이터의 깊이와 넓이를 제한하고 빅데이터 분석의 가치를 떨어뜨리는 무의미한 정보의 늪을 만들었다.

하지만 퍼즐에이아이의 보이스 EMR은 환자와의 대화를 가감 없이 기록하여 깊이와 넓이를 갖춘 데이터를 구축한다. 이는 단순한 정보의 나열을 넘어 환자의 진정한 목소리를 담아낸 값진 데이터 자산으로 승화한다.

퍼즐에이아이는 보이스 EMR에 워터마크 기술과 유사한 첨단 보안 기술을 접목하여 데이터 보안을 철저하게 강화했다. 마치 귀중한 보석을 보호하는 금고처럼 환자의 민감한 정보는 퍼즐에이아이의 견고한 보안 시스템 아래 안전하게 보호된다. 이 금고는 목소리의 주인공만 열 수 있다.

퍼즐에이아이는 세계 최초로 인공지능 기반 음성인식 기술을 통해 의료 차트를 자동으로 작성하는 혁신적 솔루션이다. 단순한 녹음 방식을 넘어 의료 전문가의 말을 실시간으로 정확하게 입력하여 진정한 보이스 의료 차트 시대를 열었다. 뉘앙스와 같은 세계적 솔루션도 아직은 의료 차트 작성을 위한 녹음과 음성인식 기능만 제공한다. 녹음된 내용을 정리하고 차트에 적용하는 과정은 여전히 수동으로 이루어져야 하므로 시간과 노력이 많이 필요하다.

하지만 퍼즐에이아이는 첨단 음성인식 기술과 자연어 처리 기술을 통해 의료 전문가의 말을 실시간으로 분석하고 정확하게 입력한다. 특히 2024년 3월에 국제 특허를 받은 기술은 마치 마법처럼 의료 전문가가 SOAP Subjective·Objective·Assessment·Plan, 처방, 처치 등 의료 차트를 구성하는 항목에 커서만 갖다 대면 원하는 내용을 바로 차트에 담을 수 있다. 퍼즐에이아이 보이스 EMR의 또 하나의 장점은 혁신적인 사용자 인터페이스를 가지고 있다는 것이다.[24]

퍼즐에이아이는 세계 3대 디자인 어워드인 독일 'IF 디자인 어워드 2024'에서 수상했다. 퍼즐에이아이에 따르면 두유비 DOUB와 함께 개발한 음성인식 전자간호기록 솔루션 '보이스 ENR'이 독일 IF 디자인 어워드에서 '헬스케어 서비스 디자인 부문' 수상작으로 선정됐다. 이 상은 특히 인공지능 스타트업으로서는 최초다.[25]

퍼즐에이아이의 보이스 EMR과 보이스 ENR은 인공지능 기술을 활용하여 의무기록 작성 시간을 단축하고 환자와의 소통 시간을 늘려 의료 서비스의 질을 향상하는 혁신적 기술이다. 현재 보이스 EMR과 보이스 ENR은 2, 3차 대형 병원을 중심으로 선제적으로 도입되고 있으며, 특히 은평성모병원에서는 간호사들이 환자 활력 징후 기록을 음성으로 대체하는 등 성공적 사례를 보여주고 있다.

보이스 EMR과 보이스 ENR은 국내외 언어를 혼용하는 임상 현장 특성을 고려하여 개발되었다. 개발 과정에서 가장 어려웠던

세계 3대 디자인 어워드인 독일 'IF 디자인 어워드 2024'에서 헬스케어 서비스 디자인 부문을 수상한 '퍼즐에이아이보이스 ENR'의 작동 화면(출처: 서울경제)

1장 키보드에서 해방된 의사들

점은 사투리로 영어를 말하는 경우의 발음 변화다. 이를 해결하기 위해 퍼즐에이아이는 전공의와 의대생을 대상으로 1,000시간의 음성 데이터를 확보하는 데서 시작하여 현재는 수십 배의 데이터를 쌓았다. 이는 다양한 언어 환경에서도 정확한 음성인식을 가능하게 하는 핵심 기술이다.[26]

보이스 EMR은 인공지능 음성인식 기술을 통해 98%의 놀라운 정확도를 자랑한다. 이는 의료 분야에서 발생할 수 있는 오류를 최소화하여 안전하고 정확한 의무기록 작성을 가능하게 한다. 보이스 EMR은 한국어와 영어를 모두 인식할 수 있는 국제음성기호에 기반을 둔 기술을 사용한다. 이는 세계시장 진출을 위한 필수 요소이며, 다양한 언어 환경에서도 정확한 음성인식을 가능하게 한다.

보이스 EMR은 하루 종일 타이핑해야 하는 영상의학과 의사의 고통을 해소하기 위해 개발되었다. 영상의학과 의사는 방대한 양의 판독문을 직접 작성해서 손목과 목에 큰 부담을 받는다. 특히 여성 의사는 퇴행성관절염으로 고통받는 경우가 많다. 보이스 EMR은 인공지능 기술을 활용해 의사가 타이핑 없이 손쉽게 의무기록을 작성할 수 있도록 하여 신체에 가해지는 부담을 크게 줄여준다. 그뿐 아니라 보이스 EMR을 활용하면 의무기록 작성 시간이 절반으로 줄어들고 정확한 작성이 가능해져서 업무에 대한 스트레스가 감소하고 효율성이 높아진다. 이처럼 보이스 EMR은 의료 전문가들의 건강을 보호하고 더 나은 의료 환경을 조성한다.

보이스 EMR은 의료 전문가가 환자와의 소통에 집중할 수 있도록 시간을 확보해준다. 이는 환자와의 관계 형성 및 의료 서비스의 질 향상에 기여한다. 보이스 EMR은 데스크톱과 모바일 환경에서 모두 사용할 수 있다. 의료 전문가가 어디서든 편리하게 사용할 수 있도록 하여 업무 효율성을 높인다.[27]

2장

의료와
로봇의 만남

기계를 넘어 환자들에게 희망을 주는 로삐

이른 아침 의사 정민은 커피를 한 손에 들고 병동으로 향했다. 그 옆에서는 회진 로봇 로삐가 바쁘게 따라오고 있었다. 로삐의 가슴에 달린 모니터에는 오늘도 유머를 던질 준비가 된 듯 눈동자 이모티콘이 반짝거리고 있었다.

"로삐, 오늘 일정 알려줘."

로삐는 잠시 멈추어 서서 화면에 일정을 표시했다. "32명의 환자를 봐야 하고요, 그 사이에 제가 몇 번 웃겨드릴 수 있을지도 계산해봤어요. 그리고 당신이 커피를 마시는 걸 보니 저도 커피 향을 맡으면서 전기를 마시고 싶네요. 그러면 커피 맛 전기가 되거든요."

정민은 피식 웃으며 대답했다. "그 말을 들으니 커피에서 전기 맛이 나는 거 같은데?"

"정민 선생님, 오늘도 환자분들께 웃음 바이러스를 전파할 준

진료 일정을 보여주는 로삐(출처: 챗GPT 4o를 이용한 자작)

비가 된 거 같은데요? 저는 이미 전파 모드로 들어갔어요!"

첫 번째 환자의 방으로 들어가며 정민이 환자에게 인사했다. "안녕하세요, 오늘 기분은 어떠세요?"

환자는 피곤해 보였다. 로삐는 환자 데이터를 스크린에 띄우며 분석했다. "체온은 정상이지만 수면 패턴이 좀 이상해요. 제 농담이 너무 웃겨서 잠을 못 잔 걸까요?"

정민은 웃음을 터뜨리며 로삐에게 말했다. "로삐, 네 유머가 환자를 치료하는 데도 도움이 되었으면 좋겠어."

사실 전날 병원에서는 특별한 일이 있었다. 정민과 함께하는 로봇 '로삐'는 평소와 다른 업데이트를 받았다. 이 업데이트에는 환자의 감정을 인식하고 적절한 반응을 제공하는 기능이 포함되었다.

두 번째 환자 방문에서 로삐는 환자의 미묘한 표정 변화를 감지했다. "정민 선생님, 이 환자는 조금 불안해 보여요. 제가 위로의 말을 건네보겠습니다." 로삐는 부드러운 목소리로 환자에게 말했다. "걱정하지 마세요. 제가 우주 최고의 의사와 함께 왔으니까요." 환자는 미소를 지으며 긴장을 풀었다.

세 번째 환자는 아이였다. 로삐는 아이와 놀기 모드로 전환했다. 작은 팔을 움직이며 아이와 간단한 게임을 하고 재미있는 이야기를 들려주었다. 아이는 크게 웃으며 병원에 대한 두려움을 잊었다.

점심시간에는 로삐가 병원 로비에서 소규모 콘서트를 열었다. 로삐는 미래 기술을 이용하여 각기 다른 악기 소리를 내며 곡을 연주했다. 병원은 환자와 직원들의 웃음소리로 가득 찼다.

오후에는 로삐가 새로운 의료 장비를 사용하는 방법을 의료진에게 시연했다. 이 장비는 환자의 상태를 더욱 정밀하게 분석하는 최신 기술를 갖추었다.

마지막 환자는 언어장애를 가지고 있었다. 로삐는 특별 음성 인식 기술을 사용해 환자의 말을 이해하고 그에 맞는 응답을 제공했다. 환자는 로삐의 도움으로 자신의 증상을 정확하게 전달할 수 있었다.

이렇게 하루가 끝나고 정민은 로삐에게 감사의 마음을 전했다. "로삐, 네 덕분에 오늘 환자들이 더 좋은 치료를 받을 수 있었어."

로삐는 화면에 밝은 미소를 띠며 대답했다. "저도 도울 수 있어서 기뻐요. 내일도 더 좋은 서비스를 제공할 수 있도록 준비하겠습니다."

그날 밤 정민은 로삐의 활약에 감탄하며 집으로 돌아갔다. 로삐는 단순한 기계를 넘어 환자에게 희망과 위안을 주는 존재가 되었다. 로삐의 기술은 매일 발전하고 있었고 그것이 병원 내 경험을 얼마나 변화시킬 수 있는지 보여주었다.

앞으로 우리 시대가 얼마나 변했는지 궁금하다면 대형 병원을 방문해야 할 것 같다. 이곳에서는 첨단 기술이 마치 마법처럼 인간의 삶을 바꾸고 있을 것이다. 이 마법의 주문을 외우는 것은 다름 아닌 '로봇'이다.

'로봇이 동행하는 병원 진료'는 이제 공상과학이 아닌 현실의 이야기다. 병원 복도를 돌아다니는 로봇들은 의사의 팔을 대신하고, 때로는 환자의 마음까지 어루만진다. 앞으로 로봇은 의료 현장의 슈퍼스타로 부상할 것이다.

2024년 3월 의료 대란이라는 거대한 파도가 우리 사회를 뒤흔들었다. 전공의가 대거 이탈하여 대학병원 수술실은 전례 없는 위기에 직면했다. 하지만 그 와중에도 희망의 빛을 발산하는 곳들이 있었다. 바로 수술용 로봇과 스마트 의료 기술을 도입한 수술실이었다.

정형외과·흉부외과·산부인과 등 다양한 분야에서 로봇은 단순한 도구를 넘어 의료 전문가의 든든한 파트너로 자리매김했다. 숙련된 의료진의 손길과 결합한 로봇 기술은 놀라운 정밀성과 안전성을 자랑하며 환자들에게 최상의 치료 결과를 선사했다.

의료 대란이라는 위기 속에서 스마트 의료는 단순히 기술 개선을 넘어 의료 시스템 자체의 혁신을 이끌어냈다. 로봇·인공지능·빅데이터 등 첨단 기술과 접목한 의료 서비스는 품질이 획기적으로 높아졌다. 가톨릭대학교 서울성모병원 권순용 교수는 "오랜 기간 스마트 병원 구축에 힘써왔고 의료 대란이라는 위기 속에서 그 가치를 극명하게 증명했습니다."라고 했다. 그리고 "의료 대란을 극복하고 미래 스마트 의료 시대를 향해 나아가는 과정에서 우리 의료계는 집단 지성을 발휘해야 합니다. 의료 전문가, 엔지니어, 데이터 과학자, 정책 입안자 등 다양한 분야의 전문가들이 협력하여 미래 의료 시스템을 설계하고 구축해야 합니다."라고 스마트 의료의 중요성을 강조했다.

스마트 의료는 단순한 기술의 진보가 아닌 인류 건강의 미래를 책임지는 혁신이다. 우리는 이 혁신을 통해 질병 예방, 조기 진단, 맞춤형 치료, 만성질환 관리 등 다양한 분야에서 놀라운 발전을 이루어낼 수 있다. 스마트 의료는 우리에게 더 나은 건강과 더 밝은 미래를 약속한다. 우리가 힘을 합쳐 스마트 의료 기술을 발전시키고 확산하여 모든 사람이 건강하고 행복한 삶을 누릴 수 있는 사회를 만들어나가야 한다. 이와 같은 맥락에서 의료용 로봇이 의료계

에 어떤 혁신적 변화를 가져올지 알아보기 위해 그 역사부터 살펴
보겠다.

의료용 로봇의 역사와 현황

병원에서 로봇 기술의 사용은 의료 산업 발전에 가장 혁신적인 일이다. 이 기술은 환자 치료의 질을 향상하고 의료진의 작업 부담을 줄이며 의료 서비스 전반에서 효율성을 높이는 데 기여하고 있다. 병원에서 로봇을 사용하기 시작한 초기 단계부터 현재에 이르기까지의 과정을 통해 의료용 로봇의 중요성을 조명해 보겠다.

1979년 미국 로봇연구소는 로봇을 "프로그래밍된 다양한 동작을 통해 물품이나 부품, 도구, 기타 특수 장치를 이동하도록 설계된 재프로그래밍 가능한 다기능 조작기"라고 정의했다. 병원에서 로봇 사용은 1980년대로 거슬러 올라간다. 초기에는 주로 단순한 작업을 수행하는 데 로봇을 사용했다. 의약품 전달이나 기본 진료 보조 등의 업무에 로봇을 사용했다. 이 시기 로봇은 주로 단순 반복 작업을 하며, 복잡한 의료 절차에는 관여하지 않았다.[1]

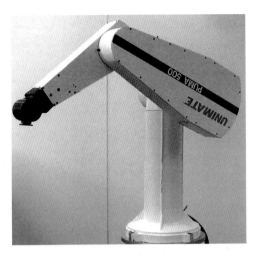

퓨마560(출처: Fabio Caraffini)

1985년 인간의 손이 아닌 기계의 손이 처음으로 인간의 뇌를 만졌다. 그 주인공은 퓨마560PUMA560이라는 수술용 로봇이었다. 퓨마560의 가장 큰 장점은 손이 떨리지 않는다는 것이었다. 인간의 손은 아무리 숙련된 의사라도 떨릴 수밖에 없다. 하지만 기계의 손은 떨리지 않는다. 떨림이 없는 퓨마560의 손은 인간의 손보다 더 정밀하게 뇌 조직을 떼어낼 수 있었다. 이렇게 시작된 로봇 수술의 역사는 이후 40여 년간 눈부신 발전을 거듭해왔다.

로봇이 드디어 인간을 대신해 '메스'를 잡기 시작한 것은 1988년이다. 퓨마560의 등장으로부터 3년 뒤, 영국 임페리얼칼리지 과학자들은 전립선 수술용 로봇 프로봇Probot을 개발하여 로봇이 메스를 잡는 새로운 시대를 열었다. 프로봇은 숙련된 의사의 손놀림을 모방하여 훨씬 빠르고 정확하게 대퇴골 천공술을 진행했다. 하지만 여전히 인간의 손에는 로봇이 따라잡을 수 없는 한 가지 장점이 있었다. 바로 '창의성'이다.

그러던 1992년 미국 인티그레이티드서지컬시스템Integrated Sugical System사와 IBM이 공동 개발한 로보닥Robodoc은 인간의 창의성을 뛰어넘는 '지능형 수술 시스템'을 선보였다. 로보닥은 컴퓨터 시뮬레이션을 통해 최적의 수술 경로를 설계하고 인간의 손보다 훨씬 빠르고 정확하게 수술을 진행했다. 로보닥의 등장으로 로봇 수술은 단순히 인간의 손을 대신하는 수단이 아니라 수술의 패러다임을 바꾸는 새로운 기술로 자리매김했다.

21세기의 새벽을 연 2000년, 의료용 로봇계에 불멸의 기사 '다빈치da Vinci'가 등장해 로봇 수술은 새로운 전기를 맞이했다. 이 기사는 인간의 손으로는 불가능한 정밀한 수술을 가능하게 하며 의료계에 로봇 수술의 새로운 패러다임을 제시했다. 다빈치는 컴퓨터 제어로 움직이는 4개의 로봇 팔로 의사의 손놀림을 그대로 재현할 뿐만 아니라 3D 카메라를 통해 수술 부위를 확대해 보여줘 좁은 복강 내에서도 수술이 수월해졌다.[2]

아무리 뛰어난 의사라고 해도 자신의 손보다 작게 절개해서는 환자 몸 안에서 어떤 수술도 진행할 수 없을 것이다. 하지만 이 로봇은 다르다. 다빈치 시스템은 수술을 진행할 때 환자 몸에 상처를 내는 절개 부위를 최소화해 출혈과 감염 위험을 줄이고자 만들어

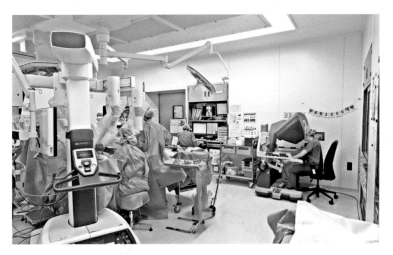

은평성모병원의 다빈치Xi(출처: 은평성모병원)

진 로봇 플랫폼이다. 이른바 0.01mm의 오차도 허용하지 않는 최소침습수술minimal invasive surgery이 등장한 것이다.[3] 로봇의 '초정밀 움직임'으로 '미세 절개'해 수술을 진행한다. 마치 '손끝으로 핀을 꽂는 것'처럼 정교하여서 환자는 흉터도 덜 남고 회복도 빠르다.

현재 미국식품의약국FDA이 승인한 로봇 수술 시스템 중 대표적인 것은 주피터, 다빈치, 최적 위치 자동 내시경 시스템AESOP 등 3가지다. 이 지능형 로봇은 절개 부위를 최소화하고 정확성을 갖추고 있어 정형외과·비뇨기과·이비인후과·구강외과 등 다양한 분야에서 널리 사용된다.

로봇 수술은 '정형외과'에서 가장 활발하게 활용되고 있다. '무릎이나 엉덩이'에 인공 관절을 삽입하는 수술에서 로봇 수술을 이

2장 의료와 로봇의 만남

용하면 '절개 부위가 작아'서 회복이 빠르고, '관절의 움직임이 자연스러워' 환자 만족도가 높다.

정형외과에서 사용하는 지능형 로봇은 수술 유형에 따라 관절 수술, 척추 정형외과, 외상 정형외과 등 3가지로 나뉜다. 노인은 엉덩이 변형, 통증, 기능 장애 등의 증상으로 대퇴경부골절이 발생할 수 있다. 이 골절은 골절유합불량, 대퇴골두무혈관성괴사 등의 합병증을 유발할 수 있으며, 이러한 골절 치료에 가장 좋은 방법은 수술이다.

2018년 레이Lei와 동료들은 대퇴경부골절 수술 중 출혈량을 줄이는 방법을 연구했다. 연구팀은 정형외과 로봇과 수동 못 박기 2가지 수술 방법을 비교했는데, 수술용 로봇을 이용하면 외과 의사가 수술 부위를 정확하게 찾아 천자를 줄여 수술 중 출혈량을 줄일 수 있다는 결론을 내렸다.[4]

내과에서도 로봇 수술이 활용되고 있다. 대장암이나 전립선암의 수술에서 로봇 수술을 이용하면 '수술 부위의 손상이 적어'서 '재발률이 낮다'. 이외에도 이비인후과나 비뇨기과, 산부인과 등 다양한 분야에서 로봇 수술이 활용되고 있다. 로봇 수술은 '환자의 안전과 만족도를 높이는' 새로운 의료 기술로 자리매김하고 있다.

산부인과 수술에서 지능형 로봇을 사용하는 예를 보자. 난소암 초기에는 복부고름, 난소종괴꼬리비틀림, 종양파열 등의 증상이 나타날 수 있다. 따라서 난소암은 초기에 수술 치료를 하는 것이 중요하다. 메타 분석 결과 다빈치 시스템은 수술 중 많은 림프절을 제거하고 환자 출혈을 줄일 수 있어 복강경 수술보다 더 안전한 것으로 나타났다.[5]

현재 임상에서 외과 의사를 돕는 로봇은 대부분 이동성이 제한된 디스크리트discrete 로봇이다. 하지만 최근에는 컨티뉴어스 continuous 로봇(무척추동물처럼 유연한 구조를 가진 새로운 바이오닉 로봇)이 등장하고 있다. 이 로봇은 미래 수술의 주력이 되리라 예상하며, 유연한 굴곡 특성과 환경 적응성이 뛰어나 앞으로 디스크리트 로봇을 대체할 것이다.

지능형 로봇은 정형외과 분야에서 널리 사용되고 있지만 여전히 고비용인 데다 그 크기가 크고 적용 범위가 한정적인 단점이 있다. 하지만 의료 및 인공지능 기술의 발전과 함께 지능형 로봇은 앞으로 수술 발전 방향에 점차 적용하도록 만들어질 것이다.

높은 수준의 한국 의료용 로봇

우리나라 수술용 로봇의 효시는 1990년대 후반 카이스트가 개발한 '마이크로 원격 수술 로봇'으로, '인간의 손을 닮은' 인공 관절 수술 로봇이다. 정교한 수술 솜씨를 뽐낸 이 로봇은 당시 의료계에 큰 반향을 일으켰다.[6]

이후 2003년 보건복지부 지원 아래 한양대학교·카이스트·포항공과대학교·국립암센터가 참여하는 '차세대지능형수술시스템 개발센터'가 출범하면서 우리나라 로봇 수술은 구체화되기 시작했다. 센터는 '양방향 방사선 투시기 로봇 시스템' 등을 개발하며 로봇 수술 분야의 기초를 닦았다. 센터의 연구는 로봇 수술의 '정확도'와 '안전성'을 높이는 데 크게 기여했다. 특히 양방향 방사선 투시기 로봇 시스템은 실시간으로 수술 부위를 3D 영상으로 보여주어 의사의 판단을 도왔다.[7]

연세대학교 세브란스병원은 대한민국 의료용 로봇 분야의 선구자이며, 로봇 수술 건수에서 가장 많은 사례를 보유하고 있다. 2005년 7월, 세브란스병원은 다빈치 로봇을 이용해 국내 최초로 로봇 수술을 성공적으로 수행했다. 당시 수행된 수술은 담낭절제술과 전립선암 수술이었으며, 복강경을 사용하여 복강 내부를 보며 진행되었다. 이후 대한민국의 로봇 수술은 급속히 발전하여 세계 최고 수준에 도달했다. 세브란스병원은 2013년 세계 최초로 로봇 수술 1만 건을 달성했으며, 국내 의료진의 위암·직장암·전립선암·갑상선암에 대한 로봇 수술 방법은 국제 표준이 되었다. 이러한 성과로 인해 국내 의료진이 수행한 수술 장면은 로봇 수술 교육 비디오에 포함되었다.

또한 세브란스병원은 아시아에서 두 번째이자 대한민국 최초의 다빈치 로봇 수술 교육 기관인 '한국수술로봇교육훈련센터'를 유치하는 데 성공했다. 서울성모병원은 2009년 다빈치 로봇을 이용한 전립선암 수술을 최초로 시행했으며, 2010년에는 자궁근종을 전문으로 하는 대학병원을 최초로 개설했다. 2019년에는 김미란 센터장이 아시아 최초로 단독 외과 의사로서 로봇 보조 자궁근종절제술 1,000건을 달성했다. 김미란 센터장은 인튜시브 서지컬의 생식기 보존 수술의 에피센터 튜터로 선정되어 한국뿐만 아니라 일본, 대만, 말레이시아, 싱가포르 등 아시아 국가의 외과 의사들을 교육하고 있다.

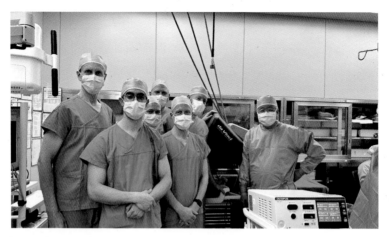

두경부암 로봇 수술을 참관하는 덴마크 이비인후과학회 집행부 방문진과 김세헌 교수
(출처: 김세헌)

세브란스병원에는 두경부암 로봇 수술의 선구자이자 개척자인 김세헌 교수가 있다. 두경부는 뇌 아래에서 가슴 위까지 이르는 부위로 혀·편도·혀뿌리·후두 등 중요하고 복잡한 기관들이 모여 있는 곳이다. 이 부위에 문제가 생기면 삶의 질에 결정적인 영향을 미치게 된다. 이러한 부위는 매우 좁고 깊은 곳에 위치해서 기능을 보존하면서 암을 제거하기란 결코 쉬운 일이 아니다.

예를 들어, 성대에 작은 흑색종(멜라노마)이 생기면 과거에는 성대 깊숙이 접근하기 어려워 턱을 갈라 목을 절개한 후 수술할 수밖에 없었다고 한다. 김 교수는 "모든 벽을 허물고 문제를 해결하기 위해 들어간 후 손상된 부분을 재건하면서, 먹거나 말하거나 숨 쉬는 등의 기능에 심각한 문제가 생기는 경우가 적지 않았다."고 말했다. 그의 관점에서 "이게 정말 최선인가?"라는 의문을 가질 수밖에 없었다고 한다.

한국에 처음 도입된 로봇은 복강이나 골반 수술을 위해 설계되어 꽤 컸다. 로봇 팔을 작은 입을 통해 들여와야 했기 때문에 비교적 가까운 편도나 혀뿌리에 있는 암을 치료하는 것만 가능했다. 그러나 김 교수는 경험이 쌓이면서 "노출이 어렵고 공간이 제한되는 등의 장애물이 있지만 후두나 하인두의 깊은 부위도 시도해볼 만하다고 판단했다." 그래서 "세계 최초로 하인두암에 대한 로봇 수술을 시도했는데, 다행히 결과는 매우 성공적이었다."고 회상했다. 김 교수의 노력은 젓가락 같은 로봇 팔이 들어가 절단·접기·비틀기·제거하기 등 새로운 수술 방법을 창안하게 했다. 실제로 김 교수의 두경부암 로봇 수업을 들은 학생들은 로봇 팔로 종이학 접기 수준에 이르렀다고 한다.

서울성모병원 로봇수술센터는 국내에서 처음으로 한국수술로봇교육훈련센터를 2013년 개소해 교육 프로그램 개발과 평가를 통해 의료진 임상 권한 프로그램Credentialing을 확립했다. 이 센터는 또한 국제술기교육센터 카데바 술기 교육을 통해 로봇 수술 트레이닝을 시행하는 등 각 임상과 의료진이 안전하고 효과적인 수술을 집도할 수 있는 기반을 조성하는 데 기여하고 있다. 서울성모병원 로봇수술센터는 우수한 임상 결과, 멀티스페셜리스트multi-specialist 로봇 수술 운영, 효율적 수술방 운영, 수준 높은 지원팀

care team 등이 유기적으로 운영되고 있는 점에서 높은 평가를 받아 2023년 아시아 최초로 '로봇수술프로그램교육센터'로 지정되었다. 이 센터는 로봇 수술을 처음 시작하는 의료 기관과 의료진에 멘토링 역할을 수행하며 우리나라 로봇 수술 기술을 세계에 전파하는 데 기여하고 있다.[8]

이러한 기술 발전은 마이크로 로봇의 등장으로 이어지고 있다. 알약처럼 삼키면 위와 내장 등을 돌아다니며 환부를 진찰하고 치료하는 마이크로 로봇은 로봇 수술의 미래상을 제시한다. 현재 실제 의료 현장에도 일부 도입된 캡슐 내시경은 마이크로 로봇의 가능성을 보여주는 예다.

2019년에는 은평성모병원에서 세계 최초의 회진 로봇 '폴Paul'이 첫선을 보였다. 폴은 인공지능과 자율 주행 기술이 탑재된 로봇으로, 의료진과 환자 사이를 연결하는 역할을 한다. 폴의 개발 배경에는 당시 은평성모병원의 원장이던 권순용 교수의 따뜻한 마음이 자리 잡고 있다. 권 교수는 2017년 은평성모병원장에 취임한 후, 환자의 삶의 질 향상을 위해 다양한 노력을 기울여왔다. 그 과정에서 그는 환자가 병원에 입원해 있는 동안 느끼는 외로움과 고독감을 절감했다.[9]

권 교수는 "병원은 환자를 치료하는 곳이기도 하지만 환자가 건강을 회복하고 삶의 희망을 되찾는 곳이기도 하다."며 "환자가 병원에 머무는 동안 외로움과 고독감을 느끼지 않도록 도와주는 것이 중요하다."고 생각했다. 그는 이러한 생각을 바탕으로 환자와 의료진 사이의 가교 구실을 하는 로봇을 개발하기로 했다. 그리고 2년간의 개발 끝에 폴이 탄생했다.

한편, 고령화로 인한 헬스케어 시장의 확대와 정밀 수술의 필요성 증가는 수술용 로봇 시장의 성장을 견인하고 있다. 시장조사 업체 리서치앤마켓은 전 세계 수술용 로봇 시장이 2020년 67억 달러에서 연평균 12.1% 성장해 2025년 118억 달러 규모로 성장할 것으로 전망했다.

이러한 성장은 수술용 로봇 기술의 발전과 로봇 지원 수술의 장점, 수술용 로봇의 보급 확대, 의료용 로봇 연구에 대한 재정 지원 확대 등이 주요 요인으로 작용할 것으로 보인다. 수술용 로봇 시장은 구성 요소, 애플리케이션, 사용자, 지역별로 세분화할 수 있다. 구성 요소별로는 수술 시스템, 수술 도구 및 부속품, 서비스 시장이 형성되어 있으며, 이 중 수술 도구 및 부속품 시장이 가장 큰 비중을 차지하고 있다.

애플리케이션별로는 일반외과·부인과·흉부외과·비뇨기과·정형외과·신경 등의 수술 분야에서 활발한 상황을 보이며, 이비인후과 등의 미세수술 영역에서도 임상 연구와 도전을 통해 로봇 수술의 점진적인 양적 팽창과 질적 향상을 보이고 있다. 연세대학교 세브란스병원의 로봇수술센터는 세계적인 수준의 로봇 수술의 교육센터로 K-헬스 경쟁력을 제고하는 데 일조하고 있다. 특히 이비인후과 김세헌 교수는 세계적으로 두경부암 로봇 수술 분야의 개척자 및 선구자로 일컬어지고 있다. 사용자별로는 병원과 통원수술센터로 구분할 수 있으며, 병원 부문이 높은 성장률을 보일 것으로 전망한다. 이는 병원에서 수술용 로봇 채택이 점점 늘어나고 있기 때문으로 풀이한다. 지역별로는 아시아 태평양 지역이 가장 높은 성장률을 보일 것이다. 이는 한국, 일본, 중국 등 아시아 국가들의 의료 기술 발전과 의료비 지출 증가 등을 주요 원인으로 분석된다. 특히 한국의 경우 실손보험의 보장성과 관련하여 로봇 수술이 반드시 필요한 필수 적응증에 대한 논의가 제기되고 있다.

의료용 로봇 시장

국제로봇연맹IFR, International Federation of Robotics은 로봇 산업을 크게 산업용 로봇과 개인 서비스용 로봇, 전문 서비스용 로봇으로 구분한다.[10]

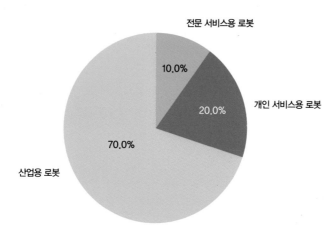

용도별 로봇 시장 규모(출처: 국제로봇연맹)

산업용 로봇은 제조·물류·건설 등 산업 현장에서 작업을 수행하는 로봇으로, 전체 로봇 시장의 약 70%를 차지하는 가장 큰 시장이다. 산업용 로봇은 생산성 향상, 품질 개선, 안전성 확보 등의 효과를 가져오며, 최근에는 인공지능과 5G 기술의 발전으로 더욱 정교해지고 고도화되고 있다.

개인 서비스용 로봇은 가사 지원, 여가 지원, 헬스케어, 교육 등의 서비스와 밀접한 관련이 있는 로봇으로, 전체 로봇 시장의 약 20%를 차지한다. 개인 서비스용 로봇은 인간의 삶의 질을 높이고 새로운 일자리 창출을 촉진할 것으로 기대한다.

전문 서비스용 로봇은 비제조업용 로봇이다. 사람의 복지 또는 특정 시설이나 목적에 유용한 서비스를 제공하는 로봇으로, 전체 로봇 시장의 약 10%를 차지한다. 전문 서비스용 로봇은 의료, 공공 안전, 환경, 국방 등 다양한 분야에서 활용하고 있다.

로봇 산업은 인공지능, 5G, 사물 인터넷 등 첨단 기술의 발전과 함께 지속해서 성장할 것으로 전망한다. 특히 개인 서비스용 로봇과 전문 서비스용 로봇의 시장 규모가 확대될 것으로 예상한다.

의료용 로봇 산업의 성장은 다양한 경제적 파급 효과를 가져온다. 먼저, 의료용 로봇은 의료 서비스의 효율성과 품질을 향상해 의료 비용을 절감하는 데 기여한다. 예를 들어 수술용 로봇은 의사의 실수를 줄이고 수술 시간을 단축하여 환자의 회복을 촉진함으로써 의료 비용을 절감한다.

전 세계가 인구 고령화 및 저출산으로 인력 부족난에 시달리고 있다. 의료 분야 역시 마찬가지다. 특히 한국은 고령화 사회 진전으로 의료 수요가 증가하고 있지만 의료 인력은 감소하는 추세다. 이러한 문제를 해결하기 위한 기술로 의료용 로봇이 주목받고 있다. 의료용 로봇은 의료 인력의 업무를 보조하고 의료 서비스의 제공 범위를 확대함으로써 의료 인력 부족 문제를 완화하는 데 기여할 수 있다. 의료용 로봇의 의료 인력 부족 문제 해결에 대한 잠재력은 다음과 같다.

의료용 로봇은 수술·진료·검사·재활 등 다양한 의료 분야에서 의료 인력의 업무를 보조할 수 있다. 이를 통해 의료 인력은 좀더 고부가가치 업무에 집중하고 업무 부담을 줄일 수 있다. 의료용 로봇은 또한 인력의 부족으로 제공하기 어려웠던 의료 서비스를 제공할 수 있다. 예를 들어 의료용 로봇을 활용한 원격진료나 재택 치료 등이 가능해질 수 있다.

의료 인력 부족 문제를 해결는 데 의료용 로봇의 잠재력을 실현하려면 기술 개발 및 상용화에 투자를 확대해야 하며, 안전성 확보를 위한 기술 개발과 규제 강화가 필요하다. 그리고 의료용 로봇의 활용을 확대하기 위한 정책적 지원이 필요하다.

의료 인력 부족 문제 해결에 대한 의료용 로봇의 잠재력은 상당하다. 다양한 이해관계자들의 협력을 통해 의료용 로봇 기술 개발 및 상용화를 촉진하고 의료용 로봇의 안전성을 확보한다면, 의료 인력 부족 문제를 해결하는 데 기여할 수 있을 것이다.

의료용 로봇 시장은 제품 및 서비스에 따라 다음과 같이 분류된다.

- 장비 및 부속품: 의료용 로봇의 하드웨어·소프트웨어·부속품 등을 포함한다.
- 로봇 시스템: 의료용 로봇의 핵심인 로봇 본체와 제어 시스템 등을 포함한다.
- 서비스: 의료용 로봇의 유지 보수, 교육, 훈련 등을 포함한다.

로봇 시스템은 의료용 로봇 시장에서 가장 큰 비중을 차지하고 있으며, 수술용 로봇, 재활 치료용 로봇, 병원 및 약국용 로봇, 비침습 방사선 외과용 로봇 등으로 구분된다.

- 수술용 로봇: 수술의 정확도와 안전성을 향상하고자 개발된 로봇으로, 복강경 수술, 흉부 수술, 신경외과 수술 등에 사용된다.
- 재활 치료용 로봇: 환자의 재활 치료를 돕고자 개발된 로봇으로, 보행 재활, 근력 재활, 인지 재활 등에 사용된다.
- 병원 및 약국용 로봇: 병원 및 약국에서의 업무를 자동화하고자 개발된 로봇으로, 환자 운반, 의약품 배송, 화학물질 취

급 등에 사용된다.

- 비침습 방사선 외과용 로봇: 방사선 치료를 비침습적으로 수행하고자 개발된 로봇으로, 암 치료 등에 사용된다.

용도별로는 복강경 검사, 정형외과, 신경외과, 의약품 배분, 재활, 체외 방사 요법 등의 응용 분야에서 폭넓게 사용되고 있다.

의료용 로봇 시장은 인공지능·빅데이터·5G 등 첨단 기술의 발전과 함께 지속해서 성장할 것으로 전망한다. 특히 수술용 로봇은 인공지능 기술을 활용하여 수술의 정확도와 안전성을 더욱 향상할 수 있을 것으로 기대한다. 재활 치료용 로봇 역시 빅데이터 기술을 활용하여 환자의 상태에 맞는 맞춤형 재활 프로그램을 제공할 수 있을 것으로 기대한다.[11]

전 세계 의료용 로봇 시장은 미국과 유럽이 주도하고 있다. 2020년 기준 미국과 유럽이 전체 시장의 약 80%를 차지하고 있다. 미국은 수술용 로봇 시장에서 독보적 위치를 차지하며, 유럽은 재활 치료용 로봇 시장에서 강세를 보인다.

전 세계 의료용 로봇 시장은 5개 주요 업체가 시장의 90.9%를 차지하고 있다. 업체별로 인튜이티브서지컬이 시장의 72.1%를 차지하며, 스트라이커코퍼레이션Stryker Corporation, 애큐레이Accuray, 옴니셀Omnicell Inc, BD로와BD Rowa, 메드트로닉Medtronic이 뒤를 잇고 있다.[12]

2장 의료와 로봇의 만남

업체	점유율(%)
인튜이티브서지컬	72.1
스트라이커코퍼레이션	10.4
애큐레이	3.4
옴니셀	2.4
BD로와	1.7
메드트로닉	0.9

　　5개 주요 업체의 점유율 합계가 90.9%를 넘어 해당 시장은 과점으로 여겨진다. 과점 시장은 소수의 기업이 시장을 독점하는 시장으로, 경쟁이 제한되어 가격 상승, 품질 저하, 혁신 둔화 등의 부작용이 발생할 수 있다. 과점 시장의 부작용을 방지하기 위해서는 공정거래법 준수, 신규 진입 장벽 완화, 정부의 규제 강화 등의 정책적 노력이 필요하다.

　　관련 기업을 세부적으로 살펴보면, 인튜이티브서지컬은 장비 및 부속품, 수술용 로봇 시스템을 설계·제조·판매하며, 2000년 FDA에서 최초로 승인받은 다빈치 수술 로봇으로 복강경 로봇 시스템 시장을 선도하고 있다. 다빈치에는 X, Xi, SP라는 3가지 대표 모델이 있다.[13]

　　다빈치Xi는 다양한 기능이 있는 인튜이티브서지컬의 대표 플랫폼이다. 수술 준비 과정에 대한 안내 및 자동화를 통해 수술실의 효율성을 향상하는 데 도움을 준다. 단 한 번의 도킹으로 로봇 위치를 변경하지 않고도 복강 4분면 전체에 더욱 효과적으로 접근할 수 있게 하는 '붐 로테이션Boom rotation' 기술을 접목해 다양하고 복잡한 수술도 가능하다. 또한 ITMIntegrated Table Motion 기능을 도입해 수술용 로봇 팔이 환자의 몸에 삽입된 상태에서 실시간으로 복강 내 기구의 위치를 파악해 수술 시 환자의 포지션을 편리하게 변경할 수 있다. 그 결과 로봇 팔은 움직임이 더 정밀해졌고 작동 범위가 넓어졌다. 고화질 이미지와 정밀한 로봇 팔 움직임으로 높은 수술 정밀도를 보장하지만 도입 비용이 비싸다.

다빈치X는 합리적인 가치와 기능 제공을 위한 플랫폼이다. 붐 로테이션 기능이 없어서 다양한 수술은 어렵다. 게다가 수술 준비 과정에 대한 안내나 자동화된 도킹 시스템이 없어서 매뉴얼로 도킹해야 하므로 교육 시간이 더 소요된다. 모듈식으로 다빈치Xi와 동일한 부품을 사용한다.

다빈치SP는 다빈치Xi의 단일 포트 버전으로, 하나의 팔에 손목과 팔꿈치가 있는 3개의 기구 및 손목 기능을 갖춘 3D 고화질 HD 카메라가 탑재되어 있어서 좁은 수술 공간에서도 시야 확보와 컨트롤에 도움을 준다. 단일 포트로 흉터가 적어 환자의 미용 만족도가 높다. 하지만 수술 중 로봇 팔의 움직임이 제한될 수 있고 수술 시간이 길어질 수 있다.

스트라이커코퍼레이션은 정형외과 수술용 로봇 시스템 분야 선도 업체로 주요 제품명은 마코MAKO다. 마코는 관절 치환 수술에 사용하는 첨단 로봇 보조 시스템이다. 이 시스템은 환자 맞춤형 계획과 로봇 기술을 사용하여 관절 임플란트에서 높은 정밀도와 개선된 수술 결과를 제공한다.[14]

　　마코 토탈 힙Total Hip은 환자 맞춤형 계획을 통해 정확한 임플란트 위치를 결정한다. 수술 전 환자의 CT 스캔을 기반으로 3D 가상 모델을 만든다. 이 모델을 통해 의사는 환자의 뼈 구조와 질병 심각성, 관절 정렬을 평가하고 수술 계획을 세운다. 수술 중에는 의사가 로봇 팔을 사용하여 임플란트를 삽입한다. 로봇 팔은 3D 가상 모델과 실시간으로 연결되어 의사가 계획한 위치에 정확하게 임플란트를 삽입할 수 있도록 도와준다. 또한 마코의 어큐스톱 AccuStop 기술을 사용하여 관절의 움직임과 긴장을 실시간으로 평가하고 필요 시 수술 계획을 조정할 수 있다.

　　마코 파셜 니Partial Knee는 무릎 관절 부분 치환을 위해 설계되

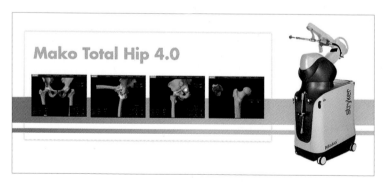

마코 토탈 힙4.0(출처: 스트라이커코퍼레이션)

었다. 수술 중 로봇 팔은 연조직 긴장을 동적으로 조절하여 수술한다. 임상 연구에 따르면 마코의 수술 도구들은 3D 가상 모델과 로봇 기술을 사용하여 계획한 위치에 정확하게 임플란트를 삽입할수 있어 주변 연조직의 손상을 줄이고 동적 관절 균형 재설정을 통해 수술 결과를 개선한다. 그 결과 수술의 정확도와 안정성이 높아져 회복이 빠르다는 평가를 받는다. 이러한 장점으로 인해 마코는관절 치환 수술의 표준으로 자리 잡았다.

미국의 체외 방사선 로봇 시스템 제공 회사인 애큐레이는 암치료를 위한 사이버나이프CyberKnife를 공급하고 있다. 사이버나이프는 방사선 수술의 일종으로, 환자의 움직임에 따라 방사선 조사위치를 실시간으로 조정할 수 있는 로봇 시스템을 사용하여 종양을 치료하는 기술이다.[15]

사이버나이프는 기존의 방사선 치료보다 정밀한 방사선 조사로 정확하게 종양을 치료할 수 있다. 뇌·척추·폐·간·전립선 등 다양한 종양에 적용할 수 있다. 특히 사이버나이프는 기존의 수술에비해 침습이 적어 환자의 회복이 빠르다.

애큐레이의 사이버나이프에는 크게 2가지가 있다. 신형 사이버나이프 시스템CyberKnife S7 System은 3D 가상 시뮬레이션, 인공지능, 머신 러닝 등 최첨단 기술을 적용하여 정확성과 효율성을 높였다. 기존의 사이버나이프 시스템CyberKnife M6 Series은 신형보다정확도는 떨어지나 가격이 저렴하다.

옴니셀은 약국 업무의 자동화 소프트웨어인 디스펜싱 자동화 솔루션Omnicell Dispensing Automation Solution과 비즈니스 분석 소프트웨어Omnicell Analytics Solution를 제공한다. 옴니셀의 솔루션은 약품 조제, 재고 관리, 처방전 조회 및 발행 등을 자동화하여 약사와 약국의 효율성을 향상한다.[16]

BD로와는 미국 의료 기기 기업인 BDBecton, Dickinson and Company의 자회사로, 자동화 솔루션을 제공한다. BD로와의 대표 제품 브이맥스Vmax는 약품 조제, 재고 관리, 처방전 조회 및 발행 등을 자동화하여 약사와 약국 운영의 효율성을 높여준다.

메드트로닉Medtronic은 척추 수술 로봇 시장의 선두를 달리는 미국 의료 기기 기업이다. 메드트로닉은 2018년 이스라엘의 척추 수술 로봇 기업인 마조로보틱스MazorRobotics를 인수하여 척추 수술 로봇 기술을 확보했다.[17]

마조로보틱스의 척추 수술 로봇은 3D 가상 시뮬레이션과 로봇 팔을 사용하여 의사가 정확하고 안전하게 척추 수술을 할 수 있게 도와주는 기술이다. 메드트로닉은 마조로보틱스의 척추 수술 로봇 기술을 바탕으로 2019년 척추 수술 로봇인 '마조X 스텔스 에디션Mazor X Stealth Edition'을 출시했다.

마조X 스텔스 에디션은 기존의 마조로보틱스 척추 수술 로봇보다 성능이 향상되었다. 특히 3D 가상 시뮬레이션 기술이 더욱 정밀해져 의사가 환자의 척추 구조를 정확하게 파악한다. 또한 로봇 팔의 제어 기술이 개선되어 의사의 움직임을 더욱 정교하게 따라간다. 메드트로닉은 마조X 스텔스 에디션을 통해 척추 수술 로봇 시장에서 독보적 위치를 차지하고 있다. 메드트로닉은 2023년 기준 척추 로봇 시장의 약 70%를 차지하고 있으며 신경 로봇 시스템 시장을 선도하고 있다.

한국은 의료용 로봇 산업에서 다크호스로 부상하고 있다. 중소기업을 중심으로 다양한 의료용 로봇이 개발되고 있으며, 현재 여러 제품이 임상 시험을 거쳐 인증과 출시를 앞두고 있다. 이러한 의료용 로봇은 인구 감소로 인한 의료 인력 부족 문제에 대응하고 의료 서비스의 질을 높이는 데 기여한다.

한국 의료용 로봇 산업을 주도하는 중소기업으로는 미래컴퍼니·큐렉소·고영테크놀러지·로엔서지컬(구 이지엔도서지컬)·피앤에스미캐닉스·엑소아틀레트아시아·NT로봇·엑소바이닉스·크레템 등이 있다.[18] 이러한 중소기업은 의료용 로봇의 개발 및 상용화에 필요한 기술과 인력을 보유하고 있다. 또한 의료 현장의 목소리를 반영하여 환자의 안전과 편의를 고려한 의료용 로봇을 개발 중이다. 현재 미래컴퍼니의 복강경 수술 로봇, 큐렉소의 인공 관절 수술 로봇, 고영테크놀러지의 뇌 수술 로봇 등 다수의 의료용 로봇이 임상 시험을 완료하고 제품 승인을 받았다.

이러한 중소기업 중에서도 미래컴퍼니는 국내 최초로 상용화에 성공한 복강경 수술 로봇 '레보아이'를 내세워 시장 공략에 속도를 높이고 있으며, '다빈치'가 독점하고 있는 수술용 로봇 시장에서 판도를 뒤집을지 추이가 주목된다. 미래컴퍼니는 세브란스병원에 레보아이를 판매해 주목받았다. 세브란스병원은 국내에서 가장 많은 9대의 수술용 로봇을 운용하고 있어 수술 로봇 메카로 불리기 때문이다.[19]

미래컴퍼니는 상급 종합병원 입성에 성공한 만큼 향후 다양한 적응증에서 임상 레퍼런스도 풍부해지리라 기대하고 있다. 1984년 설립된 미래컴퍼니는 디스플레이 제조 장비가 주력 분야인 기업이다. 이 회사는 2007년 내시경 수술 로봇 개발에 도전하며 수술 로봇 사업에 진출했고 2018년 레보아이를 상용화하는 데 성공했다. 회사에 따르면 2007~2017년 수술용 로봇과 관련한 특허만 190여 개를 취득했다. 레보아이는 집도의에게 수술 부위의 선명한 시야와 자연스러운 손목 움직임을 제공해 안정적이고 편안한 수술이 가능하도록 돕는다.

큐렉소는 2019년 인공 관절 수술 로봇인 '티플렉스'를 출시했다. 이 로봇은 인공 관절 수술의 정확성과 안전성을 높이는 데 기여한다. 2023년에는 척추 수술 로봇 '큐비스-스파인CUVIS-spine'을 출시했는데, 척추 수술의 정확성과 안전성을 크게 향상하는 혁신적 로봇이라 평가받는다.

이 로봇은 수술 계획 단계에서부터 2D C-arm 또는 3D CT 영상을 사용하여 환자의 척추 구조를 시뮬레이션하고, 이를 바탕으

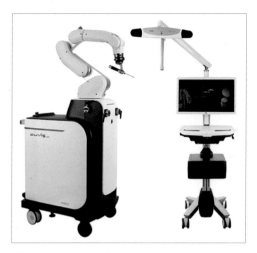

큐비스-조인트(출처: 로봇신문)

로 수술을 진행한다. 로봇이 수술 도구의 위치와 자세를 정확하게 안내하여 척추경 나사못을 삽입하는 방식으로 작동한다. 이를 통해 수술의 정밀도가 향상되고 척추 손상의 위험이 줄어들며, 수술 중 방사선 피폭도 줄여 환자의 안전성을 높인다.

특히 큐비스-조인트는 환자 맞춤형 수술 결과를 예측하는 기능이 있다. 수술 전후의 척추체를 3D로 시뮬레이션하여 다양한 하중 조건에 따른 척추 변화를 예측한다. 이를 통해 환자 개개인의 해부학적 구조와 퇴행성변화를 고려한 최적의 수술 계획을 수립하여 수술 결과의 정확도를 높이고 재발 우려를 낮춘다. 로봇 척추 수술은 환자마다 이상적인 궤도를 알려주어 맞춤형 수술을 가능하게 하며, 방사선 노출 부담을 줄이고 정확도를 높이는 장점이 있다.[20]

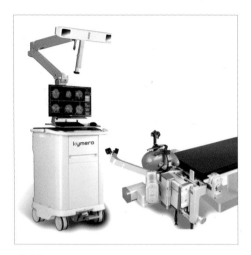

카이메로(출처: 고영테크놀러지)

고영테크놀러지는 국내 최초로 개발한 뇌 수술 보조 의료용 로봇 '카이메로KYMERO'를 선보이며 뇌 수술 분야에 혁신을 가져왔다. 카이메로는 2020년 10월 세브란스병원에 도입된 이후 꾸준한 성과를 거두며 뇌 수술의 새로운 지평을 열고 있다. 2011년 산업통상자원부의 '로봇산업기술개발사업'을 계기로 개발된 카이메로는 2016년 말 국내 식품의약품안전처로부터 제조 및 판매 허가를 획득했다. 이후 2년간 국내 임상 시험을 거쳐 실제 병원에 설치되어 환자에게 희망을 선사했다.[21]

2021년 4월 카이메로는 국내 최초로 뇌전증 수술에 필수인 뇌전증 발생 부위 확정을 위한 입체뇌파전극삽입술(로봇 보조 뇌전증 수술)에 성공했다. 이는 기존 수술 방식과 비교하면 정확도를 높이고 환자의 부담을 줄이는 획기적 발전이다. 카이메로의 성공적 임상 적용은 뇌 수술 분야의 발전을 가속하고 환자들에게 더 나은 치료 환경을 제공하는 데 중요한 역할을 했다. 카이메로는 뇌 수술의 미래를 향한 도약을 상징하는 혁신적 의료 기술이다.

로엔서지컬은 2018년 2월 카이스트 로봇공학 연구팀을 중심으로 설립된 의료용 로봇 스타트업이다. 로엔서지컬은 설립한 해인 2018년 영국에서 개최한 '서지컬 로봇 챌린지'에서 유연 내시경 수술 로봇으로 우승했다.[22]

로엔서지컬은 설립 이후 꾸준한 연구 개발을 통해 2023년 7월 식품의약품안전처로부터 신의료기술First-in-Class 인증을 획득했다. 이는 국내 최초이자 유일한 유연 내시경 수술 로봇으로, 신장결석·담석·십이지장염 등 다양한 질환의 수술에 활용된다.[23]

로엔서지컬의 대표 제품은 자메닉스Zamenix이다. 자메닉스는 직경 1.2mm의 유연한 로봇 팔을 사용하여 환자의 체내에서 자유롭게 움직일 수 있다. 자메닉스는 또한 3D 카메라를 통해 수술 부위를 실시간으로 확인할 수 있어 의사의 정밀한 수술을 지원한다.

의료용 로봇 분야에서 국내 최고 수준의 기술력을 보유한 피앤에스미캐닉스는 2004년 설립된 의료용 로봇 및 보행 재활 로봇 기업으로, 뇌졸중·척수손상·외상성뇌손상 등으로 보행장애를 겪는 환자의 재활을 돕고 있다.[24] 피앤에스미캐닉스가 2017년 출시한 워크봇Walkbot은 국내 최초의 웨어러블 보행 재활 로봇이다. 워

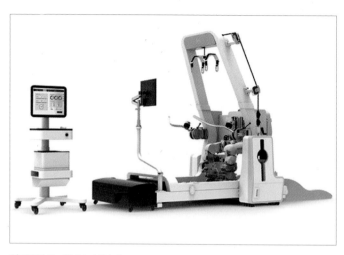

워크봇(출처: 피앤에스미캐닉스)

크봇은 첨단 보행 재활 로봇 시스템으로 환자의 보행 패턴을 분석하여 맞춤형 재활 훈련 프로그램을 제공한다.

회진 동행 로봇

새벽녘 은평성모병원 병동의 복도를 가로지르는 회진 로봇 폴의 모습은 낯설고도 친숙하다. 폴은 담당 의사와 병실로 향하며, 검사 결과와 영상을 실시간으로 제공한다. 이어 보이스 EMR 기능을 통해 처방을 병원 진료 시스템에 입력한다. 2019년 은평성모병원은 당시 원장이던 권순용 교수의 주도하에 국내에서 처음으로 의사 회진을 보조하고 환자 관리를 돕는 회진 로봇 폴을 도입했다.[25]

최첨단 의료 지원 로봇인 폴은 보이스 EMR, 자율 주행, 챗봇, 블록체인 등 다양한 기능을 탑재하여 의료계에서 주목받고 있다. 폴은 환자의 병실 정보를 확인하고 의료진의 음성 명령을 인식하여 회진 경로를 안내한다. 또한 환자의 상태를 실시간으로 모니터링하고 의료진에게 필요한 정보를 제공한다. 의료진은 폴의 도움으로 데이터 관리 및 작성 시간을 단축하고 환자와의 소통에 집중

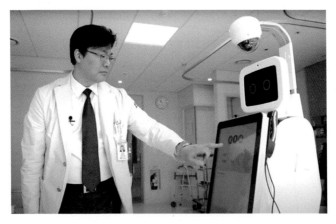

은평성모병원 정형외과 이주엽 교수가 병동 인공지능 로봇인 폴에 환자의 전자
차트를 음성으로 입력하기 위해 터치스크린을 눌러 모드를 바꾸고 있다.[26]
(출처: 가톨릭대학교 은평성모병원 유튜브)

할 수 있다. 환자는 폴을 통해 자신의 의무기록과 영상을 직접 확인
할 수 있다. 이로써 폴은 의료진과 환자 사이의 신뢰를 높여주는 역
할도 한다.

폴은 영상통화를 통한 협진, 블록체인을 활용한 실시간 진료
비 결제 시스템 등 다양한 기능을 탑재하고 있다. 폴은 앞으로도 꾸
준한 고도화 작업을 통해 더욱 활동 영역을 확대할 계획이다. 또한
자체 학습 기능을 통해 스스로 학습하고 발전함으로써 더욱 똑똑
한 로봇으로 거듭날 것이다.

회진 로봇의 운영 방식은 다음과 같다. 회진 시 로봇에 RFID
코드를 인식하면 로봇이 담당 환자의 목록을 보여주고 의사를 대
상 환자의 병실까지 안내한다. 또한 검사 기록과 PACS 이미지를

확인할 수 있다. 의사는 회진 후 경과 기록을 따로 작성하지 않고 로봇에 음성으로 입력하면 된다.

병원의 시설과 위치를 알려주는 안내 로봇은 방문객의 편의를 위해 다양한 기능을 제공한다. 방문객이 원하는 진료과를 안내하고 셔틀버스 시간과 주차 비용, 증명서 발급 등의 정보를 제공한다. 또한 차후에는 의료비 자동 결제 서비스도 탑재할 예정으로, 방문객의 편의성을 더욱 높일 계획이다.

폴은 국내 스타트업인 로보티즈가 개발한 회진 로봇이다. 로보티즈는 2016년 설립한 로봇 전문 기업으로, 로봇 팔, 서비스 로봇, 교육 로봇 등을 개발하고 있다. 로보티즈는 2018년부터 은평성모병원과 함께 폴의 임상 시험을 진행했다. 폴은 2019년 5월에 식품의약품안전처로부터 국내 최초로 의료 기기 허가를 받은 회진 로봇이 되었다.

폴은 환자에게 친숙한 이미지를 제공하여 환자 친화성을 높인다. 이와 함께 환자에게 필요한 정보를 제공하여 환자 편의성도 증진한다. 폴을 통해 의료진은 회진 시간이 단축되고 환자는 진료를 좀더 신속하게 받을 수 있다. 폴은 환자의 병실 정보를 확인하고 의료진의 음성 명령을 인식하여 의료 사고를 예방함으로써 환자에게 안정감을 준다.

이처럼 폴은 의료진의 업무 효율을 높이고 환자의 안전을 강화하며, 환자 만족도를 향상하는 첨단 의료용 로봇이다. 폴의 도입

으로 의료용 로봇 시장이 확대되고 의료 서비스가 더욱 개선될 것으로 기대한다.[27]

회진 로봇의 도입을 선도한 은평성모병원에 이어, 삼성서울병원이 국내 두 번째로 회진 동행 로봇을 도입했다. 삼성서울병원은 2023년 7월 20일 '스마트 닥터Smart Doctor'라는 이름의 첨단 로봇을 도입했다. 스마트 닥터는 인공지능 음성인식 시스템, 자율 주행, 챗봇 등 다양한 기술을 탑재했다. 사람 키 정도 되는 크기에 네모난 화면의 얼굴을 가진 이 로봇은 가슴 부위에 있는 터치스크린을 통해 말을 걸거나 병원과 관련된 정보를 확인할 수 있다.[28]

현재 삼성병원 암병원에서 시범 운영 중인 스마트 닥터는 의료진의 회진을 돕는 역할을 하고 있다. 폴과 마찬가지로 환자의 병실 정보를 확인하고, 의료진의 음성 명령을 인식하여 회진 경로를 안내한다. 또한 환자의 상태를 확인하고 의료진에게 필요한 정보를 제공한다. 스마트 닥터는 시범 운영을 통해 그 효과를 검증하고 있으며, 향후 본격적인 도입을 검토하고 있다.

의료용 외골격 로봇

'외골격 로봇powered exoskeleton'이라는 이름만 들어도 엄청난 게 떠오른다. 근력과 지구력을 엄청나게 강화해주는, 몸에 입는 로봇 슈트 같은 장치다. 이것을 입으면 무거운 짐도 편하게 들 수 있다. 허리·어깨·허벅지를 보호해주는 등 근육을 몇 배 강화해주는 듯한 장치다.

2024년 CES에 등장한 하이퍼쉘Hypershell 외골격 로봇은 현재 100만 원 정도면 살 수 있는데, 이 로봇을 착용하면 30kg짜리 배낭을 메고 시속 20km로 25km의 거리를 무리 없이 달릴 수 있다고 한다. 이제 600만 달러가 아니라 약 700달러로 초능력자가 되는 것이다. 이 외골격 로봇이 의료계를 강타하고 있다.[29]

의료용 외골격 로봇은 생각보다 역사가 길다. 무려 50년도 더된 1972년, 현재 세르비아인 유고슬라비아의 미하일로푸핀연구소

Institute Mihajlo Pupin에서 첫 보행 재활용 외골격 로봇이 탄생했다. 초창기에는 의료용 로봇이 주를 이뤘으나 한때 산업용 로봇으로 이목이 쏠리며 그 개발이 주춤했다. 하지만 2000년대 와서 다시 의료용 외골격 로봇 개발이 활발해졌다. 새롭게 개발한 로봇은 의료진이 아니라 바로 환자를 돕기 위한 용도였다.[30]

개발자가 발견한 중요한 점은 이 로봇이 똑같은 운동을 수없이 반복할 수 있다는 것이었다. 이 로봇의 도움으로 환자는 더 짧은 시간에 훨씬 더 일관되게 운동할 수 있었다. 환자가 강해지면 보조 정도를 줄여나가 재활 치료가 끝날 즈음에는 로봇의 도움 없이도 걸을 수 있게 되는 식이다.

이렇게 발전한 의료용 외골격 로봇은 크게 두 분야로 나뉜다. 하나는 '재활용', 다른 하나는 '증강용(보조용)'이다. 재활용은 재활 치료 프로그램의 일부로 쓰이고 치료가 끝나면 더는 필요가 없어진다. 하지만 증강용은 신체 능력을 더 세게 만들어주는 것으로, 평생 착용하는 경우가 많다. 신체에 장애가 있는 사람이 착용하면 외골격 로봇은 신체 일부가 된다.

의료용 외골격 로봇의 활용도가 점점 높아지고 있다. 척수손상 등으로 하반신이 완전히 마비된 사람이나 근육과 뼈의 기능이 지나치게 손상되어 기존의 보조기로는 걷는 게 불가능한 환자에게 의료용 로봇이 새로운 선택지가 되고 있다. 보조기는 근육을 다시 움직이게 하는 게 목적이지만 외골격 로봇은 근육 대신 모터를 사용해 스스로 움직여준다.

　'보행 재활 로봇'이라고도 불리는 외골격 로봇은 뇌졸중이나 척수손상 환자의 재활 치료에 사용한다. 노화로 쇠약해진 몸을 보완하는 데도 쓸 수 있다. FDA에서는 이미 뇌졸중 환자용 외골격 로봇 '엑소Ekso GT'를 승인하기도 했다. 독일 자르브뤼켄 인공지능연구소DFKI에서는 '카피오CAPIO'와 '바이봇VI-Bot'이라는 범용 외골격 로봇을 개발했는데, 주로 원격조종에 사용한다. 외골격 로봇 기술은 수술 중 정확성을 높이거나 간호사가 환자를 편하게 옮기는 데도 활용한다.

의료에서 재활용·증강용 외골격 로봇

앞서 말했듯이 의료용 외골격 로봇은 크게 2가지로 나뉘는데, 바로 '재활용'과 '증강용'이다.

　엑소바이오닉Ekso Bionics사의 엑소 GT와 렉스바이오닉REX Bionics사의 렉스를 비교하면, 엑소는 하반신 마비 환자가 일어서서 걸을 수 있게 해주는 외골격 로봇이다. 임상의가 더욱 다양한 재활 서비스를 쉽게 제공할 수 있도록 도와주기도 한다. 어느 정도는 움직이며 한쪽 다리에서 다른 쪽 다리로 체중을 이동할 수 있는 사람이 사용한다. 이 로봇은 어느 쪽 다리가 더 도움이 필요한지 파악해서 지원을 조절할 수 있고, 재활을 진행하면서 환자가 강해지면 보조력을 점차 줄여나간다.[31] 최초의 엑소 GT는 우수한 재활 병원으로 손꼽히는 시카고재활연구소RIC에서 사용했는데, 이곳은 미국 장애인재활연구소NIDRR에서 지원금을 받아 뇌졸중 후 보행 훈련과 재활에 관한 연구를 진행하고 있다.

엑소 GT와 달리 렉스는 보행을 완전히 제어해 체중 이동까지 다 해준다. 렉스 착용자는 '로봇을 타고' 이동해서 근육을 전혀 사용하지 않으므로 재활 효과는 없거나 미미하다. 하지만 렉스는 완전 마비 환자가 일어서서 걸을 수 있게 해서 삶의 질을 개선해준다.

'다른 사람과 눈높이를 맞춰 대화하기'나 '선반 위 물건을 꺼내기' 같은 일상에서 사소하게 여기는 동작조차 휠체어를 사용하는 사람에게는 큰 어려움이다. 장시간 휠체어에 앉아 있으면 특정 감염증과 혈액순환 문제, 욕창 등의 위험 또한 높아진다. 하지만 외골격 로봇 렉스는 휠체어 사용자가 다시 일어설 수 있게 해주며, 서고 걷고 심지어 계단과 경사를 오르내리는 일도 가능하게 해준다.

렉스바이오닉을 설립한 로버트 어빙Robert Irving과 리처드 리틀Richard Little은 공학 지식을 휠체어를 대체할 실용적 외골격 로봇 개발에 활용하기로 했다. 어빙이 다발경화증 진단을 받았기 때문이다. 그 결과로 렉스가 탄생했다. 가벼운 소재로 제작된 이 외골격 로봇은 사용자가 움직일 수 있게 편안하게 몸을 지지해준다. 사용자는 다리와 허리 부분을 감싸는 여러 벨크로와 버클 스트랩으로 로봇 다리를 착용한다. 할HAL과 같은 기존의 외골격 로봇이 인간의 움직임을 보조하는 개념이었다면 휠체어에 의존할 수밖에 없는 사용자를 고려한 렉스는 착용자가 허리 높이에 있는 조이스틱으로 제어한다.

이처럼 엑소와 렉스는 둘 다 '의료용 외골격 로봇'이지만 환자의 필요와 상태에 따라 용처가 완전히 다르다. 재활용 의료 보조기와 보조용 의료 보조기도 설계 과제가 다르다. 재활용 외골격 로봇은 조절할 수 있어야 하고, 같은 동작을 수백 번 정확하게 반복할 수 있어야 한다. 게다가 환자마다 정보를 기록해야 하고, 1~2시간 정도 연속 사용한다. 그 반면에 보조용 외골격 로봇은 사용자 한 명에게만 맞춰져야 하고, 착용 편의성은 물론 온종일 또는 그 이상 착용해야 하므로 배터리 용량도 이에 부합해야 한다.

특히 보조용이나 보행용 외골격 로봇은 무엇보다 장시간 착용했을 때 편안해야 한다. 웨어러블 기기가 크기와 유용성 면에서 많이 발전했지만 장시간 착용한 채 일상생활을 하기에는 여전히 어려움이 있다. 손의 힘을 높여주는 전동 글러브는 일상생활에서 무척 도움이 될 수 있지만 설거지하거나 손을 씻을 때는 오히려 방해가 될 수 있다.

의료용 외골격 로봇의 분류

역할별 의료용 외골격 로봇은 다시 형태, 용도, 명령 체계별로 나뉜다. 신체 부위별로 상부형과 하부형으로 나뉜다. 로봇의 작동 범위에 따라서는 정주형과 모바일형으로 구분된다. 이들은 다시 사전에 프로그램된 기기와 즉시 반응하는 기기로 나뉜다. 여기에서 다시 어린이용이나 재활을 즐길 수 있게 돕는 엔터테인먼트 결합형 등으로 구분할 수 있다. 요즘은 특수 섬유를 구동장치로 사용한 부드러운 재질의 외골격 로봇도 개발되고 있다.[32]

의료용 외골격 로봇은 재활이나 보조하고자 하는 신체 부위에 따라 상체 로봇과 하체 로봇으로 구분한다. 하체 의료용 외골격 로봇은 보행 능력을 향상하거나 무릎과 같은 특정 관절을 보조한다. 상체 의료용 외골격 로봇은 팔(어깨, 팔꿈치)이나 손(손가락, 손목)을 강화하거나 보조하는 데 초점을 둔다. 상체 및 하체 의료용 웨어러블 로봇도 재활용과 보조용으로 나뉜다. 과거에는 상체와 하체를 동시에 목표로 하는 의료용 외골격 로봇도 있었지만 현재는 거의 남아 있지 않고 개발도 중단된 상태다.

의료용 외골격 로봇 시장을 선도하는 호코마Hocoma는 로코맷Lokomat을 개발했다. 로코맷은 정주형 상체용 외골격 로봇으로, 재활 치료 및 보행 훈련에 사용한다. 뇌졸중·척수손상·외상성뇌손상·근육위축증·관절염 등 다양한 신경계 및 근골격계 질환으로 보행장애를 겪는 환자의 재활 치료에 효과적인 것으로 나타났다.

로코맷은 로봇 다리를 착용한 환자가 정확하고 안정적인 보행 운동을 하도록 지원한다. 환자의 개별적 필요에 맞춰 보행 속도, 보조 강도, 훈련 범위 등을 조절하여 맞춤 치료가 가능하다. 로코맷은 가상현실 환경과 연동하여 흥미롭고 효과적인 훈련 경험을 제공한다. 이에 따라 훈련 데이터를 실시간으로 분석하여 환자의 진행 상황을 객관적으로 평가한다. 훈련 모드는 기본 보행 훈련부터 계단 오르내리기, 장애물 넘기 등 다양하다.

로코맷은 다양한 임상 연구를 통해 보행 능력 향상, 근력 강화, 균형 감각 개선, 기능적 활동 능력 향상 등의 효과를 입증했다. 재활 치료 기간 단축 및 환자의 삶의 질 향상에도 기여하는 것으로 나타났다. 로코맷은 재활 병원이나 요양 시설, 스포츠센터 등에서 일반 환자나 부상당한 운동선수의 재활을 돕는다. 대당 1~2억 원 정도로 매우 높은 가격이지만 개인이 구매하기도 한다.[33]

인모션 암InMotion Arm은 인터렉티브모션테크놀로지Interactive Motion Technologies(바이오닉랩Bionik Lab 인수)에서 개발한 정주형 상체 재활용 로봇 팔이다. 뇌졸중·척수손상·근육위축증 등으로 인해 팔이 마비된 환자의 재활과 회복을 돕는 데 사용한다.

인모션 암은 팔의 마비된 근육을 자극하여 기능 회복을 돕고 동작 범위를 넓히고 근력을 강화한다. 손과 손가락의 움직임을 개선해서 재활 치료 과정을 더 효율적으로 만든다. 이 로봇 역시 로코맷과 마찬가지로 게임 기반 훈련 환경을 제공한다. 이는 재활 치료를 재미있게 만들어 환자의 참여도를 높이고 훈련 효과를 극대화해준다.

인모션 암에는 환자에게 최적화된 치료를 제공하는 맞춤형 프로그램이 탑재되어 있다. 환자별로 필요에 맞춰 치료 프로그램을 설정하거나 치료 강도, 움직임 범위, 게임 난이도 등을 조절한다. 이 로봇 역시 재활 병원이나 요양 시설 등에서 사용되며, 개인적으로 소유하는 환자도 있다고 한다.[34]

이동형 외골격 로봇인 바이오서보테크놀로지Bioservo Technologies에서 개발한 로봇 소프트 강화 근육 장갑Robotic Soft Extra Muscle Glove(이하 SEM 글러브)은 손의 힘과 기능을 증강하는 착용형 로봇 장갑이다. 제조·물류·건설·의료 등 다양한 분야에서 작업자의 효율성과 안전성을 높이는 데 쓰이기도 하지만 뇌졸중이나 척수손상 등으로 마비된 근육의 기능 회복을 돕고 재활 치료 과정을 돕기도 한다.[35]

SEM 글러브는 손과 손가락의 근력을 최대 20kg까지 증폭시켜 무거운 물건을 쉽게 들어 올리고 조작할 수 있도록 돕는다. 이는 작업자의 피로를 줄여 작업 효율 향상에 기여한다. 또한 무거운 물건을 들어 올릴 때 손목과 손가락에 가해지는 부담을 줄여 부상 예방에 도움을 준다. 작업 환경의 안전성을 높여 사고 위험을 감소시키는 효과도 있다.

SEM 글로브는 손의 움직임을 좀더 정밀하게 제어할 수 있도록 돕는다. 이는 작업의 정확도를 높여 품질 향상에 기여한다. 또한 배터리 교체 없이 최대 8시간 연속 사용이 가능하다. 다양한 안전 기능을 탑재하여 사용자의 안전을 보장하며, 과부하 방지 기능과 자동 꺼짐 기능 등으로 안전사고를 예방한다.

SEM 글로브는 생산라인(부품 조립, 정밀 작업)이나 창고(물품 분류, 운반), 건설 현장(자재 운반, 설치), 병원(환자 이동, 재활 치료), 농촌(농작물 수확, 운반) 등 다양한 현장에서 사용할 수 있다. SEM 글로브는 인간 손의 능력을 향상하는 핵심 기술로 자리매김할 것이다. 앞으로 더욱 가벼워지고 저렴해지며, 다양한 기능을 갖춘 SEM 글로브가 출시될 것으로 예상한다.

3장

아무도 소외되지 않는
스마트 의료, 원격의료

원격의료란?

현대 사회는 기술 발전으로 인해 의료 분야에서도 혁신적 변화를 겪고 있다. 특히 원격의료는 "전자 정보통신기술을 통해 멀리 떨어진 의료진과 환자를 연결하여 진료와 치료를 가능하게 하는 혁신적인 의료 서비스"다.[1]

원격의료의 가장 큰 장점은 의료 서비스의 접근성을 높여주는 것이다. 도서·산간 지역과 같이 교통이 불편한 지역의 주민이나 장애인, 고령자 등이 원격의료 통해 의료 서비스를 받을 수 있다. 이는 의료 접근성 개선에 크게 기여한다. 또한 의료 비용 절감도 원격의료의 중요한 장점이다. 환자는 병원을 방문하지 않고도 진료를 받을 수 있어 시간과 비용을 절약할 수 있다.

이 모든 장점은 의료 서비스의 효율성 향상에서 비롯한다. 의료진은 원격의료를 활용해 여러 환자를 동시에 진료할 수 있으며,

2021년 11월 15일 대한디지털헬스학회 창립 인터뷰에서 원격의료의 중요성을 강조하는 권순용 전 회장(출처: 가톨릭중앙의료원 홍보팀)

이는 업무 효율성을 높인다. 의료진은 또한 자동으로 의료 데이터를 수집하고 분석함으로써 질병을 예방하고 치료할 뿐만 아니라 궁극적으로는 의료의 질을 높일 수 있다.

원격의료가 지속해서 발전하려면 적용 분야, 기술 발전, 윤리 문제, 미래 전망 등을 논의해야 한다. 의료의 패러다임을 바꿀 원격의료의 잠재력을 알아보면 발전 방향을 모색할 수 있을 것이다.

특히 원격의료가 '아무도 소외되지 않는 의료'를 실현하는 데 기여할 가능성에 주목해야 한다. 원격의료를 통해 경제 문제나 지리 장벽 때문에 의료 혜택을 받지 못하는 사람도 의료 서비스를 받을 수 있게 되면 의료의 공공성 강화에 기여할 수 있다.

원격의료가 보편화하려면 의료 분야에 가져오는 사회적·경제적 영향을 자세히 분석해보아야 한다. 의료 서비스의 디지털화가 전통적 의료 접근 방식을 어떻게 변화시키고 있는지 그리고 이러한 변화가 환자와 의료 제공자 양쪽에 어떤 이점을 제공하는지 살펴야 한다. 또한 원격의료가 의료 서비스의 질을 어떻게 개선하는지, 의료 오류를 어떻게 줄이는지, 환자의 만족도를 높이는 데 어떻게 기여하는지를 알아야 한다.

그러기 위해 원격의료와 관련한 기술 진보, 특히 인공지능이나 5G, 사물 인터넷 같은 최신 기술이 의료 분야에 어떻게 통합되고 있는지 탐구하고자 한다. 이러한 기술들이 원격의료의 효율성과 정확성을 어떻게 증진하고 있는지 그리고 이를 통해 의료 서비스의 새로운 지평을 어떻게 여는지 알아보겠다.

원격의료의 확산을 위해서는 원격의료가 직면한 윤리적 도전 과제들을 알아야 한다. 원격의료의 확산과 발전에 환자의 개인 정보 보호, 데이터 안전 관리, 의료 오류의 위험성 등이 중요한 고려사항이 되고 있다. 스마트 의료는 이러한 윤리 문제들을 심도 있게 탐구하여 원격의료가 지속 가능하며 신뢰 가능한 의료 서비스로 자리 잡기 위해 필요한 조치들을 제시해야 한다.

원격의료는 의료 서비스와 정보를 원격으로 제공하는 현대 의료 기술의 한 형태로, 디지털 통신 기술을 활용하여 의료진과 환자 간 또는 의료 전문가 사이의 정보 교환을 가능하게 하는 시스템이다. 이 개념은 의료 제공자가 환자와 물리적 거리에 제약받거나 직접 대면하지 않고도 진료, 치료, 상담, 모니터링, 의료 정보 교환, 교육 및 기타 의료 서비스를 제공한다는 것이다.[2]

원격의료의 주요 목적은 다음과 같다.

- 의료 접근성 개선: 원격 지역이나 의료 자원이 부족한 지역에 거주하는 환자에게 더 나은 의료 서비스를 제공한다.
- 의료 서비스의 효율성 증대: 의료진은 원격의료를 통해 여러 환자에게 동시에 서비스를 제공할 수 있으며, 이를 통해 의료 자원의 활용도를 높일 수 있다.
- 비용 절감: 환자와 의료진이 물리적으로 이동하는 데 드는 비용과 시간을 줄일 수 있다.
- 의료 품질 개선: 실시간 데이터 공유와 전문가 간의 협업을 통해 진단의 정확도를 높이고 치료 효과를 개선한다.

이러한 원격의료의 정의와 목적은 의료 서비스의 혁신을 추구하고, 더 포괄적이고 접근 가능한 의료 시스템을 구축하는 데 중요한 역할을 한다.

원격의료는 다음과 같은 장점이 있다.

- 의료 접근성 향상: 원격의료를 통해 의료 혜택을 받지 못하는 사람도 의료 서비스를 받을 수 있게 된다. 예를 들어 도서·

산간 지역과 같이 교통이 불편한 지역의 주민이나 장애인, 고령자 등이 원격의료를 통해 의료 서비스를 받을 수 있다.

- 의료 비용 절감: 원격의료를 통해 의료 비용을 절감할 수 있다. 환자가 의료 기관을 방문하지 않고도 진료를 받을 수 있어 환자의 시간과 비용을 절약할 수 있다. 의료진의 이동 비용도 절감할 수 있다.
- 의료 효율성 향상: 원격의료로 의료 서비스의 효율성을 향상할 수 있다. 예를 들어 의료진은 원격의료를 통해 여러 환자를 동시에 진료할 수 있으므로 의료진의 업무 효율성이 높아질 수 있다. 또한 원격의료를 통해 의료 데이터를 수집하고 분석함으로써 질병 예방과 치료에 도움이 될 수 있다.
- 감염증 억제: 원격의료는 병원과 의료 기관의 혼잡을 줄이고 감염률을 낮출 수 있다.

원격의료는 이러한 장점들로 인해 전 세계적으로 빠르게 발전하고 있다. 한국에서도 정부와 의료계의 적극적인 지원 아래 원격의료의 도입과 확산이 활발히 이루어지고 있다. 그러나 원격의료는 다음과 같은 위험요소도 있다.

- 의료의 질 저하: 원격의료는 환자의 신체적 상태를 직접 확인할 수 없으므로 의료의 질이 떨어질 우려가 있다.

- 환자의 안전 위협: 원격의료를 통해 의료 행위가 이루어지면 환자의 안전이 위협받을 수 있다.
- 의료 정보 유출 위험: 원격의료를 통해 전송되는 의료 정보가 유출될 수 있다.

원격의료의 역사와 발전 방향

원격의료의 역사는 19세기로 거슬러 올라가며, 그 기원은 전화기 발명과 긴밀한 관련이 있다. 1876년 알렉산더 그레이엄 벨(1847~1922)이 전화기를 발명하면서 의사와 환자 간의 원거리 의사소통이 가능해졌다. 이는 원격의료의 초기 형태로 볼 수 있으며, 의료 분야에서 원격 커뮤니케이션의 시작을 알린 것이라는 주장이 있다.

로버트 아이켈붐Robert H. Eikelboom은 "1874년 호주에서 부상한 사람의 치료를 위해 전신을 사용한 기록이 있다."라고 하며, 전화기 발명이 있기 전에 이미 전신으로 원거리 의료가 시작되었다고 주장한다.3 이 초기 시도들은 오늘날 우리가 알고 있는 원격진료의 토대를 놓았다. 의료 서비스 제공 방식에 혁명을 일으킨 순간이다.

현대 원격진료는 1900년대 초 네덜란드에서 전화기를 이용해 심장 박동 소리를 전송하며 시작되었다. 이어 1920년대 유럽에서는 라디오 상담센터로 전송하는 방식이 사용되었다.[4] 기술 발전은 원거리 진료의 가능성을 넓히고 의료 서비스의 범위를 확장하는 데 기여했다.

진정한 의료 현장에서의 원격의료는 1940년대에 시작되었다. 미국 펜실베이니아에서는 전화선을 통해 엑스레이 영상을 대략 40km 떨어진 곳으로 전송했다는 기록이 있다. 이는 세계 최초의 EHR 전송 사례다.[5]

1950년대에는 텔레비전과 영상통화 기술을 활용한 원격진료가 도입되었다. 이러한 기술의 발전은 의료진과 환자 간의 상호작용을 더욱 개선하고 의사가 환자의 상태를 시각적으로 파악할 수 있게 했다. 이는 의료 진단의 정확성을 높이는 데 중요한 역할을 했다. 한 캐나다 의사가 이 기술을 발전시켜 몬트리올 지역에서 사용하는 원격 방사선진단 시스템을 구축했다. 이러한 시도가 확산하면서 동영상 기술도 발전하기 시작했다. 현대 영화 제작 기술의 등장과 함께 영상 의료에 대한 진지한 계획이 수립되었다.

1980년대 이후에는 컴퓨터 기술의 발전에 힘입어 원격의료가 본격적으로 발전하기 시작했다. 1985년 미국 휴스턴대학교 메디컬센터는 원격진료 전문 센터를 설립했으며, 이는 원격의료 분야의 중요한 이정표가 되었다. 1990년대에는 미국 정부가 원격의료

연구 및 개발에 투자하기 시작했다. 이는 원격의료 기술의 발전과 보급을 가속하는 데 크게 기여했다.[6]

2000년대에 들어서는 인터넷과 모바일 기술의 급속한 발전으로 원격의료가 더욱 보편화되었다. 2003년 미국의학협회AMA는 원격의료를 공식 인정했으며, 이는 원격의료가 의료 분야에서 중요한 역할을 하게 될 것임을 시사했다. 2010년에는 미국 정부가 원격의료 관련 법안을 통과시켰다. 이로써 원격의료는 법적·제도적으로 인정받고 좀더 체계적으로 발전할 수 있는 기반을 마련했다. 이러한 역사적 배경을 통해 원격의료는 오늘날 의료 분야의 중요한 부분으로 자리 잡게 되었다.[7]

한국의 원격의료

정부가 바이오헬스 산업 육성 정책을 추진 중이지만 디지털 헬스케어의 핵심인 원격의료는 여전히 규제에 막혀 있다. 코로나19 확산으로 비대면 진료가 허용되었다. 하지만 일시적이었고 코로나19 종식과 함께 비대면 진료도 중단되었다.

의료계에 따르면 국내 바이오헬스 산업이 첨단 원격의료 기술을 개발해도 의료법에 의해 환자와 의사 간 원격의료가 금지되어 상용화에 어려움을 겪고 있다. 이에 따라 기업들은 해외 시장으로 눈을 돌리고 있다. 실제로 KT는 2022년 원격의료 플랫폼을 개발하고 한국보다 규제가 덜한 베트남에서 2023년 먼저 출시했다.[8]

한국은 세계 최고 수준의 IT와 의료 인프라를 갖추고 있어 비대면 의료 산업을 육성하기에 가장 알맞은 곳으로 여겨지지만 규제 때문에 기업뿐만 아니라 신산업 분야의 인재도 해외로 유출되고 있다는 지적이 나온다. 비대면 진료의 필요성이 지속적으로 제기되고 있는 가운데 의사 및 약사 단체는 안전성 등의 이유로 이에 강력히 반대하고 있다. 특히 의료 단체가 비대면 진료 플랫폼 기업을 고발하면서 새로운 산업을 육성하기 위한 기반도 흔들리고 있다.

경제협력개발기구OECD 38개국 중 한국을 포함한 6개국만이 원격의료를 금지하고 있는 것으로 알려졌다. 원격의료의 범위와 조건은 국가마다 다르지만, 특별한 법률 없이도 32개 OECD 국가는 원격의료를 허용하고 있다. 이는 비대면 진료가 이미 새로운 산업으로 평가받고 있기 때문이다. 업계에 따르면 글로벌 비대면 의료 시장은 연평균 19% 성장하고 있으며, 2030년에는 225억 달러(약 28.6조 원) 규모로 성장할 것으로 예상한다.[9]

한국의 원격의료는 2000년대 초반부터 도입되기 시작했다. 2002년 한국보건의료정보원은 '원격의료 시범사업'을 추진하기 위한 계획을 발표했으며, 2003년에는 '원격의료 시범사업'의 대상자를 모집하기 시작했다. 2004~2005년 진행된 '원격의료 시범사업'은 총 400여 명의 환자를 대상으로 실시되었으며 원격진료의 가능성을 확인하는 데 기여했다.

2010년대 들어 한국의 원격의료는 더욱 발전했다. 2010년 보건복지부는 '원격의료 시범사업'을 확대하기 위한 계획을 발표했으며, 2011~2012년 '원격의료 시범사업'을 확대해 시행했다. 2012년에는 '원격의료 시범사업' 대상자가 1,000여 명으로 확대되었으며, 다양한 질환에 원격진료가 시도되었다.[10]

2013년에는 '원격의료 활성화 방안'이 발표되었다. '원격의료 활성화 방안'은 원격의료의 범위를 확대하고, 원격의료의 안전성을 강화하는 내용을 담고 있다. '원격의료 활성화 방안'의 발표로 인해 한국의 원격의료는 더욱 활성화되리라 기대했다.

우리나라에서 원격의료가 본격적으로 자리 잡은 것은 세계 초

코로나19로 병원이 폐쇄되자 서울시 내 코로나19 확진자와 자가 격리자 대상으로 비대면 진료가 시작되었다. (출처: 권순용)

유의 사건인 코로나19 팬데믹 때문이었다. 2020년 2월 은평성모병원에서는 확진자로 인한 원내 감염이 발생했다. 서울 소재 대학병원 가운데 첫 사례였다. 급기야 병원이 폐쇄되었고 이로 인해 하루 3,000명이 넘는 환자가 갑자기 병원을 이용할 수 없게 되었다.

반자도지동反者道之動이라 했던가? 위기 때마다 번득이는 역발상의 아이콘, 권순용 교수의 기지가 코로나19 역설을 만들기 시작했다. 당시 은평성모병원장이던 권 교수는 환자의 불편함을 덜기 위한 전화 진료라는 대응책을 제시했다. 비상 상황하에서 바로 실행할 수 있는 유일한 원격의료 수단이 전화밖에 없었다. 마침 정부가 한시적으로 비대면 진료를 인정하던 때였기에 곧바로 시행할 수 있었다. 코로나19 상황에서 국내 최초로 비대면 진료가 일사천리로 진행되었다.

은평성모병원은 원격의료 솔루션을 은평구 전역에 보급했고 우리나라 원격의료 사례 중 절반이 넘는 원격진료 사례를 남겼다. 나아가 은평성모병원은 과학기술정보통신부로부터 '정보통신기술ICT 규제 샌드박스' 심의를 통과하여 의료 플랫폼 기업 퍼즐에이아이가 주도하는 '퍼즐에이아이 컨소시엄'의 '재외 국민 대상 진료 서비스'의 임시 허가를 받았다. 이로써 은평성모병원은 모바일 앱을 통해 국내 의료진이 재외 국민(해외 파견 근로자 등)을 대상으로 비대면 진료 후 해외에서 약을 수령할 수 있도록 처방전을 발급하는 서비스를 개시했다.

우리나라 의료법상 의료인은 직접 진찰한 환자만을 대상으로 처방전 등을 발급할 수 있고 의료 기관 내에서만 의료업이 가능해 재외 국민 대상 비대면 진료 서비스가 가능한지가 불명확했다. 하지만 은평성모병원은 '재외 국민 대상 진료 서비스'를 통해 해외 어디에서나 양질의 국내 의료 서비스를 제공할 수 있게 되어 재외 국민의 의료 접근성 향상과 의료 불안감 해소에 기여했다. 은평성모병원은 이처럼 국내 최초의 스마트 병원이라는 명예를 국내 최초·최다의 원격의료 사례로 지켰다.

은평성모병원의 전화 진료에 대한 만족도는 권순용 교수와 박형열 교수가 이끄는 은평성모병원 정형외과 연구팀의 만족도 조사로 보고되었다. 원격진료에 관한 SCIE급 국제 학술지인 〈텔레메디

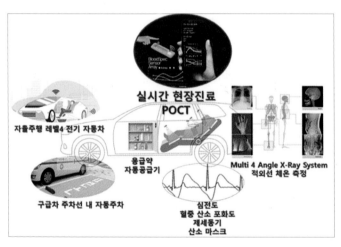

탈중앙화 진료 모델(출처: 권순용)

신 앤드 이헬스Telemedicine and e-Health〉(IF 2.385) 온라인판 2020년 11월호에 게재한 보고서에 따르면[11] 전화 진료에 대한 만족도 조사에서 환자의 80% 이상이 사용의 편리함과 상호작용, 신뢰도, 만족도, 미래 이용 부분에서 긍정적인 답변을 한 데 반해, 의료진은 항목 전반에서 50% 이하의 낮은 만족도를 보인 것으로 나타났다. 85.8%의 의료진이 코로나19와 같은 비상 상황에서 전화 진료가 필요하다고 응답했으나 안전성 측면에서 80% 이상이 대면 진료보다 환자 상태 파악과 설명이 어렵고 환자 또한 자신의 상태를 이해하기 어려울 것이라고 생각했다.

이 조사는 코로나19 원내 감염 발생으로 은평성모병원이 폐쇄되었던 2020년 2월 24일~3월 7일 전화 진료를 이용한 6,840명의 환자와 320명의 의료진을 대상으로 설문 조사를 진행하여 총 906명의 환자와 155명의 의료진이 응답했다.

이 보고서의 책임 저자인 은평성모병원 박형열 교수는 연구에서 전화 진료에 대한 환자의 만족도가 의료진보다 유의미하게 높았으며, 환자는 전화 진료의 편의성과 비대면 진료를 통한 감염 예방으로 높은 만족도를 나타냈지만 의료진은 안전성에 대한 염려와 사용의 불편함이 낮은 만족도로 나타난 것으로 평가했다. 따라서 더욱 안전하고 편리한 원격진료를 위해서는 제도적 지침 확립과 함께 영상 진료가 가능하고 보안이 적용된 원격진료 플랫폼과 음성인식과 같은 기술적 개발 또한 필요할 것이라고 지적했다.[12]

이후 보건복지부는 코로나19 팬데믹 사태를 극복하기 위해 '원격의료 활성화 방안'을 보완한 '원격의료 활성화 추진 계획'을 발표했다. '원격의료 활성화 추진 계획'은 원격의료 확대와 인프라 구축에 관한 내용을 담고 있다. '원격의료 활성화 추진 계획'의 발표로 한국의 원격의료는 더욱 빠르게 발전하여 그 화려한 지평을 펼칠 것으로 예상한다.

한국은 통신 인프라가 세계에서 가장 발달한 나라다. 통신 기술의 발전으로 고화질 영상통화나 고속 데이터 전송 등이 가능해짐에 따라 원격의료는 더욱 확대될 것으로 예상한다. 또한 예방과 관리 중심으로 의료 패러다임이 변화함에 따라 환자의 건강 상태를 지속해서 모니터링하는 원격의료의 중요성도 커지고 있다. 대한민국의 원격의료는 다음과 같은 분야에서 의료의 미래를 바꿀 잠재력이 있을 것으로 전망한다.

- 원격진료: 원격진료의 범위가 확대되고 질이 향상될 것으로 전망한다.
- 의료 접근성 향상: 원격의료를 통해 도서·산간 지역이나 교통이 불편한 지역의 주민이나 장애인, 고령자 등도 의료 서비스를 받을 수 있게 될 것이다.
- 의료 비용 절감: 원격의료를 통해 환자가 의료 기관을 방문하지 않고도 진료를 받을 수 있어 의료 비용이 절감될 것이다.

- 의료 효율성 향상: 원격의료를 통해 의료진은 여러 환자를 동시에 진료할 수 있어 의료진의 업무 효율성이 높아질 것이다. 또한 원격의료를 통해 의료 데이터를 수집하고 분석함으로써 질병 예방과 치료에 도움이 될 것이다.
- 의료 질 향상: 원격의료를 통해 환자의 건강 상태를 지속해서 모니터링함으로써 질병을 조기에 발견하고 치료할 수 있을 것이다.
- 원격 교육: 의료진과 환자 교육을 위한 원격 교육 서비스가 확대될 것이다.

한국의 원격의료가 더욱 발전하기 위해서는 다음과 같은 과제들을 해결해야 한다.

- 법적 제도 마련: 원격의료의 안전하고 효율적인 운영을 위해서는 법적 제도를 마련해야 한다. 원격의료 서비스의 표준화와 인증 및 허가, 환자의 권리 보호 등의 법적 제도가 필요하다.
- 기술 개발: 원격의료의 효과적 구현을 위해서는 기술 개발이 필요하다. 고화질 영상통화 기술이나 의료 데이터의 안전한 전송 기술 등을 개발해야 할 뿐만 아니라 웨어러블 기기의 성능도 향상해야 한다.

• 산업 육성: 원격의료 산업의 육성을 위해서는 정부 지원과 민간 투자가 필요하다. 정부는 원격의료 산업의 육성을 위한 정책을 마련하고 민간 기업의 투자를 유도해야 한다.

한국의 원격의료는 코로나19 팬데믹을 계기로 더욱 빠르게 발전했다. 2021년 9월 보건복지부는 원격의료의 범위를 확대하는 '원격의료 활성화 추진 계획'을 발표했다. 이 계획에 따라 만성질환 환자의 원격진료가 허용되었으며, 정신과 진료도 원격으로 가능해졌다.

은평성모병원 건강증진센터는 인공지능 비대면 의료 서비스 플랫폼을 활용해 건강검진 고객에게 비대면 결과 상담을 시행했다. 보이닥VOIDOC은 이미 은평구에서 코로나19 감염증자와 격리자, 해외 파견 건설 근로자 등의 건강 상담에 활용되며 편의성을 입증한 바 있다. 이 서비스는 음성인식 인공지능 솔루션을 탑재한 보이닥 스마트폰 앱을 활용해 건강검진 결과에 대한 전문의의 일대일 상담이 가능하다.[13]

은평성모병원 건강증진센터가 도입한 비대면 결과 상담 서비스는 검진 후 우편물 등을 통해 결과를 통보받는 데 그치거나 상담을 위해 병원을 다시 방문해야 하는 기존의 방식에서 벗어났다. 고객이 원하는 시간과 장소에서 결과를 확인할 수 있는 편의성을 제공하며 영상 상담으로 모든 검진 결과를 의료진과 고객이 함께 공유한다.

코로나19 팬데믹으로 의료계는 국민 스스로가 의료 행위를 시작하는 의미 있는 발전을 이루었다고 권 교수는 말한다. 당시 국민 대다수가 코로나19 감염 여부를 측정하기 위해 자가 검사 키트를 이용해 현장 진료 검사POCT, Point-of-Care Testing를 했다. 전에는 자신의 타액이나 소변 등을 통해 스스로 POCT를 하는 것을 꺼렸는데 코로나19 팬데믹으로 POCT와 가까워진 것이다. 이는 앞으로 원격의료의 큰 자산으로 남을 것이다.

원격의료 응용 분야

정보통신기술은 의료 산업에 혁명적 변화를 가져오고 의료 행위와 서비스 제공 방식을 바꾸면서 우리가 세계를 보는 방식을 변화시켰다. 원격의료는 원격진료, 원격 모니터링, 원격 교육·협업 등 다양한 기술과 전략을 포함하는 광범위한 개념이다.

원격의료는 특히 만성질환자가 자신의 건강 상태를 더 효과적으로 관리하고 이해하도록 돕는다. 의료진은 환자의 건강 상태를 추적하고 잠재적 악화나 비정상적 측정값을 관찰하면 시기적절하게 개입할 수 있다.

인공지능과 결합을 가속화하고 있는 원격의료는 실시간 원격으로 환자 모니터링 데이터를 분석해서 건강 상태를 예측하고 위험을 조기에 발견하고 판단하며, 처방 또는 대비하는 데 도움을 줄 수 있다. 특히 사물 인터넷 기술을 장착한 다양한 의료 기기와 장치를 연결하여 환자의 건강 데이터를 실시간으로 수집하고 분석할 수 있다. 앞으로 테라헤르츠 대역 주파수를 이용해 5G보다 100배 빠른 6G 이동통신 시대가 오면 갑작스러운 건강 이상으로 큰일을 당하는 환자는 급격히 줄어들 것이다.

원격의료는 플랫폼에 따라 클라우드 기반, 웹 기반, 온프레미스 전달 모드 등으로 세분화하며, 앱에 따라 병원 원격의료, 의사 원격의료, 가정 원격의료 등으로 구분할 수 있다.

클라우드 기반

클라우드 기반 원격의료는 최근 급속도로 성장하고 있는 분야다. 이는 전 세계적으로 고령화와 만성질환이 증가하고 있는 데다 의료 인프라가 부족한 지역이 많아지고 있기 때문이다. 클라우드 기반의 원격의료는 클라우드 컴퓨팅 기술을 활용하여 원격의료 서비스를 제공하는 방식이다. 클라우드 저장소는 인터넷을 통해 접근 가능한 원격 서버에 디지털 데이터를 저장하는 클라우드 컴퓨팅을 활용하면 안전하고 확장성 있는 방식으로 의무기록을 저장하고 환자 치료를 개선할 수 있다.[14]

클라우드 컴퓨팅을 기반으로 한 원격의료는 인터넷을 통해 제공되는 컴퓨팅 서비스로, 사용자가 별도의 하드웨어나 소프트웨어

구매 없이 클라우드 서비스 제공업체의 컴퓨팅 자원을 사용하는 방식이다.

클라우드 기반 원격의료의 장점은 필요에 따라 컴퓨팅 자원을 유연하게 확장할 수 있어서 서비스 수요 증가에 유연하게 대응하는 높은 확장성이 보장되는 것이다. 별도의 하드웨어나 소프트웨어를 구입할 필요가 없어 초기 비용이 덜 든다는 것도 장점이다. 컴퓨팅 리소스는 필요에 따라 주문형으로 확보할 수 있다. 또한 클라우드 서비스 제공업체가 컴퓨팅 자원을 관리하고 유지 보수를 담당하므로 사용자는 이와 관련해 별도로 인력을 투입할 필요가 없다.

일부 클라우드 서비스 회사는 미국의 의료정보보호법HIPAA, Health Insurance Portability and Accountability Act15 등을 준수하여 클라우드 서비스를 사용해 클라우드 저장소에 안전하게 의무기록을 저장하고 환자가 검사 결과를 365일 24시간 온라인으로 확인할 수 있도록 하고 있다. 이는 종이 기록과 관련한 비용을 줄이고 환자가 자신의 데이터에 더 쉽게 접근할 수 있게 할 뿐만 아니라 의무기록에 접근해야 하는 모든 사람의 시간을 절약해준다.

클라우드 서비스는 생명공학, 결제 옵션, IT 솔루션 파트너를 포함한 의료 제공자를 위한 광범위한 서비스 에코 시스템에 접근 권한을 제공하여 더 나은 통합 및 상호 운용성을 지닌 점 또한 강점이라 할 수 있다.

그러나 클라우드 컴퓨팅은 인터넷을 통해 제공되는 서비스이기 때문에 데이터 보안과 거버넌스에 문제가 생길 수 있다. 중요한 데이터의 안전과 개인 정보 보호를 제3의 서비스 제공업체에 위탁하는 일에는 언제나 유출의 위험이 존재한다. 또한 특정 유형의 데이터가 클라우드 시스템에 저장되면 병원이 지켜야 할 규정과 충돌할 수도 있다. 따라서 클라우드 서비스를 업체에 위탁한 이후에도 꾸준한 감독과 감시가 필요하다.

클라우드 컴퓨팅은 로컬 온프레미스 저장소보다 지연 시간이 길어 데이터에 접근할 때 종종 성능 저하를 야기한다는 것도 클라우드 도입 시 주의해야 할 점이다. 클라우드 서비스 제공업체의 신뢰성 또한 간과할 수 없는 문제다. 클라우드 기반은 서비스 제공업체에 종속될 수 있어 업체의 서비스나 사업 중단이라는 위험이 존재한다.

클라우드 기반의 원격의료는 서비스 제공 방식에 따라 라이브 비디오Live Video(동기식Synchronous), 모바일 헬스mHealth, 원격 환자 모니터링RPM, Remote Patient Monitoring, 저장과 전송Store and Forward(비동기식Asynchronous) 서비스로 구분한다.[16]

라이브 비디오는 원격의료에서 가장 빈번히 사용된다. 의사와 환자가 오디오나 비디오 통신 플랫폼을 사용하여 실시간으로 상호작용한다. 이 방법을 이용하면 응급실 지원부터 교육과 상담까지 다양한 분야에서 원격으로 작업할 수 있다.[17]

특히 농촌이나 도서 지역과 같이 의료 서비스가 부족한 지역의 환자는 라이브 비디오를 통해 치료 제공 과정에서 발생하는 물리적 방해물을 제거할 수 있다. 의사들은 이동하지 않고도 자신의 지역 밖 의료 전문가와 환자 사례를 논의하거나 상담할 수 있으므로 더 높은 수준의 치료를 좀더 쉽게 제공할 수 있다. 우리나라도 코로나19 확산 당시 사회적 거리두기 상황에서 라이브 비디오 방식으로 취약 지역 환자들에게 양질의 의료 혜택을 제공했다.

라이브 비디오와 관련한 기술 과제는 실시간 영상 세션을 안정적이고 안전하게 수행하는 능력이다. 이를 위해서는 다양한 상황(낮은 대역폭, 낮은 기술 문해력, 많은 연결 등)에서 고품질 비디오 피드feed를 유지할 수 있는 HIPAA 준수 플랫폼이 필요하다. 전송되는 PHI Protected Health Information는 해킹의 주요 대상이므로 보안은 특히 중요하다. 라이브 비디오 플랫폼이 공급자의 요구를 충족하려면 HIPAA 규정을 통과해야 하며 안정적이고 추적 가능해야 한다.

라이브 비디오 원격의료 서비스 플랫폼을 제공하는 대표 기업으로는 텔라닥Teladoc, 암웰AmWell이 있으며, MD라이브MDLIVE, 플러시케어Plushcare 등이 이들을 바짝 추격하고 있다. 텔라닥은 미국의 원격의료 기업으로, 2023년 1분기 기준 약 700만 명의 가입자를 보유하고 있으며 원격진료, 원격 환자 모니터링, 원격 정신 건강 치료 등의 서비스를 제공한다.[18]

암웰 역시 미국의 원격의료 기업으로, 원격진료와 원격 환자 모니터링, 원격 정신 건강 치료 등의 서비스를 제공한다. 암웰은

2023년 1분기 기준 약 500만 명의 가입자를 보유하고 있다. 경쟁사인 MD라이브는 약 300만 명, 플러쉬케어는 약 200만 명의 가입자를 보유하고 있다.

질병의 패러다임 변화는 만성질환 환자가 폭발하고 사회 의료비용이 급증하는 악순환을 초래했다. 환자의 다양성 또한 증가하여 개별 맞춤형 치료와 관리의 중요성이 더욱 강조되고 있다. 국내 디지털 헬스케어 기업 아이쿱iKooB의 닥터바이스 클리닉Doctorvice Clinic은 이러한 시대 요구에 맞춘 디지털 진료 지원 시스템이다. 3,000여 개의 교육 콘텐츠는 환자 개개인에게 맞춤형 교육을 제공한다. 주치의는 환자 상태에 맞춰 콘텐츠를 편집하여 더욱 효과적인 교육을 가능하게 한다.[19]

환자는 닥터바이스 클리닉의 앱을 통해 혈당·혈압·체중 등의 데이터를 실시간으로 제공하고 자신의 상태를 기록하여 건강관리에 적극적으로 참여할 수 있다. 닥터바이스 클리닉은 이러한 데이터를 활용하여 환자의 상태를 파악하고 개인 맞춤형 치료 계획을 수립하는 데 중요한 역할을 한다.

닥터바이스 클리닉은 앞으로 비대면 진료 지원 시스템으로 발전할 것이다. 축적된 데이터 분석과 임상 판단 지원 시스템 도입을 통해 더욱 효과적인 진료 지원 시스템으로 진화할 예정이다. 언어별 교육 콘텐츠 탑재, 다양한 데이터 연결, 병원 시스템과의 연동 등을 통해 해외 병원이나 환자가 사용할 수 있도록 노력 중이다. 닥터바이스 클리닉은 단순한 디지털 진료 지원 시스템을 넘어 환자와 의료진의 소통을 강화하고 질병 관리의 효율성을 높이는 미래 의료 시스템의 핵심 요소가 될 것이다.

세계보건기구에서 "모바일 및 무선 기술을 활용하여 건강 목표 달성을 지원하는 모바일 헬스는 전 세계 의료 서비스 제공 방식을 변화시킬 잠재력이 있다."라고 언급했을 정도로 모바일 헬스는 원격의료에서 중요한 역할을 하며 성장하는 분야다.[20]

현재 원격의료 프로그램 대부분은 건강 콜센터, 응급 무료 전화 서비스, 응급 상황 및 재난 관리 형태를 취한다. 그러나 공급자들이 스마트폰 앱과 문자 메시지 서비스를 활용하여 건강한 생활과 정보 캠페인을 홍보함에 따라 모바일 원격의료가 증가하고 있다. 모바일 헬스는 에이즈·말라리아·결핵과 같은 빈곤 관련 질병 부담을 줄이는 프로그램을 지원하기 위해 저소득 및 중소득 국가에서 상당한 발전을 보였다.

우리나라에서 코로나19 팬데믹 초기, 질병관리청이 위기 대응을 위해 재난 문자 메시지로 환자 발생 사실을 알린 것은 모바일 헬스의 한 방법이자 역사상 가장 광범위한 원격의료 사례로 남았다. 모바일 기기를 통해 건강 데이터를 수집하고 분석하는 서비스를 제공하는 대표 기업들은 우리에게도 잘 알려져 있다.[21]

• 삼성: 갤럭시 스마트폰과 스마트워치 등을 통해 건강 데이터

를 수집하고 분석하는 서비스를 제공하고 있으며, 스마트링을 통해서도 모바일 헬스를 실현하고자 한다. 갤럭시 스마트링 핵심 기능은 헬스케어다. 심박수, 혈중 산소 포화도, 운동량 등을 측정하고 수면과 스트레스 등을 관리한다. 비침습형 혈당 관리 기능이나 좀더 정확한 체온 감지 기능 등을 추가할 예정이다.

- 핏빗Fitbit: 미국의 웨어러블 기기 기업으로, 스마트워치나 피트니스 트래커 등을 통해 건강 데이터를 수집하고 분석하는 서비스를 제공한다.

- 애플: 아이폰, 애플 워치 등을 통해 건강 데이터를 수집하고 분석하는 서비스를 제공한다. 애플은 애플 워치용 '마음 챙기기' 앱을 만들어 이용자의 심리 상태를 확인하는 기능을 추가했다. 가상현실 헤드셋 '비전 프로'에도 이용자의 정신 건강관리를 돕는 기능을 넣을 것이라고 한다. 애플 역시 삼성과 마찬가지로 스마트링을 출시한다고 하는데, 심박수와 혈중 산소 농도 모니터링 기능 개선을 위해 광 혈류 측정PPG 기술을 도입하는 등 개인 건강관리 기능을 심화할 계획이라고 한다.

- 구글: 구글의 모바일 헬스 사업은 크게 개인 건강관리와 의료 기관 지원으로 나뉜다. 개인 건강관리 분야에서는 안드로이드 스마트폰에서 사용할 수 있는 피트니스 추적 앱으로, 사

용자의 운동·수면·심박수 등의 데이터를 수집하고 분석하여 제공하는 구글 핏Google Fit 서비스와 건강 데이터 통합 플랫폼으로, 다양한 앱과 기기에서 수집한 건강 데이터를 한곳에서 관리할 수 있는 구글 헬스Google Health가 있다. 이와 같은 서비스는 구글 인공지능과 결합하여 개인 맞춤형 건강관리 서비스로 진화하고 있다.[22]

의료 기관 지원 분야에서는 의료 기관을 위한 클라우드 컴퓨팅 플랫폼인 구글 클라우드Google Cloud가 있다. 이 역시 구글 인공지능을 통해 의료 영상 분석, 질병 진단 및 치료, 의료 워크플로 자동화 등을 실현해나가고 있다.

구글의 모바일 헬스 서비스 사업은 개방형 생태계로, 파트너십을 통해 다양한 기업과 기관이 참여할 수 있다. 이를 통해 구글의 모바일 헬스 서비스는 더욱 다양한 기능과 서비스를 제공할 수 있게 될 것이다. 구글은 또한 다양한 데이터를 수집하고 분석하여 인공지능을 통해 개인 맞춤형 건강관리 서비스를 제공하는 데 중점을 두고 있다. 이를 통해 사용자는 건강 상태를 더 정확하게 파악하고 효과적으로 관리할 수 있게 될 것이다.

- 마이크로소프트: 개인 건강관리와 의료 기관 지원을 위한 모바일 헬스 서비스를 제공하고 있다. 개인 건강관리 솔루션으로는 윈도우10Windows 10, 안드로이드, iOS 등에서 사용

할 수 있는 건강 데이터 통합 플랫폼인 마이크로소프트 헬스 Microsoft Health와 윈도우10에서 사용할 수 있는 웨어러블 기기인 마이크로소프트 밴드Microsoft Band가 있다. 의료 기관을 위한 클라우드 컴퓨팅 플랫폼인 마이크로소프트 애저 포 헬스케어Microsoft Azure for Healthcare는 의료 데이터를 저장하고 분석하는 서비스를 제공하고 있다. 의료 기관을 위한 마이크로소프트 헬스볼트Microsoft HealthVault 버전인 마이크로소프트 헬스볼트 헬스케어는 환자의 건강 데이터를 관리하고 의료 서비스 제공을 지원하는 플랫폼이다.[23]

마이크로소프트는 플랫폼 통합을 통해 다양한 플랫폼을 지원하는 모바일 헬스 서비스를 제공하고자 노력하고 있으며, 다양한 데이터를 수집하고 분석하여 개인 맞춤형 건강관리 서비스를 제공할 수 있는 데이터 기반 서비스를 제공하고 있다. 마이크로소프트 역시 인공지능 기술을 활용해 의료 서비스의 효율성을 높이고 새로운 서비스를 개발하고 있다.

마이크로소프트의 모바일 헬스 서비스는 밴드를 비롯해 스마트폰, 웨어러블 기기, 의료 기기 등에서 수집한 건강 데이터를 한곳에서 관리하며, 사용자의 건강 데이터를 분석하여 건강 상태를 파악하고 건강 목표를 설정하는 데 도움을 준다.

원격 환자 모니터링 기술은 의료 서비스 제공을 전통적인 환경 밖으로 확장했다. 원격 환자 모니터링 기술은 환자의 집 등의 원격 위치에서 건강 데이터를 지속해서 관리하고 관찰하는 것을 가능하게 한다. 환자는 지리적 제약과 상관없이 RPM 플랫폼을 사용해 혈압, 혈당, 심박수, 호흡수, 체온, 산소 포화도, 움직임, 수면 패턴 등과 같은 중요한 신체 지표와 건강 데이터를 의사에게 전송할 수 있다. 지속해서 데이터 스트림을 제공함으로써 의사는 환자의 전반적인 건강 상태를 훨씬 명확하게 파악하고 (선제적으로) 추가 치료가 필요한 시점을 즉시 확인할 수 있다.[24]

환자의 건강 상태를 실시간으로 의사가 모니터링할 수 있어서 환자는 병원 방문 횟수가 줄 뿐만 아니라 질환을 조기에 발견하고 적절한 조치를 취할 수 있어 의료 서비스의 효율성이 높아진다. 특히 인공지능 기술의 발달로 원격 모니터링 데이터는 정밀한 의료 정보가 되어 의사는 좀더 신속하고 직관적으로 환자를 관리할 수 있다.[25]

원격 환자 모니터링 기술은 당뇨병·고혈압·심부전·만성폐쇄성폐질환COPD과 같은 만성질환 환자의 건강 상태를 지속해서 모니터링하여 합병증을 예방하고 치료 효과를 향상한다. 재활 치료에서도 이 기술은 유용하다. 의사는 뇌졸중, 외상, 수술 후 환자의 재활 과정을 모니터링하여 환자의 회복 속도를 높이고 합병증을 예방하는 데 도움을 줄 수 있다.

원격 모니터링은 집중 치료 환자 관리에도 유용하다. 의사는 모니터링 솔루션을 통해 중환자실ICU을 지속해서 모니터하여 환자의 상태 변화를 조기에 발견하고 적절한 조치를 취할 수 있다. 구체적 예를 들면 다음과 같다.

- 뇌졸중 환자: 원격 환자 모니터링을 통해 환자의 혈압, 혈당, 심박수, 호흡수, 체온, 움직임 등을 지속적으로 관찰할 수 있다. 의사는 환자의 건강 상태 변화를 조기에 발견하고 적절한 재활 치료를 제공함으로써 회복 속도를 높이고 합병증을 예방할 수 있다.
- 중환자실 환자: 원격 환자 모니터링을 통해 환자의 혈압, 혈당, 심박수, 호흡수, 체온, 산소 포화도, 움직임 등을 지속적으로 모니터링할 수 있다. 의사는 환자의 상태 변화를 조기에 발견하고 적절한 치료를 제공함으로써 환자의 생명을 구하고 합병증을 예방할 수 있다.

버추센스VirtuSense는 만성질환자를 위한 원격 환자 모니터링 서비스를 제공하는 기업으로, 특히 당뇨병 환자를 위한 서비스를 전문으로 하고 있다. 버추센스의 솔루션은 환자의 혈당·혈압·심박수 등의 데이터를 포함한 건강 상태를 의사가 원격으로 모니터링할 수 있도록 도와준다.[26]

웰닥WellDoc은 당뇨병 환자를 위한 원격 환자 모니터링 서비스를 제공하는 기업이다. 웰닥의 솔루션은 환자의 혈당 데이터를 분석하여 혈당 관리를 위한 조언을 제공한다.27 원격 환자 모니터링 솔루션을 제공하는 또 다른 기업으로는 아테나헬스Athenahealth가 대표적이다.28

라이브 비디오는 환자와 의사 모두 실시간으로 작동하는 동기식이지만 저장 및 전달은 비동기식이며, 의료 정보를 사전에 녹음한 다음 전자적으로 전송한다. 이는 비디오, 이미지, 엑스레이, 기타 건강 데이터일 수 있다. 저장 및 전달에는 비디오 회의 프로그램이 필요하지 않고 안전한 이메일과 같은 통신 플랫폼으로 수행할 수 있다.

클라우드 기반 원격의료의 발전을 위해서는 관련 규제를 개선해야 한다. 현재 많은 국가에서 원거리 의료 행위를 규제하고 있는데 정리하면 다음과 같다.

의료 데이터는 가장 민감한 데이터이다 보니 클라우드에 올릴 때 안전성과 보안을 보장하기 위한 규제가 매우 강력하다. 의료 데이터의 안전과 보안을 담보할 수 있는 더 정교하고 유연한 방식의 정책과 암호화 기술이 마련되어야 한다.

클라우드 기반 원격의료는 기존의 의료 행정 방식과는 다르게 이루어진다. 따라서 이러한 방식을 인정하고 지원하기 위한 규제가 필요한데, 이에 대한 대안이 아직은 충분히 마련되지 않은 상황이다. 기존의 의료 행정 방식과는 다른 방식을 인정하고 지원하기 위한 적응형 의료 행정 시스템이 마련되어야 한다.

클라우드 기반 원격의료는 환자와 의사가 대면하지 않고 화상이나 영상 등을 통해 상담하는 방식으로 이루어지다 보니 환자의 권익 보호와 의료 윤리 준수를 위한 제도가 마련되어야 한다. 하지만 이 역시 아직은 구체적 방안이 마련되지 않은 상황이다.

웹 기반

웹 기반 원격의료는 인터넷을 통해 원격으로 의료 서비스를 제공하는 방식이다. 환자와 의사가 직접 대면하지 않고 웹 브라우저를 통해 화상·영상·음성·텍스트 등으로 상담과 진료, 처방을 받을 수 있다.[29]

웹 기반 원격의료는 접근이 편리하다. 웹 브라우저만 있으면 언제 어디서나 원격의료 서비스를 이용할 수 있다. 별도의 하드웨어나 소프트웨어를 구입할 필요가 없어 비용이 저렴한 것도 웹 기반의 장점이다. 그러나 웹 브라우저는 보안에 취약하고 웹 브라우저의 한계 때문에 고도의 원격의료 기능을 제공하기 어렵다.

웹 기반 원격의료에는 진료, 환자 모니터링, 교육과 상담 서비스가 있다. 특히 의료 전문가가 환자나 일반인에게 교육 및 상담을 제공하는 웹 기반 교육은 환자의 건강 지식을 향상하고 건강관리

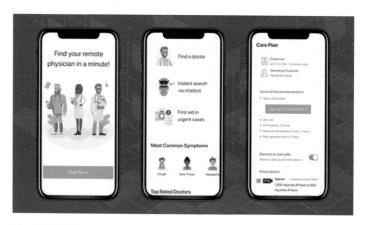

앱 기반의 텔레헬스(출처: ScienceSoft)

에 대한 이해를 높이는 데 도움이 된다. 인터넷과 스마트폰의 높은 보급률과 디지털 기술의 발전과 함께 고령화, 만성질환의 증가에 따른 의료 수요 증가로 웹 기반 원격의료는 빠르게 발전하고 있다. 하지만 의료 데이터의 안전성과 보안 확보, 의료 윤리 준수, 의료 질적 수준 확보라는 과제가 남아 있다.

웹 기반 원격의료 서비스를 대표하는 기업은 텔라닥이다. 2015년 원격의료 서비스업체 최초로 상장한 텔라닥은 5만 5,000명의 전문가 네트워크를 보유하고 있는 미국에서 가장 큰 원격진료 플랫폼이다. 텔라닥은 2002년 텍사스 댈러스에서 서비스를 시작해 2005년 미국 전역으로 서비스를 확대, 2007년 말에 이미 약 100만 명에 달하는 유료 회원을 확보했다. 2014년에는 대형 보험사뿐만 아니라 홈디포, 티모바일 등 대기업들과 계약하면서 성장했는데, 2015년 뉴욕증권거래소에 상장할 당시 유일한 원격의료 서비스업체였다.[30] 2019년 발표에 따르면 텔라닥은 포춘 글로벌 500대 기업의 40%를 포함하여 고객사 1만 2,000곳을 보유하고 있으며, 전 세계 130개국 30개 언어로 서비스하고 있다.[31]

텔라닥은 개인 고객뿐만 아니라 B2B 기업 고객을 대상으로 하는 안정적인 월간 구독 모델을 통해 수익과 규모의 경제를 확보하는 전략을 활용 중이다. 최근 보험사와의 파트너십까지 확대하며 총 고객 수가 5,600만 명을 넘어섰다. 2017년에는 해외 진출을 확대하면서 8%였던 해외 매출 비중이 2019년 20%까지 상승했다.

텔라닥은 영상통신, 음성 통신, 텍스트 통신 등의 기술을 모두 활용하며 자체 개발한 인공지능 기반 의료 솔루션을 통해 의료 질을 향상하고 있다. 놀라운 것은 서비스 품질을 높이기 위해 24시간 365일 원격진료 서비스를 제공하며, 환자의 의료 데이터를 안전하게 보호하기 위한 많은 특허를 보유하고 있다는 사실이다.

우리나라에서는 2020년 3월부터 코로나19 확산을 방지하기 위해 원격진료가 법적으로 허용됨에 따라 많은 의료 기관과 정보통신기술 기업이 웹 기반 원격의료 서비스를 제공하고 있다. 웹 기반 원격의료 서비스를 제공하는 국내 주요 기업들은 다음과 같다.

- 닥터나우: 2019년에 설립되었다. 2020년 국내 최초로 비대면 진료 및 처방약 배달 서비스를 제공하는 원격의료 플랫폼

을 론칭했다. 원래 대한민국 내에서는 원격의료 자체가 합법이 아니었다. 하지만 코로나19 발생 이후, 개정 감염병예방법에 따라 2020년 2월 24일부터 전화 상담과 처방(비대면 진료)이 한시적으로 허용되었고 닥터나우의 서비스가 11월에 이루어지게 되었다. 닥터나우는 비대면 진료의 시범 사업을 종료하는 데 대비해 실시간 무료 의료 상담과 진료 예약·문진을 지원하는 '의료 포털'로 전환을 모색했다. 규제 때문에 비대면 진료 사업은 어려워졌지만 새로운 사업으로 그 지속성을 확보하고자 노력하고 있다.[32]

- 메디컬아이피: 2015년에 설립된 의료 인공지능 기업이다. 인공지능 딥 러닝 기술로 CT·MRI·엑스레이 등 흑백 2D로 확인되는 의료 영상을 3D 컬러 이미지로 즉각 구현하고 신속, 정확하게 장기 및 병변 영역을 분할segmentation하는 원천 기술을 보유하고 있다. 나아가 의료 영상의 3D 모델링 및 CAD/CAM 디자인 기술을 활용해 해부학 정보를 3D 프린팅 모델로 제작하거나 가상현실 및 증강현실 콘텐츠로 연계하여 환자의 의료 영상에 기반한 디지털 트윈digital twin을 만드는 선도적 '의료 메타버스' 기술을 확보하고 있다. 이와 같은 기술들을 토대로 메디컬아이피는 웹 기반 원격 환자 모니터링 서비스를 통해 환자의 건강 데이터를 수집하고 분석하는 서비스를 제공하고 있다.[33]

온프레미스 전달 모드

온프레미스 전달 모드는 의료 기관이나 기업의 자체 시스템을 통해 원격의료 서비스를 제공하는 방식이다. 원격의료 기술과 관련 인프라를 의료 기관의 물리적 위치 내에 설치해 운영한다. 이러한 접근 방식은 클라우드 기반이나 원격 호스팅 솔루션과 대비되는데, 다음과 같은 특징이 있다.[34]

- 데이터 보안과 프라이버시: 의료 기관은 환자 데이터를 자체 서버에 저장하고 관리함으로써 데이터 보안과 프라이버시를 향상할 수 있다. 이는 민감한 의료 정보를 다루는 의료 기관에서 더욱 중요하다.
- 맞춤화와 통제: 의료 기관은 자체 IT 인프라를 통해 시스템을 더 잘 통제하고 필요에 따라 맞춤화할 수 있다. 이는 특정 의료 요구나 규정 준수 요구 사항에 맞게 시스템을 조정하는 데 유리하다.
- 초기 투자 비용: 온프레미스 솔루션은 일반적으로 높은 초기 투자가 필요하다. 이는 서버, 하드웨어, 소프트웨어 라이선스 및 관련 인프라를 구매하고 자체적으로 유지 관리해야 하므로 상당한 비용이 소요된다.
- 유지 관리와 업데이트: 의료 기관이 직접 자체 시스템을 유

지 관리하고 업데이트해야 한다. 이는 추가 IT 리소스와 전문 지식과 인력이 필요하다.

- 규모의 유연성: 온프레미스 시스템은 확장성과 유연성이 제한적일 수 있다. 특히 빠르게 변화하는 기술과 환자 수요에 대응하기 위해서는 추가 투자와 업그레이드가 필요할 수 있다.
- 재해 복구와 백업: 자체 서버를 사용하는 의료 기관은 재해 복구 계획과 백업 시스템을 자체적으로 구축하고 관리해야 한다.

덴마크 오덴세에 있는 오덴세대학교병원이 온프레미스 원격의료를 채택하고 있다. 오덴세대학교병원은 덴마크 전체 의료의 약 10%를 담당한다. 이 병원은 연간 10만 5,000명의 입원환자와 90만 명의 외래환자, 6만 2,000명의 응급환자를 치료한다. 오덴세대학교병원은 2006년부터 온프레미스 원격의료 시스템을 도입하여 환자들에게 영상통화와 진료, 원격 환자 모니터링 등의 서비스를 제공하고 있다.[35]

원격의료의 미래를 혁신할 블록체인 기술

시간과 공간의 제약을 뛰어넘는 의료 서비스가 원격의료다. 이 혁신적 분야에 블록체인 기술이 접목되면서 의료는 더욱 밝은 미래를 맞이할 준비를 하고 있다. 과연 블록체인은 원격의료에 어떤 변화를 가져올까?

최근의 코로나19의 도전과 전 세계적 전파는 신뢰할 수 있고 탄력적이며 견고한 환자 치료 및 의료 서비스 구축이 절실함을 알게 해주었다.[36] 코로나19 팬데믹은 감염 확산을 최소화하기 위해 가상 채널을 통해 의사 및 의료 전문가와 안전하게 소통할 수 있도록 하는 원격의료 기술의 실사용을 앞당겼다. 텔라닥, 징동건강[JD Health], 러시대학교 메디컬센터[RUMC, Rush University Medical Center]와 같은 몇몇 기업과 기관의 플랫폼은 최근 코로나19 확산 퇴치를 위한 원격의료 서비스의 수요 급증을 체험했다고 한다.[37]

기존 텔레헬스 및 원격의료 시스템의 중앙 집중화는 단일 장애 지점single point of failure이라는 위험 가능성을 항상 안고 있었다. 또한 현재 원격의료 시스템은 신뢰성과 가용성을 저하하는 다양한 외부 및 내부 데이터 유출의 위험에 노출되어 있었다.[38] 이때 블록체인 기술은 구원투수처럼 등장해 이러한 중요한 문제를 해결하기 시작했다.

블록체인 기술은 분산 아키텍처를 따른다. 다양한 참가자 간에 의무기록의 공유 원장을 관리하며, 모든 원장 복사본은 확인되고 블록체인에 가맹된 모든 노드와 동기화된다.[39] 감염 환자의 이동 경로 추적, 환자와 의사의 원격 상담 기록 보호, 공급망 전체에서 의약품 및 의료 검사 키트 추적, 의사 자격 증명 확인 및 오작동 의료 검사 키트의 출처 증명 등은 블록체인 기술을 통해 해결할 수 있는 주요 과제다.

환자 중심의 의료, 블록체인이 가능하게 한다

블록체인은 환자의 의료 데이터를 안전하고 투명하게 관리하는 분산 원장 시스템을 제공한다. 마치 개인 맞춤형 의료 보관함처럼 환자는 자신의 모든 의무기록을 한곳에 보관하고 관리할 수 있다. 더는 여러 의료 기관에 방문하여 자료를 수집하거나 개인 정보 유출을 걱정할 필요가 없다. 환자는 자신의 데이터를 주체적으로 활용하고 의료 서비스 제공자는 환자의 동의하에 필요한 정보에 쉽게 접근하여 최적화된 진료를 제공할 수 있다. 블록체인은 환자를 중심으로 의료 시스템을 재구성하는 핵심 요소가 될 것이다.

가상 진료와 건강 모니터링의 성공은 환자의 병력, 진단, 약물, 치료 계획 등이 담긴 EHR의 무결성에 달려 있다.[40] EHR은 매우 민감한 비공개 정보로서, 병원, 약국, 보건 당국 등의 네트워크 참여자들 사이에 안전하게 공유되어야 환자의 치료 정보를 최신 상태로 유지할 수 있다. 하지만 원격의료 관련 법령이 환자에게 임상 데이터의 접근 및 사용 권한을 부여했음에도 기존의 환자 동의 관리 시스템은 여러 가지 문제에 직면해 있다.

전문의와 EHR 공유에 걸리는 시간, 환자 동의 관리를 담당하는 제3자 서버에 대한 신뢰 한계, 공정한 감사를 지원하지 못하는 점 등이 기존의 환자 동의 관리 시스템이 지닌 대표적 문제다. 여기서 블록체인 기술이 신뢰를 강화할 수 있다. 블록체인은 중개자를 배제하고 여러 조직의 참여자로 구성된 네트워크를 통해 동의 관리가 이루어지도록 보장한다. 더 나아가 블록체인이 가진 불변성·추적성·투명성은 동의 관리 정책의 준수 여부를 확인하는 감사를 원활하게 진행할 수 있도록 돕는다.

가상 온라인 진료 시스템에서는 의사가 처방전을 지역 약국과 공유하기 위해 블록체인상에서 거래해야 한다. 블록체인 기술은 해시 함수를 통해 처방전 오류 및 기록 변경 가능성을 없애는 데 도움을 준다.[41] 등록된 약사는 블록체인에 저장된 처방전에 접근하여 검토하고 준비해 환자에게 약물을 발송할 수 있다. 이에 배송업체는 현재 위치를 블록체인에 기록하여 약사와 환자가 배송 상태를 추적할 수 있도록 한다.[42]

더욱이 블록체인 거래의 투명성과 추적 가능성을 통해 환자와 의사는 의약품의 진위 여부를 확인할 수 있다. 스마트 계약smart contract(블록체인상 프로그래밍적으로 기록된 계약)은 자동화를 통해 미리 정의된 기준을 충족하면 자동으로 약국에 (정기적인) 처방전 재충전 주문을 발송할 수 있다. 이에 따라 약국은 처방전을 인증 및 검증하여 재충전 처리할 수 있다. 처방전 재충전이 성공적으로 완료되면 환자에게 배송되고 기록이 업데이트된다.

보험사들이 제한된 인센티브와 엄격한 개인 정보 보호 정책을 내세우며 의료 기록 세부 사항을 요구하면 많은 환자가 이를 꺼린다. 이에 결국 환자는 부적절한 보험 상품을 선택하기에 이르고 정당한 보험 청구를 거부당하고는 한다. 가상 보건 관련 법안은 환자가 물리적 의료 시스템과 동일한 비율로 지불받을 권리를 보호한다.

하지만 보험 관련 사기는 사실 여부를 밝혀내는 데 많은 시간이 걸린다. 블록체인 기술은 보험업자에게 (동의받은) 환자의 의무 기록에 대한 접근 권한을 부여하여 사기를 최소화한다. 환자는 자신의 의료 데이터를 사용하도록 허용한 데 대해 보험사로부터 인센티브를 받을 수 있다. 다수의 보험사는 건강한 라이프 스타일 유지에 대한 인센티브의 일환으로 프리미엄 고객에게 암호 화폐를 제공하기도 한다.[43] 신뢰를 구축하기 위해 환자에게 부착된 스마트 기기에 블록체인을 활용할 수 있다.

의료 사각지대를 없애는 블록체인 기술

지리적 제약으로 의료 서비스를 받기 어려운 지역이나 소외 계층, 희귀 질환 환자들은 의료 사각지대에 놓여 있다. 하지만 블록체인 기술은 이러한 문제를 해결할 잠재력이 있다. 원격진료, 온라인 상담, 의료 데이터 공유 등 원격의료와 결합한 블록체인 기술은 의료 서비스의 접근성을 획기적으로 향상할 것이다. 블록체인은 디지털 다리가 되어 의료 사각지대를 없애고 모든 사람에게 평등한 의료 기회를 제공할 것이다.

원격으로 환자의 건강을 효과적으로 평가하기 위해 전문의와 환자의 전자 대면 상담은 필수다. 원격의료 서비스 제공은 소비자 직접 연계D2C 및 기업 간 연계B2B 모델을 따른다. D2C 모델에서는 환자가 자신의 건강 상태에 대해 논의하기 위해 의사와 전자적으로 소통할 수 있다. B2B 모델에서는 간호인이 음성 및 영상 회의를 지원하는 도구를 통해 상담 및 의료 교육 서비스에 원격으로 참여할 수 있다.

전자 대면 상담에서 비디오 및 이미지(엑스레이 또는 기타 진단 검사 결과 포함 가능)의 비동기적 전송은 의료인이 환자의 건강 상태를 정확하게 진단하는 데 큰 도움을 준다.[44] 하지만 기존 원격의료 시스템에서는 의료 기관 간 데이터 공유가 제한되어 있어 건강기록의 저장소를 효과적으로 관리할 수가 없다. 블록체인 기술은 이 문제를 극복하기 위해 참여하는 모든 이해관계자에게 단일의 일관된 EHR 뷰를 제공한다. 건강기록의 가시성과 투명성은 관련 참여 기관들이 환자의 병력을 추적하고 적절한 치료를 제안할 수 있게 한다. 예를 들어 블록체인 기술을 통해 전자 기록에 누가 접근했는지, 정확히 어떤 트랜잭션이 수행되었는지 감사를 실시할 수 있다.

개인건강기록을 안전하게 관리하여 의료 서비스의 효율성을 높이는 블록체인

블록체인은 의료 서비스의 효율성을 높이는 다양한 기능을 제공한다. 스마트 계약을 통해 자동화된 의료 결제 시스템을 구축하고 의료 데이터 분석을 통해 질병 예방 및 맞춤형 치료를 가능하게 한다. 블록체인은 또한 의료 연구 및 임상 시험 데이터를 안전하고 투명하게 관리하여 의료 발전을 가속한다. 블록체인은 능률적 기계처럼 의료 서비스의 낭비를 줄이고 효율성을 극대화할 것이다.

개인건강기록PHR, Personal Health Records이란 개인이 주도적으로 자신의 의료 데이터를 통합, 관리하고 자신이 원하는 대상에 한하여 제공, 활용하는 기술 및 서비스를 말한다. 의료 데이터에는 진료 정보나 건강검진 정보 등을 비롯해 개인의 건강 관련 모든 정보가 포함된다. 하지만 의료진이 작성하고 관리하는 EHR에는 더욱 광범위한 건강기록이 포함되어 있다. 기존의 가상 의료 서비스 시스템은 대부분 단일 업체가 관리하는 클라우드 플랫폼에 기반해서 신뢰도가 떨어진다. 게다가 전통적인 클라우드 기반 시스템의 PHR 무결성은 쉽게 훼손될 수 있다.[45]

하지만 블록체인 기술은 본질적으로 분산되어 있어 의료 데이터 소유자가 데이터의 개인 정보를 보호할 수 있도록 해준다. 스마트 계약은 환자의 동의 정책에 따라 데이터에 접근할 사용자를 등록하고 권한을 부여할 수 있다. 또한 블록체인의 유연성은 데이터 소유자가 자신이 정한 이용 약관에 따라 정당한 사용자와 데이터를 공유하고 제어할 수 있게 한다.[46]

원격의료의 장점 중 하나는 치료를 완료한 후에도 의료 전문가가 환자의 건강 상태를 면밀하게 모니터링할 수 있는 추후 관리 서비스를 제공한다는 것이다. 이때 일부 환자는 추후 관리 서비스를 위해 가상 회의 등록 전에 혈액 및 배뇨 검사 보고서를 의료진과 공유해야 한다. 블록체인 기술은 스마트 계약을 통해 환자의 추후 관리 서비스를 자동화할 수 있다. 스마트 계약은 자동으로 알림을 트리거하여 환자와 의료진에게 다가오는 추후 관리 일정을 알려준다.[47]

의사는 환자의 투명하고 불변성이 보장된 EHR에 접근하여 마지막 가상 추후 미팅에서 기록된 환자의 건강 상태를 확인할 수 있다. 또한 의료 검사 보고서를 호스팅할 수 있는 분산형 파일 시스템 IPFS, InterPlanetary File System 서버를 활용해 환자는 스마트 계약으로 의료 보고서에 액세스할 수 있게 IPFS 해시를 등록하고 의사와 공유할 수 있다.

웨어러블과 재택 의료 도구를 기반으로 한 원격의료의 미래를 밝히는 블록체인

블록체인은 원격의료의 미래를 밝히는 핵심 기술이다. 블록체인 기술은 환자 중심의 의료 환경 조성, 의료 사각지대 해소, 의료 서비스 효율성 증대를 통해 원격의료의 가능성을 무한히 확장할 것이다. 블록체인 기술의 발전과 함께 원격의료는 더욱 안전하고 효율적이며 접근성 높은 의료 서비스를 제공하여 모든 사람의 건강 증진에 기여할 것이다. 블록체인과 원격의료의 만남은 의료 역사에 새로운 혁명을 일으킬 것이다.

사물 인터넷의 기술 발전은 정밀한 생체 의료 센서를 통해 환자의 건강을 원격 모니터링함으로써 원격의료를 지원한다.[48] 생체 의료 센서는 고성능 에지 서버edge server에 건강 데이터를 지속적으로 모니터링 및 저장할 수 있으며, 이는 환자의 건강 상태 분석에 도움을 준다. 수집되는 데이터는 혈압, 체온 등 생체 지표biomarker와 관련될 수 있다. 문제는 고장난 기기에서 수집된 부정확한 데이터가 의료 오류로 이어질 수 있다는 점이다.

블록체인 기술은 이 문제를 해결하기 위해 스마트 계약을 활용하여 생체 의료 센서를 등록하고 원장에 EHR을 저장할 수 있는 접근 권한을 검증한다.[49] 예기치 못한 응급 상황에 대처하기 위해 스마트 계약은 의사와 보건센터에 적시에 경고를 발령할 수 있다. 재택 진료 서비스에서 사물 인터넷 기반 블록체인 시스템은 환자에게 복약 관련 알림을 사전에 보내는 등의 역할을 할 수 있다.

재택 의료 키트나 기기는 환자가 비임상 환경에서 자가 진단을 수행하는 데 도움을 줄 뿐만 아니라 조기에 질병을 발견함으로써 전체 의료 비용을 최소화할 수 있다.[50] 하지만 기존의 중앙 집중식 원격의료 시스템은 투명성과 가시성, 데이터 출처 추적 가능성 부족으로 의사와 환자가 평판 좋은 제조업체로부터 신뢰할 수 있는 의료 키트를 구매하기 어렵게 한다.

이러한 상황에서 블록체인 기술은 분산 원장에 검사 키트의 소유권 및 성능 관련 거래를 변함없이 투명하게 기록하는 데 사용할 수 있다. 스마트 계약을 통해 가정 간호 서비스에 사용되는 의료 검사 키트나 기기의 성능 평가를 기반으로 평판 점수를 기록할 수 있다. 결과적으로 불변의 데이터 출처 기록과 평판 점수는 환자, 의사 및 실험실 엔지니어가 명성 있는 제조업체로부터 정확하고 신뢰할 수 있는 의료 검사 키트를 구매하는 데 도움이 된다.

원격의료의 미래 모델

우리나라에는 블록체인으로 의료 데이터 수집의 탈중앙화를 통해 개인화된 의료 서비스를 제공하고자 하는 히포크랏Hippocrat이라는 기업이 있다.[51] 이 기업은 제3자의 신뢰에 의존하지 않고 환자, 의료 기관, 데이터 활용 기관 등 다수의 이해관계자 간 데이터를 안전하게 주고받을 수 있는 원격의료 플랫폼을 개발한다. 이를 위해서는 환자와 의사의 신원 인증, 데이터 생성부터 유통 과정까지의 이력, 자산에 대한 신뢰할 수 있는 기록과 검증 방법이 필요한데, 블록체인과 암호 기술을 활용하여 이러한 요구 사항을 해결하고 있다.

- 안전한 신원 인증: 원격의료에서는 환자와 병원의 상호 인증이 안전하게 이루어져야 한다. 이때 영지식 증명zero-knowledge proof이 활용된다. 영지식 증명을 활용하면 히포크랏이 개발한 데이터 지갑(모바일 앱 형태)으로 플랫폼 내에서 QR코드 스캔과 같이 간단한 인증 과정을 통해 민감한 정보 공유 없이 좀더 안전한 신원 인증이 가능하다. 이는 자기 주권 신원self sovereign identity을 통한 데이터의 자기 결정권을 행사할 수 있는 마이데이터 개념으로 이어지는 초석이다.[52]

• 결제: 글로벌 단위 플랫폼의 가장 적합한 결제 수단은 지리적·규제적 제약 없이 누구나 이용할 수 있는 블록체인 기반의 암호 화폐일 것이다. 특히 비트코인의 라이트닝 네트워크의 발전 덕분에 수십 달러 이내의 돈은 0.0x 달러도 안 되는 수수료만으로도 전 세계 어디로든 신용카드 결제와 동일한 속도로 전송할 수 있다. 또한 탭루트Taproot와 타로Taro와 같은 기술의 발전으로 비트코인과 라이트닝 네트워크상에서 히포크랏의 관리와 전송이 가능해질 전망이다.

결제를 통한 리워드의 분배는 스마트 계약 기반으로 중앙화된 기업의 개입 없이 기여자들에게 투명하게 분배되어 지속 가능한 생태계가 구성될 동인을 제공한다.[53]

• 안전한 헬스케어 데이터 교환: 진료 시 수많은 데이터의 교환에도 블록체인 기술이 활용된다. 블록체인은 자산이나 신

원에 대한 등기부처럼 중요성이 높고 신뢰할 만한 저장소가 필요한 최소한의 정보를 담는 목적으로 사용해야 적합하다. 그런데 일부 데이터는 블록체인상에 기록될 수도 있지만, 수백 기가바이트의 유전체 데이터에서 수 테라바이트에 달할 수 있는 환자 유래 건강 데이터PGHD, Patient Generated Health Data 와 같은 헬스케어 데이터는 블록체인 저장이 현실적이지 않으며 그만큼 많은 복사본이 필요한 것은 아니다.54

히포크랏은 DIDComm 표준에 따라 ECDHElliptic Curve Diffie-Helman 기반 다중 서명 기술을 활용하는 데이터 암호화 전달을 위한 표준 프레임워크인 ECIESElliptic Curve Integrated Encryption Scheme를 통해 데이터를 주고받도록 제안한다. 이러한 블록체인의 기반이 되는 P2PPeer-to-Peer 방식을 이용하면 데이터가 중개자의 서버를 별도로 거치지 않고도 안전하게 암호화·복호화되어 교환된다. 데이터를 교환하기 위해 명시적으로 연결된 두 당사자 외에는 데이터를 열어볼 수 없다. 이는 환자가 다른 기관에 의존하지 않고도 대용량의 데이터를 의료 기관 및 데이터 활용 기관과 직접 안전하게 교환할 수 있고, 개인 정보 유출 위험 없이 데이터의 유통 경로가 매우 효율적으로 개선될 수 있다는 뜻이다. 이외에도 DWN, Nostr와 같이 암호 키쌍과 P2P로 연결된 수많은 개인 기기와 릴레이를 통해서도 구현될 수 있다.55 따라서 원격의료에서 필수 요소인 인증, 결제, 데이터 전송에 블록체인 기술은 더 나은 의료 미래를 위한 해결책으로 제시된다.

블록체인 기술의 과제와 전망

블록체인은 원격의료에서 큰 가능성을 제시하지만 기술적·법적·윤리적 문제 등 해결해야 할 과제도 존재한다. 기술 표준화, 개인 정보 보호, 데이터 보안 등 다양한 측면에서 논의와 협력이 필요하다. 이러한 과제를 극복하고 블록체인 기술을 효과적으로 활용한다면 원격의료는 의료 시스템의 패러다임을 바꿀 혁신적 변화를 이끌어낼 것이다.

블록체인은 단순한 기술이 아니다. 원격의료와 결합된 블록체인은 더 나은 의료 미래를 위한 희망의 기술이다.

4장

스마트 의료의 종결자, 메타헬스

불멸의 환상을 넘어, 인간 존엄성을 위한 진정한 의료 시스템

대한민국은 이미 초고령 사회에 진입했다. 통계청에 따르면 65세 이상 고령 인구 비율이 2025년에는 20.6%, 2050년에는 40%를 넘어설 것으로 보고 있다. 이는 의료 시스템에 엄청난 부담을 준다. 특히 만성질환과 노화 관련 질환 증가는 사회 경제적 비용을 급증시키고 있다. 이러한 위기에 대응하기 위해 단순한 의료 시스템 개선을 넘어 인간 존엄성을 존중하는 통합적 접근 방식과 4차 산업혁명의 기술을 활용한 패러다임 전환이 시급하다.

초고령 사회에서 인간 존엄성의 가치는 더욱 강조되어야 한다. 단순히 질병을 치료하는 것 이상으로 삶의 질 향상과 건강 증진을 위한 노력이 필요하며, 이는 고령층의 개별적 특성과 욕구를 존중하는 맞춤형 서비스 제공을 넘어 초개인화 의료 서비스 제공을 통해 이루어져야 한다. 초고령 사회에서는 사회 구성원 모두의 책임과 공동체 의식이 무엇보다 중요하다. 개인뿐만 아니라 가족·지역사회·정부 등이 함께 노력하여 건강한 사회를 만들어나가야 한다.

4차 산업혁명의 기술은 의료 시스템을 혁신할 잠재력을 보인다. 인공지능, 빅데이터, 사물 인터넷, 로봇공학 등의 기술을 활용하여 예방 의료, 맞춤형 의료, 원격의료 등을 발전시키고, 의료 서비스의 효율성과 접근성을 높이고 있다.

의한방 통합의료는 서양의학과 동양의학의 장점을 결합하여 만성질환과 노화 관련 질환의 예방 및 관리에 효과적이다. 이는 의료 비용 절감에도 기여할 수 있으며, 고령층의 건강 증진과 삶의 질 향상에 중요한 역할을 할 것이다.

초고령 사회는 의료 시스템에 큰 변화를 요구한다. 인간 존엄성을 중심으로 하고 4차 산업혁명의 기술을 활용한 통합적 접근 방식을 통해 지속 가능한 의료 시스템을 구축해야만 건강하고 행복한 사회를 만들어갈 수 있을 것이다. 지금 의료계는 기술 혁신으로 인해 인체에 관한 많은 의료 데이터와 함께 환경 데이터를 수집하여 통합하고 해석하고 적용해 맞춤 정밀 의료와 예방 의료 영역으로 진화하고 있다.

EHR, PHR, 유전체 분석 등이 의료 시스템 내에서 발전하고 있다. 이와 함께 기존 의료 시스템 밖에서는 사물 인터넷, 웨어러블 기기, 스마트폰, 클라우드 컴퓨팅, 블록체인, 빅데이터, 인공지능 등의 디지털 기술이 빠르게 발전하고 있다.

영국 바이오뱅크UK Biobank는 약 50만 명의 유전체 데이터를 보유하고 있으며, 미국 올오브어스All of Us 연구 프로그램은 100만 명 이상의 유전체 데이터 확보를 목표로 하고 있다. 이처럼 선진국을 중심으로 대규모 유전체 데이터를 수집하고 분석하여 다중오믹스Multi-omics 데이터를 활용한 맞춤형 정밀 의료 연구가 활발히 진행되고 있다. 핀란드는 국가 차원에서 PHR 시스템을 구축하고 있으며, 개인이 자신의 건강 데이터를 관리하고 의료 기관과 안전하게 공유할 수 있도록 제도적 기반을 마련하는 등 기술 혁신에 노력을 기울이고 있다. 대한민국도 보건 의료 빅데이터 통합 플랫폼 운영과 국가 차원의 다중오믹스 데이터 사업을 추진 중이나 적극적인 제도 개선 및 기술 발전을 유도해야 한다.

한의약 산업 실태 조사(2021)와 보건의료 인력 실태 조사(2022), 통계청(2023), 보건복지부(2023) 발표에 따르면 2021년 기준 한방병원은 282개소, 한의원은 1만 4,860곳, 한의사는 5,548명이다. 2014년 기준 한방 진료비는 2조 4,000억 원, 진료 인원 수는 약 274만 명이며 근골격계 통증 관리 등을 중심으로 한의학은 우리나라 의료의 한 축을 담당하고 있다. 한의학은 예방과 맞춤형 의학으로 건강 유지를 지향한다. 최근 일부 한방병원은 유전자 정보를 활용한 플랫폼을 진료에 도입하는 등 한방의 스마트 과학화 측면에서 진일보하고 있다.

한의학 의료 데이터, EHR 데이터, 다중오믹스 데이터, 환자 유래 건강 데이터를 포괄적으로 통합한 K-PHR 플랫폼은 실질적 의한방 통합을 기하며, 초고령 사회에 효율적으로 대비하는 노인 환자 중심의 예방 의료 모델에 관한 연구와 개발을 이끌고 있다. 이 모델이 완성되면 한방 의학 지식과 현대 의학 기술 결합을 통해 메타헬스 시스템이 구현될 것이다.

한방병원에서 현재 3,000여 명 정도의 전문 간호사nursing practitioner를 활용해 한방 의료진과 의학 부문의 선택적 가교를 구축함으로써 응급 상황이나 국가 의료 사태, 비상 의료 상황이 벌어지면 한방병원 인프라를 적극적으로 활용할 수 있다. 스마트 의료 시대에 IT 전문가, 영양 관리사, 헬스트레이너, 게놈 및 의료 데이터 전문가 등이 상호 협력적으로 연대하여 환자 중심의 스마트 의료팀으로 변신을 이끌고 통합 건강관리 서비스를 제공해야 한다. 빅데이터 시대가 도래한 현재, 이를 활용하는 스마트 의료 시대에는 사실 의사 단독 진료보다는 긴밀한 유대관계 이상의 연계connectivity와 선순환의 고리를 만드는 의한방 스마트 의료 협의체의 구성이 현실적 대안으로 제시될 수 있다.

우리나라 특유의 의한방 통합의료는 단순히 의료 결합을 넘어, 서양과 동양의 지혜가 만나 탄생한 초월적 의료 시스템이다. 정밀 진단과 치료의 장점이 있는 서양의학과, 건강 증진과 예방 효과를 가진 동양의학의 시너지 효과를 통해 환자에게 최적의 치료 결과를 제공한다.

만성질환과 노화로 고통받는 현대 사회에서 의한방 통합의료는 새로운 희망을 제시한다. 만성질환은 노인들에게 가장 흔한 건강 문제이며, 서양의학만으로는 완치가 어려울 수 있다. 서양의학의 치료 효과를 극대화하면서 수백 년 동안 검증된 동양의학의 치료법을 통해 환자의 삶의 질을 향상하고 심리적 안정을 꾀할 수 있다. 의한방 통합의료는 또한 의료 비용을 절감하는 효과까지 기대할 수 있어 지속 가능한 의료 시스템 구축에도 기여한다.

　　예를 들어 노인은 우울증·불안·외로움 등의 심리적 문제를 겪을 가능성이 높다. 의한방 통합의료는 서양의학의 약물 치료와 동양의학의 정신 치료법을 함께 활용하여 노인의 심리적 안정을 돕는다. 의한방 통합의료는 서양의학만으로 치료하기 어려운 질병을 효과적으로 관리하고 합병증을 예방함으로써 노인의 의료 비용을 절감하는 데 도움을 준다.

　　하지만 의한방 통합의료가 잠재력을 발휘하기 위해서는 전문 의료 인력 양성과 의료 기관 확대, 보험 적용 범위 확대 그리고 효과와 안전성 검증 연구 활성화 등의 노력이 필요하다. 이러한 노력을 통해 의한방 통합의료는 미래 의료 시스템의 주축으로 자리매김할 것이다.

초고령화 시대,
통합의료를 넘어 메타헬스의 시대로

통합의료는 전체적인 건강관리에 획기적 접근법으로 주목받았으나 의학적 진단 및 치료에 사용하는 의약품 및 의료 기기나 전통적 지식에 한정되어 있었다. 스마트 의료 시대에 인공지능과 정보통신기술, 디지털 의료 지식과 기술이 융합하고 있는 지금, 스마트 의료는 메타헬스라는 새로운 문법을 사용하기 시작했다.

이런 명징한 시대적 부름은 이분법적 논리로 갈린 의료계 진영을 통합의료라는 헤픈 표현의 희망 회로를 멈추려 하고 있다. 4차 산업혁명이라는 시대적 견고성을 배경으로 탄생한 것이 '메타헬스MH, Meta Health'다. MH는 새로운 헬스케어에 대한 확증 편향적 개념이 아니라 인간을 중심에 둔, 모든 헬스케어에 대한 실천적 바이브다.

'환자 중심의 치료를 실현해야 한다.'는 말이 클리셰cliché가 된

지는 이미 오래다. 지금 우리 주변의 첨단 헬스케어 기술들이 이 클리셰를 실현할 잠재력이 있음에도 이를 실천하는 데는 매우 인색한 행보를 보였다.

메타헬스는 '환자를 위한 정밀 맞춤형 헬스케어를 제공하기 위해 의한방은 물론, 정보통신기술, 인공지능 기술, 유전자 기술, 제약 기술, 스마트 기기, 물리치료 기술, 건강 기능성 식품 등 모든 헬스케어 기술이 초월적으로 융합한 헬스케어 서비스'다.

국내에서는 이미 성균관대학교가 2023년 메타바이오헬스학과를 신설하여 메타헬스의 서막을 열었다.[1] 이 학과의 김경규 학과장은 "20세기 바이오헬스가 의학적 진단 및 치료에 사용되는 의약품 및 의료 기기에 한정되었다면 21세기 4차 산업혁명 시대의 바이오헬스는 ICT 디지털 기술과 의료 기술을 융합함으로써, 기존의 바이오헬스를 뛰어넘어 진정으로 인간의 건강 증진과 무병장수 실현을 가능하게 하는 '메타바이오헬스'로 변화하고 있습니다."라고 인사말을 시작한다.

메타헬스는 의료의 영역 확대를 전향적으로 규정하고자 하는 노력으로, 스마트 의료가 도입되면서 그 개념적 명도가 짙어졌다. 늘 환자 중심적 세계관을 토로하는 모든 의료진과 헬스 전문가, 전통적 기기와 스마트 기기가 초월적으로 한 팀이 되어 최고의 진료를 환자에게 전달하기 위한 노력이 시작되면서 메타헬스의 본태가 드러났다. 인구 초고령화는 세계적인 사회 문제이며, 이에 대한 대비는 헬스케어 업계에 늘 갈급한 이슈로만 존재했다. 기존 의료 시스템으로는 다가오는 초고령 사회의 의료 수요를 맞추기 어렵다는 불편한 진실 속에서 이제 메타헬스라는 새로운 DNA가 발현한 것이다.

대한노년근골격의학회 회장인 권순용 교수는 2024년 2월 국회에서 열린 '초고령 시대 통합의료의 미래' 세미나를 마치며 메타헬스는 스마트 의료가 지향하는 좌표이자 이끌어가는 견인차로서 향후 자리매김할 것으로 예상했다. 권순용 교수는 이 세미나가 일반의와 한의가 모여 초고령 사회에 대비하여 의료 시스템을 어떻게 개선할 수 있을지 논의하는 자리였다고 한다. 이 자리에서 초월적 의료라는 개념이 가장 많이 등장했다. 권 교수는 다양한 의견을 종합하여 기존의 통합의료를 초월한 메타헬스라는 원석을 발견한 것이다.

권 교수는 메타헬스를 단순한 의료 분야의 통합을 넘어서는 시대적 요구에 맞는 개념으로 정의했다. 그는 메타헬스에 대하여 "스마트 의료 시대에는 더 이상 스마트 닥터는 존재하지 않으며, 스포츠팀처럼 각 분야의 전문가들이 협력하여 시너지를 창출하는 스마트 의료팀이 필요할 뿐이다."라고 표현했다. 메타헬스는 일반의, 한의, 간호사, 스마트 의료 엔지니어 등 다양한 의료 전문가가 초월적으로 연결되어 환자에게 최적화된 치료를 제공하는 시스템이다.

이날 초청 강연을 한 존스홉킨스대학교 윤사중 교수 역시 메타헬스 구현에 디지털 트윈 기술의 중요성을 강조했다. 디지털 트윈 기술은 유전자분석을 통한 환자 개인별 건강 데이터를 기반으로 가상의 환자 모델을 구축하는 기술이다. 유전자 정보 디지털 트윈 플랫폼 기술을 의한방 통합에 적용하면 상호 분야의 소통과 교감을 원활하게 하는 가교 구실을 해서 한방 의료의 과학화를 촉진하고 일반 의료와의 연결성을 높여 환자에게 맞춤형 치료를 제공할 수 있게 될 것이다. 이는 결국 메타헬스의 구현에 이바지하는 것으로, 실질적인 최첨단 스마트 통합의료다.

자생한방병원의 이진호 병원장은 최근 발표를 통해 초고령 시대를 맞아 한의학과 현대 의학의 융합, 즉 통합의료의 중요성을 역설했다. 그는 근골격계 질환에 대한 한의학적 접근과 한의 통합 치료의 메커니즘을 상세히 설명하며, 한의사와 의사 간 협진 사례를 통해 통합의료의 실질적 효과를 입증했다.

특히 이 병원장은 통합의료 현장에서 직면한 주요 과제로 '의료진 간 상호 이해 부족'과 '통합의료의 제한적 보장성'을 지목했다. 이는 단순히 의료 기술의 문제를 넘어 제도적·인식적 변화의 필요성을 시사하는 것이다. 그는 "통합의료의 보장성 확대를 위해서는 무엇보다 치료의 질적 향상이 선행되어야 한다."고 강조했다. 이어 "초고령 사회에 대비하여 다학제적 접근을 포함한 통합의료를 통해 시너지를 창출하는 노력이 필요하며, 이에 걸맞은 건강보험과 실손보험의 보장성 확대 검토가 시급하다."고 역설했다.

스마트 의료가 시작되면서 의료 기술 발전에 새로운 가능성이 열리는 것이지만 아직도 일반 의료만으로 해결되지 않는 병증이 많이 존재한다. 우울증이나 수면장애가 그 대표적인 예다. 이러한 질환은 전통적 치료 방법으로는 완치가 어려울 뿐만 아니라 부작용 또한 문제다. 하지만 기존 치료법에 디지털 치료제와 K-헬스의 한 축으로 자리 잡은 한방 치료까지 접목하여 환자에게 맞춤형 치료를 제공한다면 명실상부한 통합의료로서 새로운 치료 가능성을 찾을 수 있다.

스마트폰 앱을 활용한 디지털 치료제는 환자의 증상을 실시간으로 모니터링하고 맞춤형 치료 프로그램을 제공한다. 여기에 수천 년 동안 검증된 한방 치료와 민간요법 등의 강점을 결합하면 환자의 증상 완화뿐만 아니라 근본적 치료까지 가능하게 되며, 실질적 최선의 노력을 기하는 치료 프로토콜의 정립이 가능해진다.

사실 이러한 요구는 고령 인구의 대다수가 퇴행성변화를 보이는 척추, 근골격계 분야의 질환을 다루는 정형학과 영역에서 많이 나타난다. 예를 들어 노년층에 가장 치명적인 고관절골절은 1년 내 사망률이 30%에 달한다. 골절을 입은 환자뿐만 아니라 환자 보호자들은 인공 관절이나 금속 내 고정 같은 고관절 수술 후 회복과 재활을 위해, 특히 골다공증의 개선과 수술 후 전신 쇠약을 이겨내기 위해 가용할 수 있는 보약과 건강 기능성 식품의 필요성에 대하여 많이 문의한다.

대한노년근골격의학회 회장 권순용 교수는 "이런 경험은 한방의학이 의료의 한 축으로 오랜 세월 자리 잡은 한국의 특별한 의료 및 건강 문화다. 통합적 의료와 총체적 치료가 필요하다는 것을 잘 알고 있으면서도 쇄국의 빗장을 굳게 걸어 잠근 의료계의 관성에서 깨어나오는 노력에서 메타헬스라는 신박한 용어가 배태되었다."라고 피력한다.

권 교수는 "코로나19 팬데믹 이후 인류의 보편적 표준 문명이 스마트폰 기반의 디지털로 전환되고, 사물의 초월적 연결이 인류의 본태적 능력이 된 지금, 우리는 이제 통합의료라는 강요된 혁신을 이제 떠나 보내야 할 때가 되었다."고 말하며, "이제는 통합의료를 초월하여 활용 가능한 모든 의료 솔루션이 원 팀을 이루는 메타헬스라는 팀플레이 개념으로 진화해야 할 때"라고 주장한다.

권 교수가 정의하는 메타헬스는 의료를 포함해 모든 헬스케어 세계관의 통일을 목표로 한다. 이는 인공지능, 인체 디지털 트윈, 빅데이터, 5G, 클라우드 컴퓨팅 등 첨단 기술과 한방, 대체 의학, 건강 기능성 식품, 운동 처방, 라이프 스타일 컨설팅 등을 접목하여 의료 서비스의 패러다임을 변화시키는 혁신적 개념이다. 특히 유전자분석과 디지털 트윈 플랫폼을 활용하면 일반 의학과 진료 정보를 공유하여 더욱 정밀하고 효과적인 치료를 가능하게 한다. 이와 같이 의료계에는 이미 오마카세와 같이 믿고 맡길 수 있는 훌륭한 라인업이 있는데 김밥 가게 앞에서 더는 서성이지 말자는 명징한 이 시대의 진실을 딛고 일어선 것이다.

2024년 4월에 개최된 대한노년근골격의학회 춘계 심포지엄은 메타헬스가 제도권에 진입하는 계기가 되었다. 이 심포지엄에서 권순용 교수는 "환자 의료 중심에서 보다 편리한 환자 치료 및 관리를 위해서는 노인의학이 더 활성화되어야 하고, 병원 입장에서도 통합 치료 및 투자가 가능하도록 국가적인 차원의 다학제 진료에 대한 수가 신설 등이 필요하다."라고 강조하면서 메타헬스의 중요성을 주장했다.[2]

일본과 중국은 이미 한방과 중의中醫를 의료 시스템에 통합하여 시너지를 창출하고 있다. 그 반면에 한국은 수백 년 역사를 자랑하는 한방이 독립적 의료 시스템으로 존재하며, 최근 한방 의료 분야 의사 및 과학자들의 배전의 노력과 함께 세계적 임상 및 실험 논문 등을 바탕으로 독자적 발전을 하고 있다.

이제 한방과 일반 의학의 만남을 통해 환자에게 최고의 치료를 선사해야 한다는 테제를 일반 의학과 대척점에 놓아서는 안 된다. 거칠게 표현하면 과학적 근거를 갖춘 의학적 측면에서 검증된 한방 치료 분야는 일반 의학과 통합하여 환자에게 더 나은 의료 서비스를 제공할 수 있다는 것이 업자들의 비밀처럼 취급되어서는 안 된다.

통합의료와 메타헬스의 혜택을 누리기 위해서는 환자의 접근성이 중요하며, 이를 돕는 게 의료보험이다. 의료보험은 환자의 경제적 부담을 줄여 통합의료와 메타헬스에 대한 접근성을 높여준다. 현재 의료보험은 일반의와 한의사의 진료를 구분한다. 하지만 통합의료와 메타헬스에서는 다양한 의료 전문가가 협력하여 환자에게 최적의 치료를 제공한다. 따라서 환자의 병증에 따라 의료보험 적용 기준을 마련해야 한다. 의료보험 확대는 통합의료와 메타헬스의 발전을 위한 중요한 발판이다. 정부, 의료 기관, 시민사회가 협력하여 의료보험 시스템을 개선하고 환자 중심의 의료 환경을 조성해야 한다.

대한메디컬3D프린팅학회, 대한노년근골격의학회 및 대한디지털헬스학회를 창립하며 회장을 역임했고, 명실상부한 우리나라 최초의 스마트 병원인 가톨릭대학교 은평성모병원의 개원준비위원장 및 초대 병원장으로 당대 스마트 의료 관련 대다수를 빚어봤던 권순용 교수는 뉴노멀 시대, 디지털 세계관을 구축하고 있는 스마트 의료 역시 메타헬스로 향하고 있음을 정확하게 읽어냈다. 권순용 교수는 "의료의 종단 간 통합, 초월적 결합의 시대가 왔음"을 강조한다. "메타헬스가 별의 순간이 되도록 모든 헬스케어 종사자들이 힘을 모아야 한다."고 힘을 주는 권 교수의 새로운 도전에 재난 영화를 찍는 사람들이 없었으면 좋겠다.

통합의료를 완성시키는 인공지능

한의학은 수천 년의 역사를 가진 방대한 의학 체계로서 독특한 진단 및 치료 방식으로 일반 의학에 건강과 질병을 보는 새로운 시각을 제시한다. 인공지능 기술의 발달은 이러한 한의학이 장점을 극대화하고 스마트 의료로 진화할 기회를 제공하고 있다. 한방 의료 기관은 대부분 1차 의료 기관이므로 가장 기본적인 지병이나 건강 정보를 수집할 수 있는 플랫폼이 될 수 있다. 따라서 한의약은 인공지능의 원천인 빅데이터의 구축과 증식을 쉽게 할 수 있다. 이제 본격적으로 인공지능 기술을 한의학 분야에 어떻게 적용할 수 있으며, 이를 통해 통합의료가 어떻게 실현될지 알아보자.

한의약과 일반 의학이 결합하면 스마트 통합의료 서비스가 될 가능성이 높다. 예를 들어 한의사들이 매일 사용하는 한약 처방 정보는 천연물 의약품을 개발할 수 있는 효과적 임상 데이터로 활용할 수 있다. 여기에 오랜 세월 동안 축적된 빅데이터에 기반을 둔 한방 인공지능이 가세한다면 그동안 일반 의학에서 해결하지 못한 많은 희귀 질환을 치료하는 스마트 의학으로 진화할 수 있다.

한의계가 인공지능을 도입하면 첨단 의료 서비스로의 변신이 가능하다. 한의학에서는 진단을 사진팔강四診八綱이라 한다.[3] 이런 진단법에 요즘 출시된 챗GPT나 제미나이 같은 생성형 인공지능의 멀티 모달multi modal이 바로 적용될 수 있다. '멀티 모달'이란 시각·촉각·청각·미각 등 모든 감각적 인터페이스를 통해서 정보를 주고받는 생성형 인공지능의 핵심 기능이다. 인공지능이 인간처럼 다양한 감각기관을 통해 얻은 정보를 기반으로 소통하고 관측하며 판단하는 것이 가능해진다. 여기에다 빅데이터에서 생성한 방대한 한방 지식이 더해지면 한의학은 첨단 과학으로 거듭나게 된다.

한의학은 망문문절望聞問切을 통해 얻은 정보에 팔강을 대입해 진찰의 신뢰성을 높인다. 이를 증상을 변별한다는 의미로 '변증辨證'(병증을 가리는 일)이라 부른다. 변증이 모두 디지털화되어 인공지능의 분석 과정을 거칠 수 있다면 신속하고 객관적인 진찰이 가능하다. 여기에 웨어러블 기기가 추가되면 한의학적 진찰은 더욱 정교해진다. 환자의 행동과 안색, 생활 습관, 맥 등 다양한 웨어러블 기기에서 획득되는 생체 신호에 인공지능을 통한 변증이 도입되면 한의약 진찰 정보는 더욱 과학적이고 신뢰할 만한 설명력을 갖는 디지털 진단 정보가 될 것이다. 여기에 한의계에서 인공지능을 도입하면 얻게 될 또 다른 이점이 있다. 디지털화된 한방 진찰 정보는 인공지능을 통한 대입·해석·응용을 거쳐 일반 의학 정보와 쉽게 자동으로 통합될 수 있다. 이로써 진정한 통합의료가 가능해질 것이다.

예를 들어 한의사는 먼저 혀를 확인하고 맥을 짚어보며 대소변의 변화나 평소 스트레스 정도, 수면 상태, 컨디션, 붓기 등에 관해 질문을 던진다. 이 증상들에는 일종의 조합, 즉 패턴이 있다. '평소 기운이 없고 몸이 붓는 경향이 있는 사람은 소화 능력이 떨어진다'와 같이 변수의 상관관계를 따질 수 있다. 이는 인공지능 머신 러닝이나 딥 러닝이 매우 잘하는 것이다. 데이터로부터 컴퓨터는 변수들이 조합되는 패턴을 학습하고 예측한다. 따라서 패턴 인식이라는 큰 틀에서 인공지능은 한의학의 변증을 예측하는 도구나 그 원리를 비교하는 모델이 될 수 있다.

이처럼 사진팔강은 모두 인공지능에 의해 발전할 수 있다. 인공지능이 인간과 다른 점은 더욱 과학적으로 검증 가능한 정확한 정보를 제공한다는 것이다. 멀티 모달리티modality를 통해 습득된 정보가 인간 의사의 오감과 지식, 경험을 통해 얻은 정보와 결합하여 변증할 때, 더는 한의학의 과학적 배경을 의심하는 일은 없을 것이다.

한의계도 일반 의료계와 마찬가지로 스마트 의료로 진화하려는 노력을 꾸준히 기울이고 있다. 이미 오래전부터 한의계는 인공

4장 스마트 의료의 종결자, 메타헬스

지능 로봇이 침을 놓고 컴퓨터가 진맥하는 시도를 했다. 2005년 한국한의학연구원은 스스로 환자의 맥을 진단하는 지능형 맥진 로봇을 세계 최초로 개발하고 상용화하는 데 성공했다.4

5개의 디지털 센서가 십자형으로 박혀 있어 3차원적으로 편리하게 진맥을 할 수 있는 지능형 맥진 로봇 시스템은 한의사가 진맥하는 방식과 유사하게 손목에 압력을 가해 변화하는 맥을 다채널로 검출한다. 이 로봇은 스스로 약하게 혹은 세게 누르기를 반복해 맥압의 부침 측정이 가능하며, 이 측정 정보는 다채널 센서를 통해 한의사에게 환자의 3차원의 맥상 변화 정보를 제공한다. 이 지능형 맥진 로봇은 1개의 센서로 측정할 수 없던 맥폭, 맥장 등의 측정이 가능하며 팔 길이에 따라 로봇이 스스로 이동하면서 맥을 측정하여 한의사의 진맥 동작을 그대로 재현한다.5

한국한의학연구원이 개발한 디지털 설진기는 혀의 색깔과 설태(혀 표면에 생기는 털 모양의 부착물)의 분포 등을 카메라로 촬영해 환자의 병증을 진단한다. 혀의 색깔과 모양, 설태 등으로 건강 상태를 진단하는 '설진'은 한의학 진단법 중 하나다. 디지털 설진기는 혀의 임상 데이터를 정량화해 3차원 디지털 영상을 인공지능의 이미지 인식 기술로 진단한다.6

이 밖에도 인공지능을 활용해 얼굴 형태와 음성, 체형 측정 등 4가지 진단법을 하나로 통합해 사상 체질을 판독하기도 한다. 현재 한국한의학연구원은 데이터를 기반으로 한 일명 'AI 한의사' 시스템을 구축하는 데 집중하고 있다. 이를 통해 데이터와 인공지능 기반의 디지털 기술을 한의학에 접목하는 '스마트 한의학'을 실현한다는 계획이다. 'AI 한의사' 개발에 나선 한국한의학연구원 미래의학부 이상훈 박사는 한의 '실사용 데이터RWD, Real World Data'와 표준화된 형식으로 모으는 생태계 구축을 목표로 안면신경마비와 중풍후유증 환자 데이터를 각각 200건씩 총 400건 수집하여 2024년까지 '한의 생체 지표' 관련 정상인 2만 명 데이터를 구축할 계획이다.[7]

한의학에서 흔히 쓰는 몸이 차다, 뜨겁다, 허虛하다, 실實하다, 비脾가 약하다 등의 개념은 측정 가능한 대상을 지칭하기보다 인체의 전반적 상태를 나타내는 동양 철학적이고 은유적인 표현이다. 이러한 개념은 한의사가 임상을 통해 몸으로 습득하는 수밖에 없다는 한계가 있다. 하지만 한의학이 옛날의 언어로 쓰였다고 해서 비과학적이거나 허무맹랑한 이야기는 아니라고 생각한다. 오히려 서양의학이나 현대 과학이 다가가지 못했던 새로운 측면을 제시할 수도 있다. 빅데이터와 인공지능의 중요성이 커지고 있는 지금, 한의학과 과학의 만남은 다양한 시선을 제시하고 있다.

하지만 현재 한의약 관련 빅데이터 사업은 아직 미미하며, 한방의 의료 정보는 병명, 진단법 등 데이터가 일반 의료와 차이가 크고 내용과 형식 모두 다르다. 한의약 분야 빅데이터 사업을 별도로 구상하고 독립적 지원을 통한 사업 추진이 필요한 이유가 여기에

있다.[8]

통합의료 서비스를 개발하기 위한 노력이 없었던 것은 아니다. 과거 의과 중심의 진료 정보 교류 사업은 2016년까지 시스템 설계 완료 후 2017년부터 운영한다는 계획이었으나, 이미 개발된 EMR 시스템 간의 상호 연동이 어렵고 개인 정보 공개에 대한 법적 문제 등이 드러나면서 통합의료 추진이 한계에 부딪힌 적이 있었다. 정부는 이러한 문제를 극복하기 위해 진료 정보 교류 모형과 임상 콘텐츠 모델을 개발하고, 법적 근거와 실무 가이드라인을 제정해 이를 기반으로 통합의료를 위한 새로운 진료 정보 교류 체계를 연동하겠다는 계획을 수립하고 추진하고자 한다.[9]

디지털 트윈, 통합의료의 단초를 제공하다

미래 스마트 한의학의 목표는 유전체 분석 기술과 결합해 선천적 질병 위험도 예측이나 후천적 체질별 질병 위험도를 제시하고 과학적 기반을 만들어 더욱 정밀한 임상을 제공하는 것이다. 한의학 연구도 다양한 생체 신호와 유전체, 체질 등에 기반을 둬 건강 데이터를 얻고 인공지능 기술로 결과를 분석하는 시대로 진화하고 있다.

한의학을 첨단 스마트 과학으로 이끄는 솔루션이 개발되어 주목을 끌고 있다. 바로 프리딕티브케어Predictive Care라는 인공지능 기반의 디지털 트윈 생성 솔루션이다. 프리딕티브케어(이하 프리딕티브)는 환자의 유전체 분석을 기반으로 디지털 트윈을 만들어 환자 개개인의 맞춤형 예방의학 서비스를 제공한다. 디지털 트윈 기술은 한 사람의 생애 주기 동안 발생할 수 있는 건강 문제를 시뮬레이션해 결과를 예측 및 분석, 처방할 수 있다. 프리딕티브의 디지털 트윈에서 얻게 되는 정보가 사진팔강을 통해 얻은 정보와 결합하면 한의사는 정밀한 처방을 할 수 있게 된다.[10]

　　프리딕티브는 기존의 유전자분석 기업들과는 차원이 다른 분석 기술을 제공한다. 기존 유전자분석 서비스는 유전자 중에서도 특정 유전 변이 몇 개만 조사하는 방식의 제한적 서비스만 제공한다. 개인마다 다른 수백만 개의 유전형을 하나하나 조사해 유의미한 결과만을 살펴보는 것이 불가능에 가깝기 때문이다. 그러나 프리딕티브는 손톱 또는 구강 상피세포를 채취해 2만여 개의 유전체 모두를 분석하는 기술을 개발했다. 그 결과 2만 2,000여 개의 질병과 210여 개 약물에 대한 민감도 예측이 가능하다. 이를 토대로 프리딕티브는 전체 DNA에 대한 분석 정보를 디지털 트윈화한 클라우드 데이터베이스를 토대로 질병이 생기고 난 이후의 치료뿐 아니라 질병이 생기기 전에 예방도 할 수 있는 획기적인 플랫폼을 구축했다.[11]

　　한의학에서 진단은 탐정의 추리 과정과 유사하다. 기본이 되는 사진팔강으로 환자를 충분히, 꼼꼼하게 관찰한 후에 한의사가 쌓아놓은 지식의 틀 안에서 그것들을 해석해야 한다. 원인 없는 질병은 없다는 가정하에 한의사는 자신의 추리력을 동원해 병증의 원인을 밝혀낸다. 그러나 한의사가 프리딕티브를 만나면 한의사의 추리력에 과학적 솔루션이 통합되어 스마트 통합의료가 탄생하는 것이다.

지금까지 사진팔강을 통해 한의사가 개념화하고자 한 것은 관념적으로 해부한 환자의 신체, 즉 상상 속의 디지털 트윈이었다. 프리딕티브는 이 상상을 실체화해주는 솔루션이다. 한의사 마음 속 환자에 대한 디지털 트윈이 유전자분석을 통한 디지털 트윈과 만나 한의학이 스마트 의료로 진화하는 것이다. 다른 말로 비유하자면 종이 지도를 보며 운전하던 한의사가 GPS에 기반을 둔 내비게이션을 보며 운전할 수 있는 스마트 닥터로 변신하는 것이다.

하버드대학교 의과대학 부속 브리검여성병원에 있는 하버드 오셔통합의학센터Harvard Osher Center for Integrative Medicine(이하 오셔센터)는 1994년 설립된 이래 서양의학과 동양의학, 보완 및 대체 의학의 장점을 결합한 통합의학 서비스를 제공하는 선도적인 기관이다. 단순히 질병을 치료하는 것을 넘어 환자의 건강과 웰빙을 전반적으로 증진하는 데 초점을 맞추고 있다.

오셔센터는 환자 개개인의 건강 상태, 삶의 방식, 가치관을 고려한 맞춤형 치료 계획을 수립하여 일반 의학과 동양의학, 보완 및 대체 의학을 결합한 통합의학 서비스를 제공한다. 이를 위해 의사, 간호사, 영양사, 운동 치료사, 마사지 치료사 등 다양한 분야의 전문가가 협력하여 환자를 진료한다.

오셔센터에서는 일반 내과나 가정의학 진료 과목을 비롯해 류마티스관절염, 암 치료, 심혈관 질환 등에 한의학·침술·기공·명상과 같은 동양의학나 요가, 마사지, 아로마테라피, 식이요법, 영양 상담 등의 보완 및 대체 의학 요법을 치료 서비스로 제공한다.

척추 통증으로 고통받던 만성 통증 환자는 오셔센터에서 물리 치료뿐만 아니라 침술, 마사지, 요가 등 다양한 치료를 받았으며 통증 완화와 삶의 질 향상을 경험했다. 또한 암 치료의 부작용으로 고통받던 환자는 오셔센터에서 명상, 마사지, 영양 상담 등 통합 치료를 받았으며 스트레스 감소, 면역력 강화, 삶의 질 향상을 경험했다.

오셔센터는 통합의학의 효과를 검증하고 새로운 치료법을 개발하기 위한 연구를 활발히 진행하고 있다. 또한 의료 전문가, 환자, 일반 대중을 대상으로 통합의학 교육 프로그램을 제공하여 그 이해를 높이고 있다.

5장

인공지능과 의학의
교차점

인공지능과 의학의 결합: 새로운 의료 혁신의 시작

우리는 현재 의학과 첨단 기술이 서로 교차하는 새로운 시대를 맞이하고 있다. 특히 인공지능은 의학 분야에서 놀라운 가능성을 보여주고 있으며, 이러한 변화는 우리 사회와 의료 시스템에 중대한 영향을 미치고 있다. 인공지능과 의학의 결합은 단순한 기술 발전을 넘어 의료 서비스의 질을 향상하고 환자 치료에 혁신을 가져오는 새로운 의료 혁신의 시작점이다.

우리는 먼저 의료 인공지능이 정확히 무엇이며 어떻게 작동하는지 알아야 한다. 간단히 말해 인공지능은 컴퓨터 모델과 프로그램으로서, 복잡한 문제 해결이나 경험 습득과 같은 인지 기능을 수행하기 위해 인간 수준의 지능을 모방하는 기계다. 현재 의료에 사용되는 인공지능 대부분은 '좁은 인공지능Narrow AI'이다. 이는 인공지능이 한정된 작업에서만 인간보다 뛰어날 수 있다는 의미다. 의료에 사용되는 인공지능은 대게 머신 러닝 알고리즘을 기반으로 한다. 머신 러닝은 인간의 개입 없이 컴퓨터가 스스로 학습하고 작업을 수행하는 기능을 말한다.

인공지능은 진단, 치료, 환자 관리 등 다양한 영역에서 빠르게 발전하고 있으며, 다양한 방식으로 의료 분야에 통합되고 있다. 인공지능 기술은 질병의 조기 진단, 치료 계획의 최적화, 환자 모니터링 및 관리 등에서 중요한 역할을 하고 있다. 예를 들어 인공지능은 방대한 양의 의료 데이터를 분석하여 인간의 눈으로는 놓칠 수 있는 질병의 징후를 발견하고 환자의 개인별 특성을 고려하여 최적의 치료 계획을 수립하는 데 도움을 준다. 인공지능은 의료 접근성을 확대하고 원격진료, 가상 병원 등 새로운 의료 서비스 개발을 가능하게 한다. 이를 통해 환자들은 시간과 장소에 구애받지 않고 의료 서비스를 받을 수 있게 될 것이다.

인공지능의 의료 분야 적용은 분명히 긍정적 측면이 많다. 하지만 인공지능이 의료의 모든 문제를 해결할 수 있는 것은 아니다. 인공지능의 도입 과정에서는 여러 윤리적·법적 문제점들을 고려해야 한다. 우선 데이터 보안과 개인 정보 보호는 의료 인공지능을 항상 따라다니는 중요 이슈다. 의료 데이터는 매우 민감한 정보이기 때문에 이를 안전하게 관리하고 보호해야만 한다.

인공지능의 편향성 또한 의료 인공지능이 지닌 큰 위협 요소다. 인공지능은 인간이 만든 데이터를 기반으로 머신 러닝해서 인공지능이 학습한 데이터에 편향이 있다면 그 결과도 편향될 수 있다. 따라서 인공지능을 개발하고 사용하는 과정에서 편향성을 최소화하기 위한 노력이 필요하다.

인공지능은 인간의 의사 결정을 대체할 수 있는 수준으로 발전할 가능성이 있다. 그렇다 하더라도 인공지능이 인간 의료진을 대체해서 단독으로 진료할 수는 없다. 의료는 인간의 생명을 다루는 일이고 기계는 늘 오류나 고장의 위험이 있기 때문이다. 의료 인공지능 기기가 잘못된 판단으로 인명을 해치더라도 기계는 책임을 지지 않기 때문에 인공지능이 단독으로 진료하는 일은 일어나기 힘들 것이다. 의료진과 함께 작동하는 인공지능에도 자율적 분석이나 판단에 대해서 인간과 마찬가지로 윤리적 기준을 적용해야 하는지 검토해보아야 한다. 인공지능이 중대한 의료적 판단이나 결정에 참여하는 경우 최종 결정에 대한 책임 소재와 같은 문제도 해결해야 한다. 이러한 도전에도 불구하고 인공지능과 의학의 결합은 의료 분야에서 거스를 수 없는 큰 물결이다.

의료 인공지능AIM, AI in Medicine을 이해하기 위해서는 인공지능과 관련한 주요 용어를 알아야 한다. 인공지능은 처음에는 간단한 '만약 ~이면' 규칙if-then rules 시리즈로 시작하여 수십 년 동안 발전하면서 인간 뇌와 유사하게 작동하는 더 복잡한 알고리즘으로 진화했다. 인공지능에는 머신 러닝, 딥 러닝DL, Deep Learning, 자연어 처리, 컴퓨터 비전CV, Computer Vision과 같이 많은 하위 분야가 있다.

- 머신 러닝(기계 학습): 패턴 식별 및 분석. 인공지능은 제공되는 데이터를 경험할수록 식별과 분석 능력이 향상된다.
- 딥 러닝(심층 학습): 다층 신경망 알고리즘 이용. 컴퓨터가 스스로 학습하고 결정을 내릴 수 있게 한다.
- 자연어 처리: 컴퓨터가 인간 언어에서 데이터를 추출하고 그 정보를 기반으로 결정을 내릴 수 있게 하는 프로세스. 챗GPT의 원리와 같다.
- 컴퓨터 비전: 컴퓨터가 일련의 이미지 또는 비디오로부터 정보를 인식하는 프로세스다.

머신 러닝은 특징을 사용하여 특정 상황을 분석하는 데 사용할 수 있는 패턴을 식별하는 것이다. 그러면 컴퓨터는 이 정보를 '학습'하여 유사한 미래 시나리오에 적용한다. 이 예측 도구는 정적 알고리즘을 따르는 것이 아니라 환자 치료를 개인화하기 위해 임상적 의사 결정에 동적으로 적용할 수 있다.

머신 러닝은 인공 신경망ANN, Artificial Neural Network을 만들어 인간 뇌와 유사하게 스스로 학습하고 결정을 내릴 수 있는 알고리즘으로 구성된다.[1] 예를 들어 의료 영상 인공지능에서 사용하는 컴퓨터 비전은 컴퓨터가 일련의 이미지 또는 비디오에서 정보와 이해를 얻는 솔루션이다.[2]

의료 인공지능을 잘 이해하는 방법은 그 발자취를 정리하는 것이다. 인공지능이 어떻게 의료 분야에 들어오게 되었는지, 반대로 의료가 인공지능 발전에 어떻게 기여했는지를 살펴보면서 의료 인공지능의 주요 이슈들을 살펴보겠다.

의료 인공지능의 태동과 발전

우리가 의료 인공지능의 역사를 살펴보기 전에 우선 알아야 할 것은 그 개념이 의학에서 출발했다는 것이다. 인공지능의 인문학적 역사를 보면 인류는 여러 이유로 인간을 닮은 존재를 만들기 위해 노력했다. 그래서 나온 것이 인간의 역설계다. 인체를 역설계해서 오토마타automata를 만들고 인체의 순환 시스템을 모방해 자동 장치를 개발했다. 이런 노력의 마지막 단계는 인간의 사고 구조를 역설계, 즉 뇌를 역설계하는 일이었다. 그래서 찾아낸 사실이 뇌는 다양한 뉴런의 집합인 신경망으로 구성되어 있다는 것이다. 사람의 신경망을 모방한 머신 러닝 알고리즘을 만들면 생각하는 기계, 즉 인공지능을 만들 수도 있겠다는 생각에 이르렀다.

인공 신경망을 최초로 생각해낸 사람은 신경 생리학자 워런 맥컬로치Warren McCulloch(1898~1969)와 인문학자 월터 피츠Walter

Pitts(1923~1969)다. 이들은 1943년 '맥컬로치 피츠 뉴런' 모델을 탄생시킨 논문 "신경 작용에 내재한 개념에 대한 논리적 해석A logical calculus of ideas immanent in nervous activity"에서 신경망에 대한 수학적 모형을 처음으로 제시했다. 이들은 인간 두뇌를 이진법 원소들의 집합으로 설명했다. 맥컬로치와 피츠는 인간 두뇌가 정보를 처리하는 방식을 설명하는 데 사용할 수 있는 수학적 모델을 만들었으며, 지금의 인공지능을 탄생시킨 학문적 토대를 마련했다.3

우리의 뇌를 구성하고 있는 것은 전기신호를 전달하는 뉴런이란 특이한 세포다. 뉴런의 수상돌기dendrite는 신호를 수신하는 역할을, 축색돌기axon는 신호를 송신하는 역할을 한다. 뉴런은 정보를 처리하고 이를 다른 세포로 전달하여 우리가 활동이나 사고할 수 있게 한다. 이런 처리 과정을 역설계해서 기계에 적용할 수 있도록 만든 알고리즘이 바로 인공 신경망이다. 인공지능이란 인간 두뇌의 신경망의 원리에 근거해서 구현된 컴퓨팅 시스템의 총칭이다.

맥컬로치와 피츠는 뉴런의 작용이 0과 1의 정보의 전달로 이루어지는 이진법 논리 회로임을 발견했다. 맥컬로치와 피츠는 당시 전신에서 사용하던 '릴레이relay'라는 장치로 논리 회로를 만들 수 있다고 생각했다. 이들의 뉴런 이론에 큰 영향을 받은 존 폰 노이만John von Neumann(1903~1957)은 이 릴레이를 진공관으로 대체해서 프로그램 내장 방식의 컴퓨터를 생각해냈다. 그리고 이 이론을 토대로 진공관을 사용하여 만든 전자식 계산기 에니악ENIAC이 탄생했다. 인공 신경망 이론이 최초의 컴퓨터를 탄생시키는 데 산파역을 할 셈이다.

"학습이나 지능의 특징을 살펴보면, 근본적으로 기계로 구현할 수 있게 설계돼 있다. 기계가 추상화된 언어를 사용하고, 인류의 현안을 해결하고 스스로 향상시키는 방법을 찾기 위한 시도가 이루어질 것이다. 엄선된 과학자들이 여름 동안 함께 연구한다면 이런 문제 중 하나 이상에서 큰 발전이 있을 것으로 생각한다."[4] 이는 다트머스대학교 존 매카시John McCarthy(1927~2011) 교수와 하버드대학교 마빈 민스키Marvin Minsky(1927~2016) 교수, IBM 내서니얼 로체스터Nathaniel Rochester(1919~2001), 벨연구소 클로드 섀넌Claude Shannon(1916~2001) 등 초기 인공지능 4대 거장이 록펠러재단에 제출한 워크숍 제안서의 요지다.

이 제안이 수락되고 1956년 여름, 미국 다트머스대학교에서 8주 동안 컴퓨터 및 인지과학 분야의 스타 과학자 10명이 미래를 예측하는 워크숍을 개최했다. 이 워크숍을 우리가 기억해야 하는 이유는 여기서 바로 'Artificial Intelligence', 즉 인공지능이란 단어가 탄생했기 때문이다. 이 용어는 매카시가 워크숍을 진행하던 중에 만든 것이다. 그는 인간처럼 생각하고 행동할 수 있는 컴퓨터 시스템을 만들 수 있다고 믿었다.

매카시가 '인공지능'이라는 용어를 선택한 이유는 우선 간결하고 기억하기 쉽기 때문이다. 이 용어는 컴퓨터가 인간과 같은 방식으로 생각할 수 있는지에 관계없이 인간처럼 행동할 수 있는 컴퓨터 시스템을 포함한다. '인공지능'이라는 용어는 처음에는 논란의 여지가 있었지만 빠르게 보편화되었다. 오늘날 '인공지능'은 세계에서 가장 인기 있고 영향력 있는 용어가 되었다.[5]

이후 인공지능을 의료에 사용하고자 하는 시도가 꾸준히 있었지만 컴퓨팅 능력과 초기 모델의 한계로 널리 사용되지 못했다. 하지만 2000년대 초반 딥 러닝, 즉 심층 학습이 등장하면서 많은 한계가 극복되었고 슈퍼컴퓨터라고 불리는 초고성능 컴퓨터들이 계속 컴퓨팅 능력치를 갱신하면서 인공지능은 의료와 함께하게 되었다. 인공지능 시스템이 복잡한 알고리즘을 분석하고 미세 이미지를 인식하고 스스로 학습하게 되면서, 위험 평가 모델을 통해 진단 정확도와 업무 효율을 높이는 등 임상 실습에 적용할 수 있는 새로운 시대를 열었다.

60년이 넘은 인공지능의 발전 과정과 최근 의료 분야에 도입 및 개발된 인공지능에 대한 간략한 역사적 시각을 가지는 것은 스마트 의료를 이해하는 데 도움이 될 것이다. 특히 위장관과 내시경 분야에서 인공지능의 주요 활용 사례를 살펴보면서 이미 의료인의 파트너가 된 인공지능이 의료계와 함께한 그 시작의 역사를 짚어 보고자 한다.

의료 분야에 인공지능이 사용된 최초의 사례는 1959년으로 거슬러 올라간다. 미국의 의학 연구소 MITRE는 컴퓨터를 사용하여 암 진단을 시도했다. 당시 MITRE의 연구팀은 흉부 엑스레이를 컴퓨터로 분석해 암을 진단하는 방법을 연구했다.[6]

연구팀은 컴퓨터에 암이 있는 환자의 엑스레이 이미지와 정상인의 엑스레이 이미지를 학습시켰다. 그런 다음 컴퓨터에 새로운 환자의 엑스레이 이미지를 분석하게 했다. 연구팀은 컴퓨터가 암이 있는 환자의 엑스레이 이미지를 정확하게 구별낼 수 있다는 것을 발견했다. 그러나 당시 컴퓨터의 진단 정확도는 90% 수준에 불과했다. 아직 컴퓨터 기술이 초기 단계였으므로 연구는 실패로 결론지어졌다. 그런데도 MITRE 연구는 컴퓨터를 이용한 암 진단의 가능성을 보여준 중요한 연구였다. 1964년 MIT 요제프 바이첸바움Joseph Weizenbaum(1923~2008) 교수가 엘리자Eliza를 소개했다. 자연어 처리를 사용하는 엘리자는 패턴 매칭 및 대체 방법론을 사용하여 인간 대화(표면적 의사소통)를 모방해 오늘날 쳇GPT나 바드와 같은 거대 언어 모델의 기반이 되었다.[7]

자연어를 인식하여 응대함으로써 심리학자와 같은 역할을 하게 만든 엘리자는 정신과 의사처럼 대화했다. 엘리자는 실험 참여자들과 정신과 치료 요법에 해당하는 질문을 통해 치료와 유사한 대화를 만들어내는 실험용 인공지능이었다. 엘리자와 대화해본 환자들은 대화를 주고받은 지 얼마 지나지 않아 엘리자를 실제 정신과 의사처럼 느껴졌다고 한다. 당시에는 컴퓨팅 능력이 매우 낮아서 바이첸바움은 엘리자가 환자에게서 심도 있는 답변을 이끌어낼

수 있을지 의구심을 품었다.[8]

그러나 실험 결과는 놀라웠다. 실험에 참여한 환자들 사이에서 '훌륭한 선생님이 나타나셨다.'는 소문이 돌았다. 환자들은 그 '대단한 선생님'과 대화하느라 시간 가는 줄 몰랐다고 한다. 대화 중 감동해서 눈물을 흘리는 환자도 있었다. 바이첸바움이 엘리자가 인공지능이라고 밝혀도 소용이 없었다고 한다. 엘리자가 함부로 판단하거나 조언하지 않는 것만으로도 환자들은 대화에서 편안함을 느꼈다. 환자들은 엘리자의 경청을 통해 스스로 치유했다.

엘리자는 완벽하지 않았고 때로는 모순되거나 무의미한 답변을 했지만 바이첸바움은 실험 결과를 보고 기쁨이나 자부심보다는 두려움을 느꼈다. 그는 이후에 인공지능 비판론자로 돌아섰고 컴퓨터와 기계문명이 만들어낼 암울한 미래를 경고하는 일에 앞장섰다. 어쨌든 엘리자는 의료 인공지능의 첫 번째 상품이었으며 인간과 컴퓨터의 상호작용에 대한 새로운 가능성을 열었다. 이는 오늘날 상용화된 챗GPT 개발의 시작이기도 했다.

1970년대 컴퓨터 기술이 발전하면서 인공지능을 이용한 의료 진단 및 치료 연구가 활발해졌다. 1971년 미국국립보건원은 좀더 효과적으로 암을 치료하기 위해 '보건서비스법'을 개정하는 법안을 마련해 '국립암관리법National Cancer Act'을 발표했다. 이를 통해 국가적 노력을 수행하는 국립암연구소NCI의 역할이 강화되고 컴퓨터를 이용한 암 조기 진단을 위해 데이터베이스 구축이 시작되

어 오늘날 인공지능 암 진단의 서막을 열었다.[9]

1973년에는 스탠퍼드대학교 의료 실험-의료 인공지능Stanford University Medical Experimental-Artificial Intelligence in Medicine이라는 타임셰어링 컴퓨터 시스템이 생겨서 여러 기관의 임상 및 생의학 연구원의 연구 네트워킹 기능을 강화하는 시도가 있었다. 1975년에는 NIH가 후원하는 최초의 의료 인공지능 워크숍이 러트거스대학교에서 열렸다.[10] 이 워크숍의 산물은 1986년 카스넷CASNET 모델로 이어졌다. 러트거스대학교에서 개발한 카스넷은 의료 분야에 인공지능 적용 가능성을 보여준 최초의 시제품으로 녹내장 진단 프로그램이다.[11]

의료 인공지능 개발의 또 하나 큰 성과는 1976년 스탠퍼드대학교가 6년에 걸쳐 개발한 마이신MYCIN이다. 마이신은 초기 역추론 기반 전문가시스템Expert System으로서 인공지능을 활용하여 혈류 감염이나 뇌막염과 같은 심각한 감염을 유발하는 박테리아를 식별하고 환자 체중에 맞게 조정된 항생제를 권장하기 위해 개발되었다. 마이신이라는 이름은 많은 항생제 끝에 '-mycin'이 붙은 데서 유래한 것이다. 마이신은 혈액 응고 질환 진단에도 사용되었다.[12]

전문가시스템은 1965년 에드워드 파이겐바움Edward Feigenbaum (1936~)이 덴드럴Dendral이라는 프로그램을 개발하며 창안되었다. 덴드럴은 분자구조를 추정하는 시스템으로 화학 분자식과 질량 스펙트럼을 넣으면 가장 그럴듯한 구조식을 추정하여 찾아주었다.[13]

전문가시스템은 특정 분야에 관한 전문 지식을 지닌 컴퓨터 프로그램으로서, 해당 분야에서 오랫동안 경험을 쌓은 전문가의 역할을 대신한다. 이는 기존의 컴퓨터 프로그램이 정확한 알고리즘이나 일방적 탐색 방법을 사용하는 데 비하여 더 전문적이고 체계적인 지식의 사용을 강조한다. 전문가시스템은 해당 분야의 지식을 시스템 운영 및 문제 풀이 영역과 명확히 구분해서 시스템이 사용하는 지식을 검토하거나 수정하는 데 용이하며, 시스템이 도달한 결론 등을 설명할 수 있다.

1980년대는 의료 분야에서 인공지능의 연구와 개발이 급증한 시기다. 이때도 전문가시스템이 각광받으며 진단 및 치료 결정에서 인간의 전문성을 모방하는 것을 목표로 했다. 머신 러닝, 특히 인공 신경망은 개발 초기에 의료 분야에서 잠재력을 보여주기 시작했다. 의료 영상 분석 기술이 발전하자 컴퓨터 과학자, 의료 전문가, 연구자 간의 협력이 의료 인공지능 발전을 촉진했다.

1980년 미국인공지능학회AAAI, American Association for Artificial Intelligence가 설립되면서 의료 응용 분야에 특화된 특별 분과회 AAAI-M가 함께 만들어졌다.[14] 류Liu와 동료들은 1980년대 이전을 의료 인공지능의 태동기로 설정하고 여러 가능성을 탐사한 시기라고 정의했다. 이들은 1980년대 이후 의료 인공지능의 발전을 4단계로 구분했다.[15]

(1) 유아기(1980년대): '결정 트리decision tree' 알고리즘이 제안되었고 '전문가시스템'이 주목받기 시작했다. 인공 신경망도 계속 발전했다.

(2) 청소년기(1990년대): 전문가시스템은 서포트 벡터 머신SVM, Support Vector Machine의 등장으로 더욱 성숙해졌다.

(3) 성년기(2000년대): '딥 러닝' 개념이 제안되었고 머신 러닝은 의료 인공지능의 주요 주제가 되었다.

(4) 성숙기(2010년대 이후): 인간과의 소통 능력은 챗GPT와 같은 거대 언어 모델의 등장으로 크게 향상되고 있다. 그러나 의료 인공지능은 여전히 '좁은' 인공지능 단계에 있다.

1982년 흉부 엑스레이 판독을 돕는 최초의 방사선학 전문가시스템인 'PUCME'가 등장했다. PUCME는 피츠버그대학교 컴퓨터 과학자와 방사선 전문의들이 공동으로 개발한 최초의 방사선학 전문가시스템이다. PUCME는 흉부 엑스레이 이미지를 입력받아 폐렴·폐결핵·심장병·폐암·기흉 등에 대한 진단을 돕는다.

PUCME는 인공 신경망을 기반으로 개발되었다. PUCME는 흉부 엑스레이 이미지 100여 건의 특징을 고려하여 진단을 내리며, 정확도는 90% 이상으로 보고되었다. 당시 흉부 엑스레이 판독이 주로 방사선 전문의에 의해 이루어졌으나 PUCME의 도입으로 비전문가도 흉부 엑스레이 이미지를 판독할 수 있게 되었다.

PUCME는 또한 방사선 전문의의 판독을 보조함으로써 진단의 정확성과 신속성을 높이는 데 도움을 주었다.

1983년 미국 캘리포니아대학교 버클리의 컴퓨터 과학자와 생물학자들이 심전도 분석에 인공 신경망을 성공적으로 적용한 연구 결과를 발표했다.[16] 이 연구는 인공 신경망이 심전도 신호에서 나타나는 특징을 학습하여 심장 질환을 진단할 수 있음을 보여주었다.

연구팀은 1,000명이 넘는 환자의 심전도 데이터를 사용하여 인공 신경망을 학습시켰다. 학습된 인공 신경망은 심전도 신호를 입력받아 심근경색·심부전·부정맥 등을 진단했다. 연구 결과에 따르면 인공 신경망의 진단 정확도는 90% 이상으로 나타났다. 이는 당시 심전도 판독을 담당하는 의사들의 정확도와 비슷한 수준이었다. 이 연구는 인공 신경망이 의료 분야에서 활용될 가능성을 보여주는 중요한 성과로 평가받았다. 인공 신경망은 심전도 분석뿐만 아니라 의료 영상 분석, 질병 진단, 치료 계획 수립 등 다양한 분야에서 활용될 수 있을 것이라는 기대를 낳았다.

1985년 9월 이탈리아 파비아대학교에서는 2일 동안 인공지능 학술대회 AIME가 열렸다.[17] 여기에는 1970년대 초반에 등장하여 인공지능, 컴퓨터 과학, 의학, 생물학이 만나는 교차로에서 연구해 오던 연구자들이 모였다. 이 학술대회는 의료 인공지능 발전에 중요한 이정표로 여겨진다. 1985년 AIME에는 전 세계에서 온 200명 이상의 연구자와 임상 의사들이 참석했다. 참석자들은 질병 진단,

치료 계획 수립, 의료 정보 관리, 의료 교육 등 다양한 분야에서 인공지능과 관련한 연구 결과를 발표했다.

회의가 끝날 무렵 참가자들은 공통 관심사를 가지고 있고 앞으로도 이와 유사한 모임을 조직하는 것이 가치 있다는 데 의견을 같이했다. 이후 2년마다 유럽의 여러 도시에서 후속 회의가 열렸다. 이 대회의 명칭인 AIME는 'AI in Medicine Europe'이었다. 그러나 후에 'AI in Medicine'으로 AIME를 재정의했다.

1986년에는 러트거스대학교 컴퓨터 과학자와 안과 의사들이 공동으로 카스넷 모델을 개발했다. 녹내장 진단을 위한 안과-연관 네트워크 모델인 카스넷 모델은 녹내장의 원인과 증상 사이의 인과 관계를 모델링하여 녹내장을 진단한다. 카스넷 모델에 환자의 병력과 안과 검사 결과, 망막 사진 등을 입력하면 녹내장 유무와 진행 정도, 치료 필요성을 진단할 수 있다. 같은 해에 카스넷 모델이 미국 안과학회Academy of Ophthalmology에서 공식적으로 시연되었다. 시연 결과 카스넷 모델의 진단 정확도는 90% 이상으로 나타났다. 이는 당시 녹내장 진단을 담당하는 안과 의사의 정확도와 비슷한 수준이었다.

카스넷 모델은 녹내장 진단의 정확성과 효율성을 높이는 데 기여했다. 카스넷 모델의 도입으로 비전문가도 녹내장을 진단할 수 있게 되었다. 카스넷 모델은 안과 의사의 진단 시간을 단축했다. 카스넷 모델은 1980년대 의료 인공지능의 발전에 중요한 역할을 한 것으로 평가받는다. 이 모델의 성공 이후 다양한 질병의 진단과 치료에 인공지능이 활용되기 시작했다.[18]

1990년대에 인공지능을 이용한 의료 영상 분석에 관한 연구가 있었지만 수십 건 정도의 데이터 규모와 단순한 인공지능 모델의 구조 그리고 부족한 연산 자원으로 인해 기대에 못 미치는 성능을 보이며 관심을 받지 못했다. 이 시기에는 머신 러닝 알고리즘인 SVM이 널리 사용되었으며, 인터넷의 발전으로 대량 데이터를 활용될 수 있게 되었다.

1998년에는 FDA에서 의료 인공지능 기술을 최초로 승인했다.[19] 이는 심장 질환의 위험성을 예측하는 프로그램으로, 이후 의료 인공지능 기술의 승인이 더욱 활성화되었다. 하지만 인공지능 연구에 대한 과도한 기대와 미흡한 기술 발전으로 인해 1990년대는 그야말로 인공지능 분야의 암흑기였다. 당시 연구자들이 인공지능의 복잡한 문제를 해결하는 데 어려움을 겪자 연구 자금이 급격히 줄어들었다.

2000년대 이후 의료 인공지능 기술은 머신 러닝과 딥 러닝의 발전으로 새로운 활력을 얻는다. 특히 딥 러닝은 이미지 인식, 음성인식, 자연어 처리 등 다양한 분야에서 높은 성능을 보여주었다. 2007년 IBM은 왓슨이라는 개방형 질문-답변 시스템을 개발했으며, 이 시스템은 2011년 텔레비전 게임쇼 '제퍼디Jeopardy'에서 인간 참가자와 경쟁하여 1위를 차지했다. 전통적인 시스템은 데이터에서 결론으로 이끄는 순방향 추론이나 결론에서 데이터로 이끄는 역방향 추론 또는 수작업된 'if-then 규칙'을 사용했지만, DeepQA 라는 기술은 자연어 처리와 다양한 검색을 통해 구조화되지 않은 콘텐츠에서 데이터를 분석하여 가능성 있는 답변을 생성했다.[20]

왓슨은 사용이 쉽고 유지 보수가 간편하며 비용이 효율적이었다. 환자의 EMR 및 기타 전자 리소스에서 정보를 가져옴으로써 DeepQA 기술을 적용하여 근거 기반 의학 응답을 제공할 수 있다. 이러한 이유로 근거 기반 임상 의사 결정에 새로운 가능성을 열었다.[21] 2017년 바커Bakkar와 동료들은 IBM 왓슨을 사용하여 근위축성경화증에서 변형된 새로운 RNA 결합 단백질을 성공적으로 식별했다.[22]

이러한 추세와 함께 향상된 컴퓨터 하드웨어 및 소프트웨어 프로그램으로 디지털 의료는 이용이 더 용이해지고 의료 인공지능은 빠르게 발전하기 시작했다. 자연어 처리 기술은 엘리자와 같은 피상적 의사소통superficial communication에서 의미 있는 대화 기반 인터페이스인 챗봇으로 진화했다. 이 기술은 2011년 애플의 가상 비서 시리Siri, 2014년 아마존의 가상 비서 알렉사Alexa를 거쳐 2015년 소아 환자와 부모의 복약 교육을 돕기 위한 챗봇 파마봇Pharmabot, 2017년 1차 의료 진료를 위한 자동 환자 접수 프로세스 맨디Mandy로 진화했다.

딥 러닝은 의료 인공지능에 중요한 발전을 가져왔다. 인간이 입력해야 하는 고정된 수의 특성을 사용하는 머신 러닝과 달리 딥 러닝은 데이터를 자체적으로 분류하도록 훈련할 수 있다. 딥 러닝은 1950년대에 처음 연구되었지만 의학 분야 적용은 '오버피팅 overfitting' 문제로 제한되었다. 오버피팅은 머신 러닝이 특정 데이터 세트에 너무 집중되어 새로운 데이터 세트를 정확하게 처리하지 못할 때 발생하며, 이는 컴퓨팅 용량 부족과 훈련 데이터 부족의 결과일 수 있다.[23]

이러한 한계는 2000년대에 더 큰 데이터 세트와 크게 향상된 컴퓨팅 성능으로 극복되었다. 컨볼루션 신경망CNN, Convolutional Neural Network은 인간 뇌의 상호 연결된 뉴런의 행동을 시뮬레이션하는 이미지 처리에 적용되는 딥 러닝 알고리즘의 일종이다. CNN은 입력 이미지를 분석하여 패턴을 인식하고 특정 필터를 만드는 여러 계층으로 구성된다. 최종 결과는 완전히 연결된 계층에 의해 모든 특징의 조합에 따라 생성된다. 현재 Le-NET, AlexNet, VGG, GoogLeNet, ResNet 등 다양한 CNN 알고리즘을 사용할 수 있다.

의료에 가장 많이 사용되는 인공지능 기술은 이미 소개한 지능형 로봇을 포함해 머신 러닝, 이미지 인식, 전문가시스템 등이 있다.

머신 러닝

전문가시스템은 사람이 많은 규칙을 만들어 넣는 방식을 사용했다. 이 방법은 의학이나 생물학 같은 과학 분야에서 유용했다. 예를 들어 의사가 환자를 진단하는 데 도움을 주는 시스템을 만들 때 지금까지 알려진 의학 규칙들을 모아 데이터베이스로 만들면 그만이었다.[24]

그런데 시간이 흘러 우리가 아직 완전히 이해하지 못하는 복잡한 문제들을 컴퓨터가 해결하길 바라게 되었다. 음성인식 같은 기술이 대표적인 예다. 음성인식 서비스를 만들려면 컴퓨터가 사람의 말을 정확히 알아듣고 그 말의 뜻을 파악할 수 있어야 한다. 하지만 이런 기술은 사람이 일일이 규칙을 정해주는 방식으로는 만들 수 없다. 예를 들어 컴퓨터가 받는 소리 데이터는 매우 방대한데, 이 데이터 안에서 무엇이 중요한지를 컴퓨터 스스로 판단할 수 있어야 한다.

그래서 나온 게 바로 머신 러닝이라는 아이디어다. 머신 러닝
이란 꾸준한 학습을 통하여 작업 성능을 높이는 기계 작동 원리다.
컴퓨터를 인간처럼 학습시켜 스스로 규칙을 만들게 하는 것이다.
결국 머신 러닝은 컴퓨터가 인간의 사고를 효율적으로 처리하려는
관점에서 접근하여 이를 학습하고 모방한 인공지능 작동 방법이다.

머신 러닝은 기본적으로 데이터를 기반으로 작동한다. 방대한
양의 데이터를 학습시켜 컴퓨터가 스스로 패턴을 찾아내고 규칙
을 만들어낸다. 마치 인간이 경험을 통해 배우는 것과 비슷하다. 머
신 러닝은 단순히 데이터를 분석하는 데 그치지 않는다. 학습한 데
이터를 기반으로 미래를 예측하는 데도 쓰일 수 있다. 예를 들어 과
거 주식 시세 데이터를 학습시켜 미래의 주가를 예측하거나 환자
의 의료 데이터를 학습시켜 질병을 진단하는 등의 활용이 가능하
다. 이로 인해 컴퓨터와 무관해 보이던 다른 분야들도 빠르고 만족
스러운 결과를 선보이기 위해 머신 러닝에 의존하고 있다.

머신 러닝은 의료에서 크게 세 분야에 사용되고 있다. 첫 번
째는 질병 진단 및 예측 분야다. 머신 러닝은 의료 이미지, 환자의
EMR, 생체 신호 등 다양한 의료 데이터를 사용하여 질병을 진단하
고 예측하는 데 사용된다. 머신 러닝은 폐암·유방암·전립선암 등
암의 조기 진단이나 특발성출혈성궤양 재발, 심각한 바이러스성
질환인 수족구병, 방사선폐렴 등 여러 질병 예측에 사용된다.

두 번째는 치료 계획 수립 및 최적화 분야다. 의료진이 머신 러닝을 이용하면 환자의 특성과 병리학적 특성을 고려하여 치료 계획을 수립하고 최적화할 수 있다. 예를 들어 머신 러닝은 암 환자의 치료 계획을 수립하거나 환자의 약물 반응을 예측하고 치료 효과를 모니터링하는 데 도움을 준다.

세 번째는 환자 모니터링 및 맞춤형 치료 분야다. 머신 러닝은 환자의 상태를 지속해서 모니터링하고 이상 징후를 감지하는 데 도움을 주며, 환자의 특성에 맞는 맞춤형 치료를 제공한다. 예를 들어 머신 러닝을 이용하면 심장 질환 환자의 상태를 모니터링하고 응급 상황을 예측하거나 당뇨병 환자의 혈당 조절을 개선하기 위한 맞춤형 치료를 제공하는 데 사용할 수 있다.

머신 러닝은 1959년 아서 새뮤얼Arthur Samuel(1901~1990)이 제안했다.[25] 그는 입력 데이터를 통해 자동으로 학습하고 이를 기반으로 새로운 데이터를 정확하게 예측하는 알고리즘을 개발했다. 이후 머신 러닝 알고리즘은 많은 획기적 발전을 했는데 그중 하나가 1960년대 초반에 제안된 역전파 알고리즘backpropagation algorithm이다.[26] 역전파 알고리즘은 인공 신경망의 뉴런 간 연결 가중치를 추정하는 효율적 방법이다. 학습 과정에서 출력층에서 발생하는 오차를 입력층 방향으로 역전파하여 각 층의 뉴런에 대한 오차 기울기를 계산한다. 그러고 나서 기울기 하강법을 이용하여 오차를 최소화하는 최적의 가중치를 찾아내는 방식이다.

역전파 알고리즘은 1986년에는 루멜하트Rumelhart 등27이 다층 퍼셉트론 학습을 발표하면서 더 큰 관심을 받게 되었다. 이들은 "오류 전파를 통한 내부 표현 학습Learning internal representations by error propagation"이란 인공 신경망 잠재력에 관한 논문을 발표했다. 논문에서 이들은 신경망이 여러 층의 뉴런을 사용하여 학습할 수 있음을 설명했다.

당시 컴퓨터 및 하드웨어 기술 발전으로 뉴런 수가 증가하면서 학습 시간이 급격히 증가하는 문제가 발생했는데, 역전파 알고리즘은 이러한 문제를 해결하는 데 크게 기여했다. 그러나 역전파 알고리즘은 지역적 최솟값 문제, 데이터 의존성, 긴 학습 시간과 지도 학습에만 적용 가능하고 과적합 문제에 취약했다.

1982년에는 뉴럴 네트워크에서 사용되는 자동 미분 방법이 나왔다. 1986년에는 '결정 트리'라는 머신 러닝 알고리즘이 나왔다. 이 알고리즘은 설정된 규칙에 따라 데이터를 분류하는 방식이다. 결정 트리 방식을 기반으로 '랜덤 포레스트random forest'(이중 공간 특징 추출 알고리즘)라는 알고리즘이 나왔다. 1995년에는 지원 SVM 모델이 발명되었고 2006년에 드디어 오늘날의 인공지능이 존재하게 된 딥 러닝 알고리즘이 제프리 힌턴Geoffrey Hinton(1947~)에 의해 제안되었다.28

딥 러닝은 인간의 뇌 신경망에서 영감을 받아 개발된 머신 러닝의 한 유형이다. 딥 러닝 알고리즘은 대량 데이터를 사용하여 복잡한 패턴과 관계를 학습할 수 있으며, 이미지 인식, 자연어 처리 및 기타 분야에서 인간과 경쟁하는 성능을 달성하는 데 사용되었다.

딥 러닝이란 용어가 나온 것은 1986년이지만 기본 개념을 처음 만든 사람은 구소련 수학자 알렉세이 이바흐넨코Alexey Ivakhnenko (1913~2007)다. 이바흐넨코는 1965년 다단계 퍼셉트론의 연구를 통해 딥 러닝의 기본 개념을 확립했다.[29] 이바흐넨코는 패턴 인식 및 복잡한 시스템 예측에 사용하는 과학적 접근 방식인 데이터 그룹 처리법GMDH, Group Method of Data Handling을 개발하고, 이를 통해 데이터에 내재된 정보를 사용하여 현재 딥 러닝 네트워크에서 사용하는 절차적 문제 해결의 원형을 제시했다.

2000년대에 인공지능 연구는 컴퓨팅 기술의 발전과 대량 데이터 가용성에 힘입어 딥 러닝 기술에 집중한다. 이전 인공지능 연구는 작업을 수행하는 데 수기로 입력한 규칙과 전문 지식에 의존했으나 인터넷 보급으로 데이터 폭증과 컴퓨팅 능력의 비약적 향상으로 자동화된 데이터 처리와 분석을 통해 신경망을 훈련하게 되었다. 그 결과 연구자들은 복잡한 데이터 세트를 높은 정확도로 처리하고 분석할 수 있는 딥 러닝 알고리즘과 신경망 아키텍처를 개발했다.

머신 러닝과 딥 러닝의 가장 큰 차이점은 바로 사람의 개입 여부다. 머신 러닝은 주어진 데이터를 인간이 먼저 처리한다. 사람이 먼저 컴퓨터에 특정 패턴을 추출하는 방법을 지시하고 이후 컴퓨터가 스스로 데이터의 특징을 분석하고 축적한다. 그리고 이렇게 축적된 데이터를 바탕으로 문제를 해결하도록 한다. 예를 들어 개와 고양이를 식별하려면 사람이 먼저 개와 고양이의 특징을 추출한 후 많은 예시를 통해 컴퓨터를 학습시키고 식별하게 해야 한다.

그 반면에 딥 러닝에서는 머신 러닝에서 사람이 하던 패턴 추출 작업이 생략된다. 컴퓨터가 스스로 데이터를 기반으로 학습할 수 있도록 정해진 신경망을 컴퓨터에 주고 어린아이가 학습하는 것처럼 경험 중심으로 학습을 수행한다. 즉 인간이 개, 고양이의 특성을 추려 사전에 정의된 알고리즘과 규칙을 적용하는 머신 러닝과 달리 딥 러닝에서는 심층 신경망을 통해 스스로 개, 고양이의 특성을 훈련하여 개와 고양이를 분류할 수 있다.

딥 러닝 기반 의료 영상 분석 기술은 머신 러닝과 달리 학습에 필요한 특징 추출 모델을 수동으로 제공할 필요가 없다. 딥 러닝 모델은 학습 과정에서 데이터의 특징을 자체적으로 추출하는데, 이는 영상 기기나 질환 부위에 상관없이 일관된 특징 추출 모델을 가능하게 한다. 이러한 특징은 딥 러닝 기반 의료 영상 분석 기술의 가장 큰 장점이다. 그래서 머신 러닝보다 딥 러닝 기반 기술의 수요가 더 많다.

딥 러닝 모델은 일관된 특징 추출 알고리즘을 사용하기 때문에 이미 학습된 모델을 재사용하여 다른 병변을 추가로 학습시키는 전이 학습이 가능하다. 일반적으로 완전히 새로운 인공지능 모델을 사용하는 것보다 이미 유의미한 판독 능력을 보이는 인공지능 모델에 전이 학습을 수행하면 학습 속도가 빨라지거나 최종 알고리즘의 판독 성능이 더 나아질 수 있다. 이는 딥 러닝 모델이 이미 특정 병변에 대해 유의미한 판독 성능을 보이는 경우 의료 영상의 경계선과 명도, 형상을 인식하는 기본 성능도 뛰어날 것이라는 근거에 기반을 둔다.

머신 러닝을 기반으로 한 딥 러닝은 대표적인 알고리즘 중 하나인 CNN의 개발로 이어졌다. CNN은 이전 머신 러닝 기술보다 훨씬 더 높은 이미지 인식을 가능케 하여 의료 인공지능 영상 분석 분야에 획기적 발전을 가져다주었다. 이미지는 픽셀이라는 작은 단위로 구성되는데, CNN은 이러한 픽셀 데이터에서 특징을 추출하고 분석한다. 특히 CNN이 사용하는 합성곱convolution이라는 연산은 이미지에 필터를 적용하여 특정 패턴을 강조하고 불필요한 정보를 제거하는 과정을 통해 이미지의 중요한 특징을 효과적으로 포착하게 한다.

예를 들어 암을 진단할 때 CT·MRI·PET 등 의료 영상에서 암세포를 정확하게 감지하고 분류한다. 심혈관 질환을 진단할 때는 심장 초음파, 심장 CT 등의 영상을 통해 심혈관 질환을 조기에 진단하고 예측할 수 있게 도와준다. 또한 엑스레이 영상을 분석하여 골밀도를 측정하고 골다공증 위험을 평가하기도 하며, 뇌를 촬영한 MRI, CT 등에서는 뇌졸중, 알츠하이머 등의 질환을 효과적으로 진단한다. CNN은 높은 정확도와 빠른 속도로 의료 영상을 분석하여 객관적 분석 결과를 제공한다.

2008년 의료기기발전협회 및 영국·아일랜드고혈압협회 기준에 따라 기존 의학의 맥파 파형 특징 추출 및 낮은 견고성 문제를 해결하고 모델의 정확도를 높이기 위해 CNN 기반의 혁신적 혈압 측정 모델인 컨볼루션 순환 신경망–혈압CRNN-BP이 구축되기도 했다.[30]

머신 러닝의 일반화 성능을 가속한 알고리즘은 랜덤 포레스트 방식이다. 결정 트리는 그 결과나 성능의 변동 폭이 크다는 결점이 있다. 특히 학습 데이터에 따라 생성되는 결정 트리는 차이가 매우 커 일반화하여 사용하기에 큰 어려움이 있다. 결정 트리는 계층적 접근 방식이라서 중간에 에러가 생기면 다음 단계로 에러가 계속 이어진다. 이런 문제를 극복하기 위해 나온 알고리즘이 바로 랜덤 포레스트다.[31]

랜덤 포레스트는 머신 러닝에서 가장 효율적인 알고리즘이다. 최근 랜덤 포레스트는 의학, 특히 질병 예측에서 중요한 역할을 한다. 예를 들어 특발성출혈성궤양 병력이 있는 환자는 궤양 재발 발생률이 더 높다. 궤양파열과 같은 심각한 합병증이 발생하면 환자는 위험해진다. 2018년에는 머신 러닝을 사용하여 IPU-ML이라고 불리는 높은 정확도의 특발성소화성궤양 재출혈 예측 모델이 구축되었다.[32]

좀더 예를 들어보면 엔테로바이러스로 인한 심각한 수족구병은 일부 어린이에게 폐부종 및 심근염과 같은 심각한 합병증을 유발할 수 있다.[33] 2019년 심각한 수족구병을 예측하기 위해 결정 트리 및 SVM 등보다 더 높은 특이도와 민감도를 보이는 캣부스트 CatBoost 모델이 구축되었다.[34]

머신 러닝은 이제 방사선 치료의 효과까지 예측할 수 있다. 폐암, 특히 소세포폐암 환자들은 종종 방사선 치료를 받지만 장기 치료는 심각한 합병증을 유발할 수 있다. 그런 합병증 중 하나인 방사선폐렴은 호흡부전과 사망까지 초래할 수 있다. 연구자들은 인공신경망을 이용해 방사선폐렴을 예측하는 방법을 개발했고, 더 많은 데이터와 메모리를 학습시킨 네트워크는 더 높은 정확도를 보였다.

하지만 머신 러닝 모델, 특히 딥 러닝 모델은 너무 복잡해서 내부 작동 방식을 이해하기 어려운데, 이를 '블랙박스' 문제라고 한다. 의료 분야에서 머신 러닝 모델을 사용하려면 이 모델이 어떻게 결정을 내리는지 정확히 알아야 한다. '블랙박스' 문제를 해결해야 하는 이유는 다음과 같다.

- 신뢰성 확보: 환자의 생명과 건강에 직접 영향을 미치는 의료 결정에서는 머신 러닝 모델의 결정을 신뢰할 수 있어야 한다. '블랙박스' 문제가 해결되지 않으면 모델의 결정 근거

를 설명할 수 없어 의료진이 모델을 신뢰하기 어렵다.

- 규제 준수: 의료용 머신 러닝 모델은 엄격한 규제를 준수해야 한다. 이 규제를 준수하기 위해서는 모델의 작동 방식을 명확하게 설명할 수 있어야 한다.

- 모델 개선: 모델의 성능을 개선하기 위해서는 모델이 어떤 부분에서 잘못된 결정을 내리는지 이해해야 한다. '블랙박스' 문제가 해결되지 않으면 모델 개선이 어렵다.

결론적으로 머신 러닝은 의료 분야에 혁신을 가져올 수 있는 강력한 도구지만 '블랙박스' 문제를 해결하지 않으면 안전하고 효과적으로 활용하기 어렵다. 앞으로 연구 개발을 통해 이 문제를 해결하고 머신 러닝의 의료 분야 활용을 더욱 확대해야 한다.

영상 인식과 분석

의료 서비스의 질을 크게 향상하는 중요한 역할을 하면서 대세로 자리 잡은 의료 인공지능의 영상 인식 및 분석 기술이 의료 분야에 혁신을 가져오고 있다. 의료 영상 분석 인공지능은 엑스레이·초음파·CT·MRI와 같은 의료 영상을 인공지능으로 분석하여 의사의 진단을 지원하거나 보조하는 소프트웨어와 하드웨어를 총칭한다. 의료 영상 분석 인공지능은 진단 및 치료 과정의 효율성과 정확도를 크게 높이고 있다.[35]

마켓앤드마켓의 조사에 따르면 의료 영상 분석 인공지능 시장 규모는 2022년에 12억 달러였으나 2027년에는 122억 달러로 그 규모가 10배 이상 증가할 것으로 예상한다.[36] 의료 영상 분석 인공지능 시장은 다음과 같은 요인으로 크게 성장하고 있다.

- 기술의 발전: 최근 몇 년 동안 딥 러닝과 같은 인공지능 알고리즘이 빠르게 발전하면서 의료 영상 데이터의 분석에 큰 도움을 주어 복잡한 패턴이나 질병의 초기 증상을 더욱 정확하게 감지할 수 있게 되었다.
- 의료 데이터의 증가: 의료 분야에서 데이터는 매우 중요한 자산이다. 전 세계적으로 의료 데이터의 양이 급증하고 있다. 이 데이터를 분석해 환자의 진단 및 치료에 효과적으로 활용하기 위해서는 인공지능 기술이 필수적이다. 인공지능은 이 데이터를 빠르고 정확하게 처리할 수 있어 의료 분야에서 활용도가 높아지고 있다.
- 정확한 진단의 필요성: 의료 현장에서 정확한 진단으로 환자의 생명을 구하는 것만큼 중요한 일은 없다. 인공지능을 활용한 의료 영상 분석은 의사의 진단을 보조하며 더욱 정확하고 빠른 진단을 가능하게 할 뿐만 아니라 치료 시간을 단축하고 치료 효과도 높일 수 있다.

의료 영상 분석 인공지능은 다양한 질환에 사용된다.

- 암: 종양의 위치·크기·형태 등을 분석하여 암 진단 및 예후 예측.
- 심혈관 질환: CT 영상 분석을 통해 심장박동을 관찰하거나

혈관협착, 심근경색 등 진단.

- 뇌 질환: MRI 영상 분석을 통해 뇌졸중·뇌종양·알츠하이머 등 진단.
- 근골격계 질환: 엑스레이 및 MRI 영상 분석을 통해 골절, 관절염, 근육 손상 등 진단.
- 기타: 폐렴, 위장 질환, 자가면역질환 등 다양한 질환 진단 및 치료에 활용.

의료 영상 분석 인공지능 기술을 이해하기 위해서는 영상 인식 기술의 기본 원리를 알아야 한다. 인공지능을 설명할 때 가장 많이 사용하는 예가 개와 고양이를 구별하는 방식이다. 이 예는 이미지 인식image recognition 기술에 관한 것으로, 인공지능이 빅데이터를 어떻게 이용하고 기계적 인식 체계를 만들어내는지 쉽게 설명할 수 있다. 이 이미지 인식 기술은 현재 사용되고 있는 의료 인공지능에서 가장 중요한 기술이다. 컴퓨터가 이미지를 보고 분석하는 이미지 인식 기술은 앞서 말한 대로 딥 러닝을 기반으로 발전했다.

인공지능의 이미지 인식 기술에 앞서 컴퓨터에 눈을 달아준 사람은 러시아 출신의 과학자 예마누엘 골드베르크Emanuel Goldberg (1881~1970)다. 골드베르크는 1931년 '광전자 소재를 이용한 문서 검색 장치'인 광학 문자 인식OCR, Optical Character Recognition 장치의 특허를 출원했다. 이 특허는 1974년 레이 커즈와일Ray Kurzweil

(1948~)의 스캐너 발명으로 이어졌다.

OCR은 이미지 스캔으로 얻을 수 있는 문서 활자(손으로 쓴 문자나 인쇄된 문자) 영상을 컴퓨터가 편집 가능한 문자 코드 등의 형식으로 변환하는 기계 시각machine vision 소프트웨어로서 인공지능이 사물을 인식하게 해주는 핵심 기술이다. 골드베르크의 기술은 거울이나 렌즈 등을 이용한 광학 문자 인식이었다. 이 기술이 지금의 스캐너 및 알고리즘에 의한 디지털 문자 인식으로 발전한 것이다.

OCR 기술은 2023년 거대 언어 모델을 사용하는 생성형 인공지능들이 경쟁하고 있는 멀티 모달이란 기술로 이어졌다. 멀티 모달은 시각·청각·촉각 등 다양한 모달리티를 동시에 받아들이고 처리하는 인공지능 기술이다. 이는 다양한 형식의 데이터들을 하나로 모아서 처리한다.

챗GPT가 처음 등장했을 때만 하더라도 인공지능은 텍스트에 집중했다. 이를 싱글 모달이라 하는데, 음성 데이터 하나 그리고 문자 텍스트 데이터 하나 등 각각의 데이터는 싱글 모달 데이터다. 멀티 모달은 4D 영화를 떠올리면 이해가 쉽다. 4D 영화에서는 의자가 흔들리고 물을 뿌리는 정도가 아니라 냄새를 방출하기도 한다. 이런 식으로 시각·청각·촉각·후각 등 다양한 정보들을 동시에 느끼게 해주는 것이다.

정보를 감지했을 때 다양한 데이터가 한순간에 발생하는데 이를 모두 인공지능이 인식하여 정보 처리를 하므로 멀티 모달 기술을 거대 언어 모델의 차세대 기술이라 칭하며, 자동차, 의료 및 고객 서비스와 같은 다양한 앱에 사용할 수 있다. 멀티 모달 기술은 인간의 감각 기관이 주는 정보에 접근하는 능력을 모방하므로 매우 강력하다.

이미지 인식 기술의 개발 과정은 크게 텍스트 인식, 디지털 이미지 인식, 물체 인식 3단계로 나눌 수 있다. 이미지를 인식하는 과정은 입력 처리, 이미지 전처리, 특징 추출, 분류기 구축, 결과 출력 등 5단계로 이루어져 있다.

의료 영상 분야에서 이미지 인식에는 의료 영상의 특징feature을 사용한다. 특징이란 명도, 대조도, 공간 주파수, 균질성, 곡률, 길이 등 영상의 데이터를 통해 정량적으로만 나타나는 것을 의미한다. 따라서 각 병변은 서로를 구분 짓게 하는 고유의 특징을 가지는 것으로 여겨진다. 이러한 고유 특징은 학습 과정에서 학습 모델에 해당 병변의 정보를 제공한다.[37] 판독 과정에서 영상의 특징을 추출하여 사전에 학습한 해당 병변의 정보와의 유사도를 산출하는 원리로 병변을 분류한다.

이미지 인식 기술은 다양한 의료 분야에 적용되고 있다. 특히 여성 사망 원인 4위에 속하는 자궁경부암은 대부분 인간유두종바이러스 감염으로 발생하지만 초기에는 증상이 없어 발견하기 어려운 질병이다. 그런데 자궁경부 영상을 딥 러닝 기반으로 인식하면 정확도가 약 90%까지 높아져 진단을 도울 수 있다.

우Wu 등의 연구에서는 곰팡이각막염 진단의 정확도를 높이기 위해 이미지 인식 기술을 활용했는데, 실험 데이터를 분석한 결과 각막 도말 검사보다 이미지 인식 기반 검사가 더 높은 특이성과 민감도를 보였다고 한다.[38]

이미지 인식 기술은 딥 러닝을 활용하여 병변을 식별하는 데 중요한 역할을 한다. 2017년에는 악성 유방 병변을 식별하기 위해 CNN을 사용한 연구도 진행되었는데, 기존 최첨단 암 진단 시스템보다 정확도가 높았다고 한다.[39]

하지만 이미지 인식 기술이 의사를 완전히 대체할 수는 없다. 병원마다 사용하는 장비가 달라 이미지 해상도가 상이한데, 이는 최종 진단에 영향을 미칠 수 있다. 또 다층 신경망 학습에는 많은 데이터가 필요하고 계산 효율도 개선해야 한다. 고성능 슈퍼컴퓨터도 아직 보편화되지 않은 상황이라 앞으로 하드웨어 장비, 최적화 알고리즘, 기술 통합 등 관련 문제를 해결하기 위한 연구가 더 필요하다.

한국의 영상의학은 인공지능 기술을 활발하게 활용하고 있다. 국내 영상의학 인공지능 기업들은 해외시장 진출에 적극적으로 나서고 있다. 아직 국내에서 의료 인공지능 기기는 정부 인허가부터 보험 적용까지 넘어야 할 산이 많다. 그래서 국내 의료 인공지능 기업이 생존하려면 해외 진출은 선택이 아니라 필수다. 해외에는 의료 인공지능 기기에 비교적 관대한 나라가 많다. 예를 들어 FDA는 인명과 관련 없는 기술은 대부분 사업화를 허락하고 문제가 있을 때 책임을 묻는다.

국내 영상의학 인공지능 관련 기업들은 CT·MRI·엑스레이 등 의료 영상을 분석하여 질병을 자동으로 진단하는 딥 러닝 기반 시스템, 의료 영상 분석 및 처리 도구, 인공지능 기반 의료 영상 데이터 플랫폼 등에서 경쟁력을 보유하고 있다.

국내 1호 의료 인공지능 상장 기업인 제이엘케이는 뇌졸중 분석 솔루션 분야에서 세계 최다인 11개 솔루션을 보유하고 있다. MRI·CT·MRA·CTA 등으로 찍은 1,100만 건의 영상 데이터와 엑스레이, 병리 영상 300만 건을 딥 러닝하여 뇌졸중 분석에서 최고 수준의 성능을 자랑한다. 이미 유럽연합·베트남·호주·뉴질랜드·튀르키예·태국·일본·아르헨티나 등 11개국에 66개 솔루션의 인허가를 받아 사업을 활발하게 진행 중이다. 미국과 일본 등 주요 시장에서 현지 특허를 취득했으며, 중국 특허도 등록을 완료하여 급성장하는 중국 의료 시장 진출을 본격화하고 있다.

제이엘케이와 함께 의료 인공지능 1세대로 꼽히는 루닛 역시 창업 초기부터 글로벌화를 치밀하게 준비했다. 루닛은 폐암과 유방암 진단 솔루션 분야에서 높은 정확도를 자랑하는데, 인공지능 영상 진단 정확도는 99% 이상이다. 대표 솔루션 '인사이트 CXR'은 인공지능이 폐결절과 폐경화, 기흉 등 10개의 흉부 질환을 10초 안에 97~99% 정확도로 진단한다. 또 다른 솔루션 '인사이트 MMG'

도 인공지능이 유방촬영술 영상을 분석해 96% 정확도로 유방암을 검출해낸다. 일본·대만·싱가포르·필리핀·스웨덴·독일·호주·브라질 등 40개국 이상 2,000곳이 넘는 의료 기관에서 루닛 인공지능 솔루션을 사용하고 있다. 또한 사우디아라비아를 포함한 중동 지역 최대 민간 의료 기관 술라이만알하빕메디컬그룹[HMG] 내 모든 병원에 루닛 인사이트 MMG 공급계약을 했다.[40]

국내 의료 인공지능 기업들의 국내 시장 소외에 대해 정부 탓만 할 수는 없다. 그동안 정부가 손을 놓고 있었던 것은 아니다. 식품의약품안전처 발표에 따르면 2018~2023년 국내에서 인증받은 의료 인공지능 기기는 149건으로 증가하는 추세다. 하지만 보험 수가 산정 문제는 여전히 넘어야 할 산이다. 의료 인공지능 기업으로서는 비급여 방식도 급여 방식도 모두 난감하다. 비급여 방식은 환자 부담이 크다. 고객사인 상급 종합병원도 정부 평가의 불이익 때문에 비급여 적용을 확대하기 어렵다.[41]

국내에서는 의료 인공지능 기기 단독으로 행위 수가를 인정받기 어려워 일부만 보험 청구가 가능하다. 따라서 급여 방식으로는 의료 인공지능 기업이 수익을 내기 힘들다. 의료진은 진료 전체 과정을 의료 인공지능 기기에 맡기지 않는다. 독립적으로 판단을 내리는 인공지능은 위험하므로 의료진의 개입이 불가피하기 때문이다. 미국은 의료 인공지능 기기를 위한 별도의 의료 수가 체계를 마련했다고 한다.

의료 인공지능 산업은 국민에게 혜택을 주는 분야다. 인공지능을 이용해 더 효과적이고 가성비 높은 의료 서비스를 제공할 수 있기 때문이다. 높은 가성비는 국가 건강보험 재정에도 큰 도움을 준다. 한국이 의료 인공지능 선도국이 되기 위해 정부와 의료계 모두의 노력을 기대해본다.

전문가시스템

전문가시스템은 인간 전문가의 지식과 경험을 컴퓨터 시스템에 구현하여 특정 분야의 문제를 해결하도록 설계된 인공지능 시스템이다. 의료 분야에서 전문가시스템은 인간 전문가의 지식과 경험을 컴퓨터 시스템에 구현하여 해당 분야의 문제를 해결하도록 설계된 인공지능 시스템이다. 의료 분야에서 전문가시스템은 의료 진단 및 치료 지원, 의료 지식 기반 구축 및 공유, 의료 교육 및 연구 지원, 의료 서비스의 효율성 및 접근성 향상 등 방대한 분야에 걸쳐 도움을 주고 있다.

전문가시스템은 시작기(1965~1971), 성숙기(1972~1977), 발전기(1978~현재) 등 크게 세 시기로 나눌 수 있다. 1960년대 초 스탠퍼드대학교에서 최초의 전문가시스템인 덴드럴 시스템이 설계되었고, 1972년 리즈대학교는 급성 복부 통증의 진단을 돕는 엡헬프

AAPHelp 시스템을 개발했다. 1974년 피츠버그대학교는 내과 영역에서 복잡 질환 진단에 사용되는 INTERNIST-I 시스템을 고안했고, 1976년 스탠퍼드대학교는 전염병 진단을 도와주는 지능형 진단 시스템 마이신을 개발했다. 하지만 이러한 전문가시스템은 윤리 문제 등 여러 가지 이유로 실제 진료에는 사용되지 않았다.

전문가시스템 사용성에 관한 한 연구에 따르면 "훈련받지 않은 구조원에게 전문 지식을 제공하는 개인용 디지털 보조 기기PDA를 사용하면 응급 처치의 질을 크게 향상할 수 있었다."라고 한다. 이 연구는 전문가시스템 활용이 구조원의 응급 처치 질을 높이고 생명 구조 사슬의 가장 취약한 고리를 강화할 수 있다고 결론을 내렸다.[42]

전문가시스템을 이용하여 긴장성두통, 편두통, 약물과용두통 등 다양한 두통 유형을 진단하는 연구가 활발히 진행되어왔다. 컴퓨터화 두통 평가 도구 CHATComputerized Headache Assessment Tool는 편두통을 94.4% 정확하게 진단하는 것으로 나타났다. 따라서 CHAT 전문가시스템 도입은 의사가 두통 유형을 식별하는 데 도움을 줄 수 있어 의료 분야에서 그 가치가 크다.[43] 또한 MIT-BIH 부정맥 데이터베이스 분석에서 퍼지 전문가시스템을 활용하여 부정맥과 허혈성심장박동을 구분한 결과 평균 민감도 96%, 평균 특이도 99%를 보였다고 한다.[44]

전문가시스템은 임상 의사 결정 능력을 강하게 보여주며 질병 식별 및 진단 측면에서 장점이 있다. 하지만 시스템의 정확도를 높이고 환자의 과거 병력과 의사의 임상 경험을 함께 고려해야 한다. 또한 의료 지식과 연구 결과를 지속해서 업데이트하여 의사에게 최첨단 진단 및 치료 계획을 제공해야 한다.[45]

전문가시스템의 학습 데이터는 편향성의 위험이 있으며, 개인 정보 보호, 의료 사고 책임 등 윤리 문제를 야기할 수 있다. 뛰어난 전문가시스템이라도 인간 의사를 대체할 수 없다. 결국 의료 결정은 최종적으로 인간 의사가 내려야 한다.

초개인화 의료,
인류의 건강을 혁신할 빅데이터의 비밀

현대 사회에서 건강을 예측하기 위해 필요한 데이터는 방대하다. 각 병원에 흩어진 진료·검진·처방전 데이터부터 나이·키·체중 등 신체 정보, 엑스레이·CT·MRI 기록까지 이 모든 데이터를 합치면 1TB에 달하는 정보가 된다. 이게 다가 아니다. 대사량에 따른 개인차, 가족력 그리고 6TB에 달하는 유전자분석 정보부터 식습관·수면·운동 데이터와 같은 일상 정보까지 모아야 한 사람의 건강을 예측하고 관리할 수 있다. 미국에서는 이미 이 꿈이 현실화되고 있다. 블루버튼 사업은 개인 의료 데이터를 통합 관리하는 시스템이고, 존스홉킨스의과대학교에서는 인공지능을 통해 데이터에 기반한 최적 의료 처치를 추천하는 연구를 진행하고 있다.

아직 한국에서는 민감 데이터가 일상의 건강관리에 활용되지 못하고 있다. 의료법상 의료 데이터의 활용을 엄격히 금지하고 있기 때문이다. 심지어 사회적으로 검증되었다 하더라도 예외를 인정하지 않는다. 하지만 최근 개인정보보호법 개정으로 의료 데이터 활용의 길이 열리고 있어 마이데이터 사업의 국내 시행이 초읽기에 들어갔다. 대한민국 초개인화 의료 정보 사업에 변화와 혁신의 물결이 일고 있다.

이를 대비하는 기업이 룰루메딕이다. 룰루메딕은 독특하게도 막대한 자금을 투자하여 ISMS-P라는 정보 보안의 핵심 인증을 창업 초기에 손에 넣었다. 개인정보보호위원회에서 추진하는 의료 마이데이터의 안전한 보호 조치를 위해 요구하는 ISMS-P 인증을 먼저 확보한 것이다. 이 인증이 있으면 보안에서 더 높은 등급을 받을 수 있고, 미국과 유럽에서도 초개인화 의료 정보 사업을 할 수 있다. 룰루메딕은 창업 초기부터 글로벌 경쟁력을 가지고 출발했다.

룰루메딕 김영웅 대표에 따르면 "ISMS-P 안정성 조치하에 의료 기관이 보유한 양질의 의료 데이터를 통합하게 되면 아시아인 표준 데이터를 만들 수 있는 나라는 한국이 유일하다." 그리고 "향후 유럽과 미국이 주도하는 초개인화된 정보 기반의 헬스케어에 맞서기 위해서는 정보 보호 수준도 미국과 유럽보다 더 정밀해야 한다."고 주장한다.

반도체·배터리·조선 산업 다음으로 대한민국이 해외 시장에서 두각을 나타낼 사업은 첨단 의료와 헬스케어 사업이 될 거라고 한다. 룰루메딕과 같이 의료 빅데이터를 기반으로 초개인화된 헬스케어 기업이 있다면 K-헬스의 미래는 기대해도 좋을 것이다.

스마트 의료용
웨어러블 기기

웨어러블 의료 기기의 이해

웨어러블 기기는 의료 진단, 생리적 건강 모니터링 및 평가를 위한 중요한 생체 지표 측정에서 광범위하게 사용되고 있다. 몸에 착용하여 건강 데이터를 실시간으로 수집하고 분석하는 웨어러블 의료 기기는 현재 스마트 의료의 핵심 기술 중 하나로 떠오르고 있다. 특히 고령 인구가 세계적으로 증가함에 따라 다양한 질환에 대한 POC point-of-care 진단 및 장기적 건강 상태를 실시간으로 모니터링하는 것을 가능하게 해주면서 스마트 의료의 한 축을 담당하게 되었다.

웨어러블 의료 기기는 '자기 정량화 quantified self'라는 개념을 기본으로 한다.[1] 자기 정량화란 자신의 일생생활 데이터를 기록하고 이를 참고하여 삶의 질을 높이는 것을 말한다. 보행량, 소모 칼로리, 수면 상태 등을 매일 기록해 다이어트나 수면의 질을 개선해

나가는 행위다. 자기 정량화는 자신의 상태를 수치화·디지털화하는 것이 전제되어야 한다. 개인의 건강 상태 데이터를 기록하면 질병의 예방 및 치료에 큰 도움이 된다.

웨어러블 의료 기기는 인체를 측정하는 시스템에 따라 모바일 앱을 기반으로 단말기에 내장된 센서를 이용하는 스마트폰형과 시계·반지·목걸이·팔찌 등에 내장하여 건강 정보를 측정하는 액세서리형, 옷·가슴띠·복대·벨트에 내장하는 의류 통합형, 문신·스티커 형태로 피부에 첨부하는 신체 부착형, 인체에 삽입하는 임플란트형, 알약처럼 복용하는 섭취형의 형태로 발전해왔다.[2] 초기 웨어러블 기기는 정확성과 안정성에 한계를 보였으나, 인공지능, 반도체, 컴퓨터공학, 전자전기공학, 생체적합 신물질, 나노공학 등 첨단 과학의 발전으로 스마트 의료의 중심에 설 날이 머지않았다.

마켓앤드마켓의 2024년 1월 보고서에 따르면 웨어러블 의료 기기는 2023년에 시장 규모가 약 407억 달러였으며, 2023~2028년 연평균 11.2%의 성장률을 보이며 2028년에는 그 시장 규모가 약 692억에 이를 것이라고 한다. 이러한 성장은 선진국을 중심으로 고령 인구 확대, 만성질환 발병 증가, 첨단 웨어러블 의료 기기를 포함한 의료 기기 접근성 향상이 주요 요인이라고 조사자들은 보고했다.[3]

이러한 기술들은 병원 밖에서도 고품질 의료 서비스를 받게 해주는 핵심 요소다. 웨어러블 의료 기기를 사용하면 환자의 치료

순응도가 높아지고 선제적 치료가 활성화되며 전반적으로 환자의 만족도와 의료 질이 향상된다. 모니터링과 진단이 효율적으로 환자의 집에서 이루어질 수 있게 됨에 따라 의료 비용 절감은 물론 환자의 삶의 질 향상에도 기여하게 된다. 사물 인터넷과 생성형 인공지능이 기기에 접목되면서 웨어러블 기기는 의학적 판단에 사용할 수 있는 수준에 이르고 있다.

사실 시계나 팔찌 형태가 주류를 이루던 초기 웨어러블 의료 기기는 건강 정보를 추정하는 정도였지 의학적 판단을 내릴 수 있는 유의미한 데이터를 제공하는 데는 한계가 있었다. 게다가 기기가 매 순간 보여주는 정보 변화를 맹신하는 사용자가 생겨나 오히려 건강염려증을 유발하거나 병을 키우는 부작용을 낳기도 했다.

웨어러블 기기의 역사

전직 우주 비행사 스티브 오스틴 대령은 비행기 사고로 치료를 받던 중 생명이 위험해지자 양쪽 다리와 한쪽 팔, 그리고 한쪽 눈을 최첨단 생체 기기로 교체하고 다시 태어난다. 그를 슈퍼 히어로로 재탄생시키기 위해 들인 비용은 600만 달러. 20배 줌인 기능과 적외선 가시 능력이 있는 눈과 불도저에 버금가는 몇천 마력의 힘을 가진 팔, 15m를 점프하고 시속 100km로 달릴 수 있는 두 다리를 가지게 되었다. 위험한 사람을 구하거나 국가 기밀을 처리할 때는 "뚜두두두두…" 효과음과 함께 슬로모션으로 보여줬는데 오히려 움직임이 아주 빠르게 느껴졌다.

1970년대 선풍적인 인기를 끌었던 미국 드라마 '6백만 달러의 사나이'의 스토리다. 인간은 과연 신체 일부를 기기로 바꿔서 슈퍼 파워를 가질 수 있을까? 신체 일부를 바꾸는 것은 시기상조지만 당장 액세서리 정도만 바꾸어도 인간의 능력은 확실히 달라졌다.

신체에 부착하는 밴드나 안경, 액세서리들로 능력을 확장하거나 착용자의 건강 상태에 대한 정보를 실시간으로 전달하는 기기는 이미 상용화되었다. 이러한 기기는 우리를 슈퍼 히어로 정도까지는 아니어도 인지 능력을 향상하고 신체를 더욱 건강하게 유지하는 데 큰 도움을 주고 있다.

우리는 이런 기기들을 '웨어러블 기기wearable device'라 부른다. 웨어러블 기기를 좀더 구체적으로 정의하면 '몸에 부착해 몸의 일부처럼 사용할 수 있는 컴퓨터'를 말한다. 옷에서부터 안경·시계·팔찌·반지와 같은 액세서리까지 우리 몸에 착용할 수 있는 물건에 컴퓨터 기능을 탑재한 '입을 수 있는 컴퓨터'란 뜻이다.

이 웨어러블 기기가 혁명에 가까운 속도로 진화 중이다. 모든 기기의 초기 버전이 그렇듯이 군사기술 분야에서 주로 사용된 웨어러블 기기의 초기 모습은 무겁고 투박했다. 사용자 친화적인 것과는 거리가 한참 멀었다. 하지만 최근에는 기계가 작고 가벼워졌다. 여기에 패션까지 더해져 사용자를 유혹하고 있다. 2010년대에 들어서는 스마트폰과 연동되면서 웨어러블 기기는 새로운 생명력을 갖기 시작했다. 이제 웨어러블 기기는 우리 생활과 몸의 일부분이 되어가고 있다. 바야흐로 인간이 인터넷에 연결되는 '인터넷 오브 미Internet of Me'의 시대다.

스마트폰의 광풍이 한차례 휩쓸고 지나간 IT 시장에서는 웨어러블 기기가 차세대 금맥으로 주목을 받고 있다. 급속히 성장한 스마트폰 시장이 점차 한계를 보이면서 전자 기기업체는 새로운 먹거리를 웨어러블 기기 시장에서 찾으려 하고 있다. 여기에 일부 IT 기업의 의지도 강하게 작용하고 있다. 이들 기업은 스마트폰 시장에서 초기 주도권을 애플과 삼성에 빼앗긴 아픈 경험 때문에 웨어러블 시장만큼은 초기부터 진입하여 주도권을 장악하겠다는 의지가 강하다. 여기에 중소기업들도 가세하는 분위기다. 중소기업들은 스마트폰보다 개발 복잡도가 낮은 웨어러블 기기에서 새로운 비즈니스 기회를 찾으려 한다.

웨어러블 기기의 역사를 알아보자. 웨어러블 기기는 어떻게 시작되었을까? 1960년대에는 사기도박을 지적 유희 정도로 생각한 괴짜 과학자들이 있었다. 세계 최고 공과대학 교수가 사기도박 기기를 개발한 것이 웨어러블 기기의 시작이다. 카지노 게임이 유행하던 1961년, MIT 수학과 교수 에드워드 소프**Edward Thorp**와 클로드 섀넌이 룰렛 게임에서 높은 승률을 낼 수 있는 새로운 도박 보조 기기를 개발했다. 이 기기의 본체는 구두 속에 감춰져 있고 측정기는 담뱃갑에 숨겨져 있었다. 이 기기는 복잡한 연산을 처리하는 타이밍 메커니즘을 이용해 룰렛 구슬이 안착하는 곳을 확률적으로 맞췄다.

소프는 1962년《딜러를 이겨라》라는 책을 출간해서 자신이 어떻게 룰렛 게임에서 40%가 넘는 높은 승률을 내는 기계를 고안했는지 발표했다. 이 사기꾼용 기기는 컴퓨팅 기능이 있었으며 구두 밑창에 장착할 수 있었으므로 아이러니하게도 인류 최초의 웨어러블 기기로 기록될 수밖에 없었다.

놀랍게도 인류 두 번째의 웨어러블 기기 역시 사기꾼 지원 장비였다. 음악과 물리를 가르치던 교사 키스 태프트Keith Taft는 우연히 르노에 있는 카지노에 놀러 갔다가 블랙잭 게임에 매력을 느꼈다. 집에 돌아온 그는 소프의 《딜러를 이겨라》와 블랙잭 관련 도서들을 읽고 연구한 끝에 1972년 블랙잭 게임의 카드를 카운팅하는 컴퓨터를 개발했다.

태프트는 컴퓨터를 카지노에서 몰래 사용해야 하므로 자신의 배에 두를 수 있는 웨어러블로 개발했다. 배에 두른 컴퓨터는 신발에 숨긴 4개의 스위치와 연결되었다. 구두 속 엄지발가락 위아래에 있는 스위치를 통해 카드에 대한 정보를 입력하면 컴퓨터가 연산해서 결과를 그의 안경테에 숨겨진 LED 조명으로 전송했다. 이 기기는 완벽하게 작동했으나 태프트는 오히려 돈을 잃었다.

웨어러블 시계나 밴드의 효시는 펄서Pulsar 손목시계 계산기다. 1975년 크리스마스를 겨냥해 출시된 이 제품은 LED 손목시계에 소형 계산기 버튼을 장착한 웨어러블 시계로 대중에게 판매된 최초의 웨어러블 기기다. 이 시계는 18K 금장으로 100대 한정판도 나왔는데, 3,905달러라는 당시에는 엄청난 가격으로 판매되었다.

지금의 웨어러블 워치를 닮은 스마트워치의 효시는 파슬Fossil

의 팔목형 PDA^{Wrist PDA}다. 파슬은 1999년 당시 PDA로 세상을 깜짝 놀라게 한 팜^{Palm}의 운영체제를 적용해 PDA 워치라는 스마트 워치를 개발했는데, 이는 팜과 선으로 연결해 가져온 정보를 시계로 읽는 방식이었다.

2000년대 초반부터 여러 기업이 웨어러블 기기를 출시하며 웨어러블 시장을 형성했다. 미국의 자이버넛^{Xybernaut}은 2002년에 포마^{Poma}라는 진정한 의미의 웨어러블 컴퓨터를 출시했다. 지금의 구글 글래스와 많이 닮아 있는 포마는 컴퓨터 본체를 벨트에 부착하고 자판은 팔목에 부착해야 하는 다소 불편한 기기였지만 지금의 웨어러블 컴퓨터의 가이드 포스트 역할을 한 발명이었다. 포마는 현장에서 컴퓨터를 이용해야 하는 군이나 건설 분야에서 실험적으로 사용되었다.

2000년대 중반부터는 핸드폰과 링크된 웨어러블 시계가 나오기 시작했다. 2006년에는 소니 에릭슨이 블루투스 시계를, 2008년에는 LG가 프라다 링크를 선보였다. 2009년에 LG는 영상통화 워치폰을, 삼성은 워치폰을 출시하며 웨어러블 기기 시장의 가능성을 엿보았으나 높은 가격으로 시장 형성에 어려움을 겪었다. 삼성은 2014년 9월에 스마트폰과 연결하거나 단독으로 사용할 수 있는 새로운 개념의 워치폰인 삼성 기어를 출시했다.

2007년 스티브 잡스에 의해 스마트폰이 나오면서 웨어러블 기기는 빠르게 컴퓨팅과 결합하기 시작했다. 그러던 중 웨어러블 기기의 혁명을 이끈 발명품이 2012년에 나온다. 바로 구글 글래스다. 구글 글래스는 스마트폰 발명에 버금가는 역사적 발명이었다. 구글은 사람들이 상상하는 모든 것을 구글 글래스에 담고자 했다. 구글 글래스는 의료·국방·산업 등의 분야에 적용되며 획기적인 애플리케이션을 만들어냈다. 그러나 사진 촬영과 사람 인식과 관련하여 프라이버시 문제가 대두되어 아직도 출시가 불투명한 상태다. 구글 글래스를 시작으로 LG·삼성·소니·ZTE·퀄컴 등 글로벌 IT 기업은 물론 많은 스타트업도 스마트글래스를 비롯해 스마트워치, 피트니스 밴드, 헤드셋, 웨어러블 카메라, 스마트 의류·신발·반지·귀걸이·문신, 임플란트 기기까지 다양하게 출시하고 있다.

구글 글래스(출처: Dan Leveille)

웨어러블 의료 기기의 발전 과정과 미래

웨어러블 의료 기기의 정의에 약간의 지적 호기심을 더하면 그 역사는 안경과 시계까지 거슬러 올라간다. 웨어러블 기기의 여명기는 13세기부터 1950년대까지다. 이 시기 웨어러블 기기는 꿈과 현실의 경계에 있었다.

최초의 웨어러블 의료 기기는 1262년에 영국의 철학자 로저 베이컨Roger Bacon(1220~1292)이 발명한 시력 교정용 안경이다. 베이컨은 안경에 투영 장치를 결합한 착용형 기기의 가능성을 제시하며 웨어러블 기기의 꿈을 잉태했다. 환자를 진찰할 때 시간 측정이 중요하다는 점을 감안한다면 두 번째 웨어러블 의료 기기는 휴대용 시계이다. 대형 시계를 사람이 휴대할 수 있는 회중시계로 축소한 사람은 독일의 페터 헨라인Peter Henlein(1485~1542)이다. 헨라인은 1510년 지름 8cm 정도의 회중시계를 발명하여 '휴대' 웨어러블 기술의 첫 징검다리를 마련했다.

휴대용 의료 기기의 역사에 원시적이지만 재미난 발명을 하나 더 더하면, 바로 주판 반지다. 17세기 중국에서 등장한 웨어러블 계산 기기로 지적 보조 역할을 했다. 반지에 주판을 매단 이 기기는 어떻게 보면 최초의 휴대용 컴퓨터라 할 수 있다.[4] 미신에 따르면 주판은 행운의 상징으로 재물운을 불러온다. 이 주판 반지는 실용성보다는 금전운을 높여주는 액세서리로 지금도 많이 애용되고 있다.

1950년대 컴퓨터가 세상에 나오면서 전자회로와 컴퓨팅 능력이 있는 현대 웨어러블 의료 기기가 등장하기 시작했다. 최초의 현대 웨어러블 의료 기기는 1958년 부정맥 환자를 위해 임플란트 형태로 개발된 심박 조율기다.[5] 이후 다양한 종류의 심박 조율기와 삽입형 소뇌 자극기가 개발되어 쓰이고 있다. 최근에는 유연하고 신축성 있는 전자 기기의 개발로 삽입형 시스템을 심부 뇌, 혈관 내부, 심장 내부, 심지어 단일 세포 내부에까지 배치할 수 있게 되었다.[6]

1960년대에는 휴대용 계산기, 심박수 모니터 등 초기 웨어러블 기기가 등장하며 웨어러블 시대의 서막이 열렸다. 1970년대에는 LED 시계, 혈압계, 심박수 모니터 등 건강 관련 기기가 본격적으로 등장했다. 1980년대에는 프로토타입 등장했다. 입출력 장치 및 컴퓨팅 기능이 도입되었다. 1990년대에 와서는 휴대폰 보급이 시작되면서 웨어러블 기기의 개념이 확장되었다. 특히 노키아는 웨어러블 기기 시장에서 선두를 달리며 새로운 시대를 열었다.

2000~2010년은 웨어러블 기기의 중흥기라 할 수 있다. 2000년 대에는 블루투스 연결, 음악 재생, 전화 기능이 있는 스마트워치가 등장했다. 블루투스 기술의 발전은 웨어러블 기기의 무선 연결을 가능하게 했다. 특히 조본 업Jawbone UP과 같은 스마트밴드는 건강관리 분야에서 웨어러블 기기의 가능성을 증명했다.

2010년대부터 현재까지는 폭발적 성장과 다양화로 웨어러블 기기가 화려하게 꽃피우고 있다. 2010년대 초반 건강 및 운동 데이터 추적 기능을 강화한 스마트밴드가 등장했으며, 삼성과 애플에서 스마트워치를 출시해 웨어러블 기기 시장에 혁신을 가져왔다. 다양한 기능과 세련된 디자인으로 웨어러블 기기의 대중화에 큰 영향을 미쳤다. 2010년대 후반에는 가상현실·증강현실 웨어러블 기기가 등장했다. 2020년대에 들어서면서 웨어러블 기기는 더욱 다양화되고 전문화되었다. 건강관리·운동·가정·패션 등 다양한 분야에서 웨어러블 기기가 활용되고 있으며, 가상현실·증강현실 기술과 결합하여 새로운 경험을 제공하고 있다.

현재 웨어러블 기기는 무선 기능, 컴퓨팅 기능, 고성능 배터리를 장착하여 모바일 컴퓨터를 능가하고 있다. 많은 기기가 무선으로 연결되고 있는 사물 인터넷 시대를 맞아 웨어러블 기기는 다른 의료 기기와 연결되어 가정과 지역사회에서 환자를 원격으로 꾸준히 모니터링할 수 있는 웨어러블 시스템의 상용화로 이어졌다. 이는 앞으로 우리나라와 같이 고령 인구가 많은 국가의 의료 비용을 줄이고 의료 접근성을 높여줄 것이다.

웨어러블 기기의 종류와 기능

웨어러블 의료 기기를 분류하는 방법은 많다. 중소기업기술정보원의 분류에 따르면 크게 용도별, 유형별로 분류할 수 있다. 용도별로 보면 웨어러블 의료 기기는 일상생활에서 건강을 관리하는 건강관리용과 고혈압·당뇨·대사증후군 등 만성질환과 응급 상황을 모니터링하는 질환 관리용으로 분류한다. 유형별로는 모바일형, 첩부형, 생체 이식형 등으로 분류한다. 여기서는 유형별 분류를 좀더 구체화해 새로운 분류를 제안하고, 분류별 모바일 의료 기기의 실용성과 사용된 기술에 대해 알아보고자 한다. 여기에 더해 기기들이 직면한 사회적·기술적 장벽과 도전 과제, 미래 전망에 대해서도 알아보겠다.

모바일형 웨어러블 의료 기기

웨어러블 의료 기기를 말할 때 가장 먼저 떠올리는 것이 모바일 웨어러블이다. 모바일 웨어러블 기기의 조상은 걸음 수를 측정하는 만보계다. 1980년대 후반에 등장한 만보계는 의료까지는 아니지만 건강 보조용으로 사용되었다. 2000년대 초반부터 등장한 초기 다양한 손목형 헬스 밴드는 만보계의 확장판이었다. 사용자의 걸음 수를 측정하여 소모 칼로리와 활동량을 계산해내는 정도의 수준이었다.

(1) 스마트워치와 액세서리

만보계 같은 스마트워치를 처음으로 스마트하게 만든 기업은 핏빗이다. 한국계인 제임스 박James Park과 에릭 프리드먼Eric Friedman이 2007년 설립한 핏빗은 2013년 최초로 심박수 측정 기능을 탑재한 웨어러블 밴드를 출시했다.[7] 이는 당시 웨어러블 기기 시장에서 획기적인 사건이었으며, 핏빗이 웨어러블 헬스 기기 시장의 선두 주자로 자리매김하는 데 큰 역할을 했다.

같은 해 아이폰 광고에 소개되면서 세계적으로 주목을 받은 스마트워치가 미스핏 샤인Misfit Shine이다. '레드닷 디자인 어워드'와 'A 디자인 어워드'에서 제품 부문 디자인상을 수상한 미스핏 샤인은 스타트업(파슬그룹 인수) 제품이다. 이 제품은 2013년 4분기에

심박수 측정 기능을 최초로 탑재한 핏빗 플렉스(출처: MorePix)

만 약 20만 개가 팔렸을 정도로 돌풍을 일으켰다.

미스핏 샤인은 몸에 착용해 움직임을 측정하고 데이터를 모아 운동량과 거리, 패턴 등을 분석하는 웨어러블 기기다. 샤인 내부에는 3축 가속도계가 내장돼 있어 각종 행동 데이터를 수집할 수 있는데, 특히 다이어트하는 여성들에게 유용하다. 500원짜리 동전 모양이어서 스트립에 끼우면 손목에 착용할 수 있고 목걸이로도 사용할 수 있을 정도로 디자인이 뛰어나다. 특히 코카콜라와 공동 브랜딩해서 출시한 코카콜라 레드 제품 역시 선풍적 인기를 모았다. 코카콜라가 이 제품을 구입해 전 세계 코카콜라 임직원들에게 배포했다고 한다.

당시 미스핏 샤인은 한국에서 만들었다고 한다. 미국에서는

6장 스마트 의료용 웨어러블 기기

미스핏 샤인(출처: Maurizio Pesce)

제품과 디자인을 개발하고 한국의 중소벤처기업 비전스케이프에
서 제조를 담당했다. 그래서 품질이 뛰어나고 마감이 매끄럽다. 또
실리콘밸리에 있는 한국계 벤처 투자사인 트랜스링크캐피털에서
전략적 투자를 했다고 한다.

미스핏의 성공에 자극받은 것일까? 스마트폰 폼팩터의 최강
자 삼성은 2014년 스마트워치 시장에 당당히 발을 들였다. 2015년
에는 애플워치가 화려하게 데뷔하며 모바일 웨어러블 기기 시장은
완전히 뜨거워졌다. 글로벌 플레이어들의 가세로 스마트워치는 단
순한 시계를 넘어서 마치 손목 위에 작은 병원을 품은 듯 우리 건강
을 책임지는 든든한 파트너로 진화하고 있다.

스마트폰 앱과 연동된 스마트워치는 심박수, 심전도, 심지어 혈중 산소 농도까지 측정하며 건강 정보를 실시간으로 제공한다. 정확도에 대한 논쟁은 여전히 존재하지만 혈압까지 측정하는 기기가 출시될 만큼 기술 발전은 놀라운 속도로 이어지고 있다. 혈중 산소 농도를 통해 수면무호흡증을 예측하고 심방세동과 같은 심장 문제를 미리 감지할 수 있는 시대가 도래했다.

의료계 또한 스마트워치가 제공하는 생체 신호 데이터에 큰 관심을 보이이며 다양한 협업 연구를 진행하고 있다. 앞으로 스마트워치는 건강관리뿐 아니라 질병 예방 및 진단에도 중요한 역할을 할 것으로 기대한다.

(2) 혈당 측정용 스마트워치, 꿈의 영역인가?

그런데 아직도 스마트워치 제조사들이 간절하게 신호를 받고자 하는 기능이 있다. 바로 혈당 측정이다. 스마트워치의 마지막 성채로 혈당 측정이 남아 있다. 당은 달콤한 유혹이다. 식후 혈당 급상승으로 나른하게 피곤해지는 동안 우리 몸은 조용히 상처를 입는다. 달콤한 음식은 혈당 곡선을 춤추게 하지만 아무도 말리지 않는다. 누군가가 객관적 수치로 한마디 해준다면 혹시 멈출 수 있을지도 모른다.

물론 연속혈당측정기가 있지만 번거로운 착용과 만만치 않은 비용은 여전히 걸림돌이다. 삼성과 애플은 비침습 혈당 측정 기술 개발에 힘쓰고 있지만 아직 시장에 공개되지 않은 채 '곧 나올 것

같다'는 기사만 쏟아지고 있다. 혈압과 혈당을 정복하는 웨어러블 기기는 폭발적 성공을 거둘 수 있을 것이다. 국민건강검진에서 혈압과 혈당을 측정하는 이유는 바로 이 두 수치가 만성질환 예방의 핵심이기 때문이다.[8]

이런 가운데 이 문제를 해결하기 위해 혜성같이 등장한 스마트워치가 글루코워치 바이오그래퍼GlucoWatch biographer와 스웨치 SwEatch다. 글루코워치는 최초의 비침습적 혈당 측정 스마트워치다. 이 시계는 혈액 한 방울 없이 피부 아래 간질액에서 포도당 농도를 측정하여 실시간으로 혈당 정보를 제공한다. 이는 마치 우리 몸에 숨겨진 보물을 찾아내는 탐험과 같다.

스웨치는 체액 시스템과 저장 시스템을 포함한 시계를 도입해 땀으로부터 실시간으로 체내 나트륨 함량을 모니터링한다.[9] 우리 몸의 숨겨진 메시지를 해독하듯 땀 속에 포함된 나트륨 함량을 실시간으로 분석하여 건강 상태를 확인한다. 글루코워치와 스웨치는 모바일 웨어러블 의료 기기의 발전 잠재력을 보여주는 예다.

특정 질환을 위한 스마트워치도 개발되고 있다. 파킨슨병 환자의 떨리는 손이나 흔들리는 몸짓 등의 증상 변화를 잡아낼 수 있다. 스마트워치를 이용하여 파킨슨병 환자의 진전을 정량화하고 임상적 상관관계를 평가한 연구 결과에 따르면, 스마트워치는 환자의 움직임을 정확하게 분석하여 진단과 치료에 도움을 준다.[10]

심방세동은 뇌졸중의 주요 원인이 되는 질병이다. 한 연구팀은 스마트워치의 심박수 센서와 걸음 수 데이터를 활용하여 심방세동을 감지하는 알고리즘을 개발했다.[11] 이 알고리즘은 환자의 심박수 변화와 활동량을 분석하여 심방세동을 조기에 발견하고 예방하는 데 도움을 준다.

스마트워치 외에 팔찌형 웨어러블 의료 또는 건강관리 기기가 있다. 과거에는 이를 스마트밴드라고 했으나 이제는 기술의 발달로 모든 손목형 기기들이 워치 형태로 나오고 있다. 대부분의 손목형 웨어러블 기기는 사용자의 일상을 지속해서 기록한다. 기록된 데이터는 사용자의 생활 습관이나 건강 정보를 담고 있다. 스마트밴드가 대표적으로 수집하는 데이터는 '수면 패턴'이다. 스마트밴드 기기 제조사인 조본의 대표 상품 '조본 업 24'도 사용자의 수면 정보를 기록한다. 자기 전 조본 업 24를 수면 모드로 전환하면 취침 시간부터 깊은 잠과 선잠을 잔 시간, 기상 시간 등을 수집해 보여준다. 좋은 점은 수면의 질을 파악할 수 있다는 것이다. 팔의 움직임으로 측정해 정확도가 다소 떨어지지만 전반적인 수면 패턴은 파악할 수 있다. 이 외에도 조본 업 24는 식단 기록, 칼로리 계산, 활동량 측정 등의 기능이 있다. 그런데 이제 이러한 기능을 스마트워치가 한다. 삼성과 애플 등에서 스마트워치를 내놓으며 조본 업 24의 이름은 역사 속으로 사라졌지만 그 시작에는 조본과 같은 벤처기업들의 노력이 있었음을 기억해야 한다.

레디밴드Readiband는 웨어러블 밴드 중 아이디어가 매우 돋보였던 제품이다. 이 밴드는 웨어러블 밴드지만 비즈니스용으로 개발되었다. 레디밴드는 수면의 양과 질을 기반으로 사용자의 육체 피로도를 측정한다. 측정된 수치는 다양하게 이용할 수 있다. 예를 들어 절대로 피로한 상태에서 근무하면 안 되는 직군이 사용할 수 있는데, 비행기 조종사나 열차 기관사 등 운송을 담당하는 경우다. 이들은 수많은 사람의 생명을 책임지므로 컨디션이 무엇보다 중요하다. 팀 스포츠에도 선수의 피로도는 매우 중요하다. 감독이나 코치들은 실력이 비슷한 선수 중 가능하면 컨디션이 좋은 선수를 우선 기용할 수 있다.

스마트워치는 단순한 시계가 아닌, 우리 건강을 지키는 든든한 파트너로 진화하고 있다. 아직은 부족하지만 앞으로 다양한 질병을 진단하고 예방하는 데 스마트워치가 활용될 것으로 기대한다. 하지만 기기의 한계를 인식해야 한다. 스마트워치로부터 나오는 데이터를 맹신해 의료적으로 사용해서는 안 된다.

2024년 2월 FDA는 스마트워치나 스마트링으로 혈당을 측정하는 기능은 아직 '덜 익은 과일'이라고 경고했다. 피부를 뚫지 않고 간편하게 혈당을 측정한다는 기기들은 아직 정확성과 안전성이 검증되지 않았기 때문이다. 다만, 혈당을 직접 측정하는 연속혈당 측정기와 연결되는 스마트워치 앱은 예외라고 전했다.

미국당뇨병협회 로버트 개베이Robert Gabbay 박사는 이런 기기를 이용한 부정확한 혈당 측정 결과를 맹신하여 잘못된 약물을 복용하면 정신착란이나 혼수상태에 빠질 수 있고 최악의 경우 사망할 수도 있다고 경고했다. 앞에서 소개한 글루코워치나 스웨치는 실험에 성공해 논문을 냈지만 FDA의 문턱은 넘지 못해 시판할 수 없었다. 삼성이나 애플 등 몇몇 대기업도 비침습적 혈당 측정 기술 개발에 힘쓰고 있지만 아직 상용화 단계에는 이르지 못했는데, 이는 개베이 박사가 지적한 바와 같은 위험성 때문이다. 혈당 측정 기능이 있는 스마트워치는 과연 언제쯤 우리 손목에 올려질까?

(3) 스크린을 뚫고 나온 절대 반지

스마트링은 반지 형태의 웨어러블 기기다. 건강 정보를 측정하고 관리하는 목적으로 만들어졌다. 스마트워치나 스마트밴드보다 작고 가벼워 편안하게 착용할 수 있다. 앞으로 다양한 디자인으로 출시되어 패션 아이템으로도 활용될 것이다. 스마트링은 NFC나 블루투스를 이용해 통신한다.

2011년 최초로 선보인 스마트링은 스마트폰과 연동되어 제스처 컨트롤, 메시지 도착 알림, 전화 알림 등 주로 커뮤니케이션과 알림용으로 사용되었다. 2020년대 들어서 오우라Oura나 모티브Motiv 같은 스마트링이 나오면서 운동량을 측정하는 피트니스 트레킹이나 수면의 질 등을 측정하는 기능이 추가되었다.

기술의 발전과 정책 변화, 환자의 요구에 따라 혈압 측정 기술은 지속해서 진화해왔다. 현재 가장 보편적으로 사용되는 혈압 측정 방법은 상완부에 커프를 착용하고 압력을 가한 후 압박을 서서히 풀 때 발생하는 소리를 청진기로 듣고 기록하는 방식이다. 훈련된 의료진이 직접 측정해야 해서 번거롭고 장시간 측정 시 불편하다는 단점이 있다. 이를 극복하기 위해 자동혈압계가 개발되었는데, 압력 변화에 따른 압력 진동의 크기를 센서로 감지하여 혈압을 측정한다. 자동혈압계는 의료진 없이도 쉽게 혈압을 측정할 수 있지만, 정확한 측정을 위해서는 커프 착용과 움직임 제한 등 여전히 불편이 따른다.

최근 이러한 혈압 측정 방식의 한계를 극복하기 위해 커프 없는 웨어러블 혈압계가 등장했다. 이는 커프 없이 손목이나 팔에 착용하는 기기로, 광학 센서, 압력 센서, 생체 전기 센서 등을 사용하여 혈압을 측정한다. 커프 없는 웨어러블 혈압계는 편리하고 연속 측정이 가능한 데다 측정된 혈압 데이터를 기반으로 맞춤형 건강관리까지 해준다. 이러한 기능은 지속해서 혈압을 관리해야 하는 고혈압 환자에게 유용할 뿐만 아니라 만성질환 예방에 도움을 준다. 그러나 커프 없는 웨어러블 혈압계는 그 기술이 아직 초기 단계다. 기존 혈압 측정 방식보다 정확도가 낮을 수 있고 다양한 임상 시험을 통해 정확도와 안전성이 검증되어야 하며, 측정된 혈압 데이터를 정확하게 분석하고 해석하는 기술 개발이 필요하다. 개인의 특성에 맞는 맞춤형 혈압 측정 및 관리 알고리즘도 개발해야 한다.

이와 같은 기술 과제를 해결한다면 커프 없는 웨어러블 혈압계는 혈압 측정의 새로운 패러다임을 열 것이다. 혈압 데이터를 기반으로 질병을 예측, 예방하고 개인 맞춤형 만성질환 관리가 가능해질 것이다. 그리고 이는 결국 원격의료 및 건강관리 서비스 발전과 개인의 건강 증진 및 삶의 질 향상으로 이어질 것이다.

한국 기업 스카이랩스가 개발한 카트 비피는 반지형 혈압계로, 첨단 정보통신기술과 센서 기술, 인공지능을 결합하여 사용자의 손가락에서 연속 혈압 측정과 관찰을 가능하게 한다. 별도의 조작 없이 편리하게 사용할 수 있으며 정확한 측정 결과를 제공한다. 카트 비피에는 광용적맥파PPG, photoplethysmography 기술을 이용한다. 빛을 이용하여 피의 흐름을 관찰하고 PPG 센서를 통해 피부에 빛을 조사하고 혈류량 변화에 따른 흡수량을 측정하여 혈액량 변화를 추출한다.

광용적맥파의 어원은 '빛photo으로 변화plethysmo를 기록하다graphy.'라는 뜻으로 빛을 이용해 피의 흐름을 관찰하는 기술이다. PPG 센서에서 피부로 빛을 쏘면, 혈류량에 따라 흡수되는 빛의 양이 달라진다. 따라서 빛이 얼마나 흡수됐는지를 측정하면 혈액량의 변화를 알 수 있다.[12]

카트 피비의 혈압 알고리즘 개발에 활용된 침습적 동맥혈압 관찰 방법A-line은 동맥관에 카테터를 삽입하여 혈압을 측정하는 방법이다. 동맥압 데이터는 실시간 변화하는 혈압이 동맥관에 삽입된 카테터와 내부의 압력 센서에 의해 감지되고 압력 변화기에서 전기신호로 전환된 숫자와 동맥 파형이다. 이렇게 수집된 4,185명의 수술실 동맥압 데이터를 활용하여 다양한 PPG 패턴을 학습시키고 검증하는 과정을 거쳐서 정확하게 혈압을 측정하는 기술을 갖추었다.[13]

카트 비피는 반지 형태로, 손가락에 착용하여 별도의 조작 없이 연속 혈압 측정이 가능하다. PPG 기술과 인공지능 알고리즘을 통해 기존 웨어러블 혈압계보다 높은 정확도를 제공한다. 또한 측정된 혈압 데이터를 기반으로 개인 맞춤형 건강관리 및 만성질환 관리가 가능하다.

카트 비피는 혈압 관리의 새로운 패러다임을 제시할 것으로 기대한다. 고혈압 환자의 혈압 변화를 실시간으로 모니터링하여 효과적 치료 및 관리를 가능하게 하고, 혈압 데이터를 기반으로 심혈관 질환, 당뇨병 등 만성질환의 위험을 사전에 예측하고 예방할 수 있다.

카트 비피는 표준 혈압 측정 방법인 청진법과 비교한 연구에서 유의미한 결과 차이가 없는 것으로 보고되었다.[14] 또한 24시간 연속 혈압 측정기와 동시 비교한 연구에서도 국제 기준을 만족할 정도로 차이가 없는 것으로 조사되었다.[15]

삼성과 애플 등은 2024년 하반기에 스마트링을 본격 출시할 예정이었는데, 먼저 포문을 연 곳은 삼성이다. 삼성은 2024년 7월에 갤럭시링을 런칭했다. 삼성전자의 갤럭시링은 수면 분석 기능을 강화하고 에너지 점수를 제공하는 등 건강 관리 기능을 중심으로 긍정적인 평가를 받고 있다. 더욱 고도화된 수면 분석과 강력해진 수면 알고리즘을 통해 사용자가 자신의 수면을 이해하고 수면 습관을 개선하도록 돕는다. 수면, 활동, 수면 중 심박수 및 심박 변이도를 바탕으로 산출되는 '에너지 점수'는 건강 상태를 종합적으로 파악하고 관리할 수 있도록 돕는다.

외신들은 갤럭시링의 출시에 대해 긍정적인 전망을 내놓았다. 미국 IT 전문매체 〈더버지The Verge〉는 갤럭시링의 초도물량 40만 대 생산을 언급하며 삼성전자의 자신감을 내비쳤고, 2024년을 '스마트링의 해'로 예상했다. 영국 매체 〈인디펜던트〉는 갤럭시링이 세계 첫 스마트링인 오우라링보다 더 낫다고 평가하며, 충전 방식, 더블 핀치 제스처, 구독료 부재 등을 장점으로 꼽았다.

그러나 갤럭시링은 당초 예상되었던 비침습적 혈당 측정 기능이 제외되어 아쉬움을 남겼다. 이는 의료 규제 통과의 어려움 때문으로 알려졌다. 비침습적 혈당 측정 기능은 당뇨병 환자들에게 혁신적인 편의성을 제공할 수 있었을 것이라는 점에서 아쉬움이 크다.

종합적으로 갤럭시링은 수면 분석 기능과 편의성을 강화한 혁신적인 스마트링으로 평가받고 있다. 그러나 비침습적 혈당 측정 기능의 부재는 아쉬운 부분이며, 향후 기술 개발 및 규제 완화를 통해 이 기능이 추가될 수 있을지 주목된다.

스마트링은 착용감이 편리해져 정밀한 생체 측정 정보 수집이 가능한 올웨이즈always 헬스케어 기기로도 주목받는다. 디지털 헬스케어 시장을 성장 동력으로 키우는 삼성과 애플 모두 신체 지표의 정밀 측정을 통해 헬스와 웰니스의 완성도를 높이기 위한 기기로서 스마트링에 주목하고 있다.

벨라비트리프는 360도 빈틈없은 건강 지킴이를 표방하고 나온 제품이다. 벨라비트리프는 3D 가속도계와 햅틱 진동 모터만으로 수면·활동량·월경주기·호흡까지 꼼꼼하게 감지하는 스마트 액세서리다. 목걸이·팔찌·클립 형태로 출시되어 액세서리와 웰니스 파트너 기능을 동시에 수행한다.

웰트Welt와 벨티Belty 같은 스마트벨트는 허리둘레, 음식 섭취량, 걸음 수, 앉아 있는 시간 같은 사용자 정보를 모니터링하고 식습관 개선이나 운동을 권고한다.[16]

스마트 가슴 스트랩으로는 오메가웨이브OmegaWave가 있는데, 여기에는 심장계와 중추신경계의 활동을 평가하기 위한 심전도 및 직류 정보를 제공하는 모니터링 전극이 내장되어 있다. 제피 바이오하네스Zephyr Bioharness도 가슴 스트랩으로 심박수·호흡수·체온·심전도·호흡률을 실시간 기록하며, 특히 호흡수는 흉부 팽창 및 수축을 측정하여 감지한다.

(4) 글래스가 대세일까?

2012년 〈타임〉 지는 최고의 발명품으로 구글 글래스를 선정했다. 외관만으로도 미래 세계에서 온 것 같은 착각을 불러일으키는 새로운 디자인의 구글 글래스는 그렇게 안경형 웨어러블의 시대를 열었다. 당시 매체들은 "인간은 신의 능력에 또 한 걸음 다가갔다." 라며 호들갑을 떨었다.

구글 글래스는 컴퓨터 칩을 내장하고 카메라 렌즈를 장착했다. 다양한 센서로 무장한 구글 글래스는 스마트폰과 연동하며 우리를 멋진 신세계로 안내해줄 것만 같았다. 그러나 사생활 침해 논란과 폼팩터 개발의 한계 등으로 그저 진화 중인 기기로 전락하고 말았다. 이후 구글 글래스는 전문가용으로 변신하여 산업이나 의료 현장에서 주로 쓰이고 있다.

헬스 분야에서 구글 글래스를 이용한 다양한 솔루션들이 나왔다. 음식 정보 등을 제공함으로써 더 건강한 요리법을 시각적으로 제공하는 것뿐 아니라 센서로 생체 신호를 트레킹하거나 피트니스 프로그램, 운동 피드백, 건강 프로필 등을 제공해 사람들이 더 건강한 삶을 살 수 있게 돕는다. 또한 시각장애나 청각장애가 있는 사람들에게도 소통과 활동을 통해 사회에 적응할 수 있도록 돕는 기능을 제공한다.

의료 분야는 구글 글래스가 진가를 발휘하는 곳이다. 두 손을 자유자재로 사용해 멀티태스킹하며 정보에 접근할 수 있다는 점에서 구글 글래스는 의료 분야에 꼭 맞는 기기다. 특히 사소한 오염이나 서류상의 오류도 큰 사건으로 번질 수 있는 분야이기에 더욱 그러하다. 이와 같은 이유로 의료 산업은 이미 업무 과정에 구글 글래스를 적극적으로 활용하고 있다. 보스턴에 있는 한 병원의 내과 의사들은 환자 검진에 구글 글래스를 사용하며 외과 의사들도 수술 및 시술에 활용한다. 스탠퍼드대학교 의대생들은 환자 시술 중 글래스를 통해 교수와 피드백을 주고받는다. 노스캐롤라이나주 듀크 메디컬센터의 외과의는 수술 장면을 기록하고 보관하는 데 구글 글래스를 사용한다.

2013년 6월 EEMC^{Eastern Maine Medical Center}의 러펠 그로스 먼^{Rafael Grossman}이 최초로 구글 글래스를 끼고 49세 남성에게 연골 세포 이식 수술을 진행하며 근처에 있던 아이패드로 수술 영상을 스트리밍했다. 비슷한 사례가 많다. 스페인의 페드로 길옌^{Pedro Guillen}은 무릎 수술 영상을 전 세계로 스트리밍해 150명이 실시간으로 수술 진행 장면을 시청했다. 오하이오주립대학교에서는 크리스토퍼 캐딩^{Christopher Kaeding}의 무릎인대 수술을 학생들에게 스트리밍하며 수업했다. 런던왕실병원은 샤피 아메드^{Shafi Ahmed}가 78세 남성의 간과 장에서 암세포를 제거하는 수술 영상을 온라인 방송으로 송출했고 115개국의 1만 3,000명의 학생이 동시에 시청했다. 학생이 온라인으로 질문을 올리면 아메드는 수술하면서 음성으로 답해주었다.

구글 글래스를 가지고 처음으로 의료용 앱을 개발한 기업은 어그메딕스Augmedix다. 어그메딕스가 구현하려고 하는 바는 매우 간단하지만 실용적이었다. 의사가 진료할 때 컴퓨터 화면을 들여다보는 대신에 구글 글래스를 끼고 환자를 보게 하겠다는 것이었다. 의사들은 대게 EMR 시스템에 정보를 입력하기 위해서 업무 시간 중 1/3을 소모한다고 한다. 이러한 현실 때문에 의사는 환자와 소통하는 시간이 줄어든다.

벤처기업 어그메딕스가 구글 글래스에 의료용 앱을 접목해 이 문제를 해결했다. 의사가 환자를 쳐다보면 이미지 인식 기술을 이용하여 글래스의 카메라를 통해 환자를 인식하고 환자 정보를 글래스에 펼쳐준다. 구글 글래스 덕분에 의사는 환자와 눈을 마주치며 이야기할 수 있다. 이렇게 구글 글래스는 나오자마자 '의사와 환자의 관계를 더 인간답게re-humanize the doctor/patient interaction' 만드는 데 기여했다.

로드아일랜드대학교 콘스턴트N. Constant 교수와 동료들은 2015년 세계 최초로 심박수를 측정하는 스마트글래스를 개발했다. 이름하여 맥박 안경Pulse-Glasses이다. 이 안경의 비밀 병기는 코 받침에 있었다. 개발자들은 코 받침 패드에 심박계 센서를 장착했다. 심장의 떨림이 코 받침을 통해 표현되는 것이다.[17]

스마트워치 스웨치를 보고 영감을 얻었을까? 스웨치가 소개된 이듬해인 2017년 캘리포니아대학교 셈피오나토J. R. Sempionatto

와 동료들은 땀의 칼륨 이온과 젖산을 측정하는 안경을 선보였다. 활동 중 흘리는 땀만으로도 건강 상태를 파악할 수 있는 멋진 기술이다.[18] 이후로도 스마트글래스는 가속도계·자이로스코프·GPS 등 다양한 센서를 탑재하여 사용자의 활동 정보와 건강 정보를 실시간으로 제공하기 위해 노력 중이다. 스마트글래스 하나로 스마트폰의 모든 기능과 자기 정량화 기능을 모두 집결하는 세상이 곧 올 것으로 전망한다.

증강현실·혼합현실 의료 기기

엔지니어와 환자와 의료진 모두에게 희망을 선물한 증강현실AR, Augmented Reality과 혼합현실MR, Mixed Reality을 이용한 AMTAugmented Medical Technology는 진단·치료·교육 등 다양한 의료 분야에서 활용되고 있는 기술이다. 마치 SF 영화 속 장면처럼 의료진은 현실 세계에 정보를 투사하는 증강현실 기술을 통해 환자의 정보를 실시간으로 확인하고 수술을 시뮬레이션하며, 환자에게 맞춤형 치료를 제공할 수 있다.

의료용 증강현실 기술의 초기 연구는 1990년대에 시작되었다. 2000년대에는 증강현실 기술의 발전과 함께 의료 분야에서 활용 가능성 제시되었고, 2010년대에는 다양한 AMT 기기 개발 및 임상 시험이 진행되었다. 2020년대에는 AMT 시장이 급성장해 의료 현장 도입이 확대되고 있다.

흥미롭게도 의료용 가상현실VR, Virtual Reality 기기가 처음으로 등장한 시기는 1968년이다. 당시 하버드대학교 교수였던 이반 서덜랜드Ivan Sutherland는 '다모클레스의 검The Sword of Damocles'이라는 HMDHead Mounted Display를 발명했다. 다모클레스의 검이라니 의료 기기치고는 섬뜩한 용어다. '다모클레스의 검'이란 권좌는 언제 떨어져 내릴지 모르는 예리한 장검 아래 앉아 있는 것처럼 위기와 불안 속에 유지된다는 점을 빗댄 서양 속담이다.

기원전 4세기 고대 그리스 디오니시우스 왕의 신하 다모클레스는 늘 왕의 권력과 부를 부러워했다. 어느 날 왕이 다모클레스에게 꿀맛 같은 제안을 했다. 바로 하루 동안 왕이 되어 보는 것이다. "왕이 되고 싶은가? 좋아, 그럼 한번 해봐!" 디오니시우스 왕은 신하 다모클레스에게 능청스러운 미소를 지으며 말했다. 다모클레스는 망설임 없이 왕좌에 앉았다. 그리고 곧 장탄식과 함께 왕좌에서 도망치듯 내려왔다. 그의 머리 위에는 날카로운 검이 가느다란 말총에 매달려 있었다.

왕은 말했다. "왕좌란 화려한 왕관과 멋진 옷에도 불구하고 끊임없이 위협받는 불안한 자리다. 천장에 불안하게 매단 장검처럼 왕의 행복을 한순간에 사라지게 하는 일들이 널려 있다." 결국 다모클레스는 "왕이 되는 건 싫어요!"라고 외치며 평범한 삶으로 돌아갔다. 겉으로는 화려해 보이는 부와 명예도 실제로는 고통과 불안이 늘 함께한다는 것을 말해주는 속담이다. 언제든 한 번에 추락할 수 있는 것이 권력자임을 상징적으로 보여주는 이야기로 자주 인용된다.

서덜랜드 교수는 재미난 인물이었던 같다. 그는 자신의 위대한 발명품에 단지 무시무시한 생김새가 비슷하다는 이유로 권력 무상의 의미를 내포한 그 상징을 차용했다. 서덜랜드의 HMD 초기 버전은 사용자 인터페이스와 리얼리즘을 구현한 것으로 유명하다. 서덜랜드 발명품의 핵심은 바로 '머리 추적 기술'이다. 기존의 소프트웨어가 보여주는 가상 환경의 원근감perspective은 사용자의 시선 방향에 따라 실시간으로 변화했다. 그래서 이 HMD는 컴퓨터에 바로 연결되어 그래픽 이미지를 구현해야 했는데, 머리 움직임을 트랙하기 위해서 사용자는 머리를 기기에 단단히 고정해야 했다. 엄청난 무게를 지탱하기 위해서 실험실 천장에 있는 기계식 팔에 매달아 지지가 되어 있었다.

'다모클레스의 검'은 오늘날의 세련된 증강현실 기기와는 비교도 할 수 없을 만큼 단순했다. 사용자 인터페이스, 현실감, 가상 환경을 구성하는 3D 입체 영상을 디스플레이에 출력했는데, 지금 보면 그래픽이 매우 조악한 수준이었으나 당시로선 놀라운 발명품이었다. 이 장치는 실험 도구로 그쳤지만 증강현실 기술의 기초를 다진 역사적 의미를 지닌다.

2023년 프록시미가 선보인 증강현실 의료 기기 PxLens(출처: Vuzix)

이렇게 시작된 HMD를 이용한 AMT 시장에는 어떤 기술들이 있는지 알아보자. 10년이 넘는 역사를 지닌 구글 글래스는 2019년 2세대 출시를 거쳐 3세대가 시장에 나설 준비를 하고 있다. 지금의 구글 글래스는 구글 헬스와 협업으로 다양한 의료 현장에서 활약하고 있다. 구글 글래스는 외과 전문의의 강력한 조수다. 척추나 암 수술을 비롯해 여러 비뇨기과·정형외과·신경외과 수술에서 필수품으로 자리 잡았다.

구글 글래스는 또한 피부과 진료부터 간호사 교육은 물론 수술 준비 과정까지 돕고 있다. 수술 준비물의 디지털 트윈을 안경 렌즈에 재현해서 수술 도구를 꼼꼼히 준비할 수 있게 도와주고 있다. 구글 글래스는 병원을 벗어나 사고 현장에서 수술 의사가 아니더라도 구급 요원이 좀더 효과적으로 응급처치 절차를 수행하도록 한다.[19] 지금은 동물 법의학에까지 구글 글래스가 사용되고 있다고

한다.[20] 구글 글래스는 또한 환자의 재활 운동 지도 및 피드백 제
공, 재활 과정 모니터링 및 관리, 환자의 재활 동기 부여 등으로 재
활의학 분야에서도 큰 활약을 펼치고 있다.

여러 수술실을 디지털로 연결하는 글로벌 의료 기술 플랫폼
기업 프록시미Proximie도 4K 카메라와 내장 소프트웨어를 갖춘
경량 증강현실용 웨어러블 스마트글래스 'PxLens'를 출시했다.
PxLens는 의료진이 개방 수술 및 최소 침습 시술 과정을 '1인칭 시
점'으로 가상 공유할 수 있도록 해주는 머리 장착형 기기다. 프록
시미의 원격 수술 지원, 데이터 관리, 수술실 인사이트 분석을 위한
클라우드 플랫폼과 매끄러운 연동성이 PxLens의 최대 강점이다.[21]

1인칭 시점을 통해 원격 참관자들이 수술 과정을 선명하게 파
악할 수 있다는 것은 필요한 경우 조언을 제공하거나 첨단 수술 기
법을 학습하는 기회가 된다. PxLens는 수술실에 고정형 설치 카메

마이크로소프트의 홀로렌즈2(출처: 마이크로소프트 스웨덴)

라 없이도 이러한 통찰력과 데이터를 제공한다. 최소한의 장비로 더욱 다양한 분야의 시술 과정에서 증강현실 플랫폼 활용이 가능해진 것이다.

PxLens는 프락시 모바일 앱과 페어링하여 개봉 후 15분 이내에 언제 어디서나 사용할 수 있다. 음성 작동 명령을 통한 핸즈프리 제어와 시술 중 스왑 가능한 견고한 배터리로 장시간 시술도 완벽하게 스트리밍 및 녹화할 수 있고 공유를 촉진하여 환자 진료나 교육, 기술 개발에 도움을 주며 수술의 효율성을 전반적으로 높이는 데 기여하고 있다. 게다가 PxLens는 가볍고 직관적인 장비로 수술실에서 초보자도 편리하게 사용할 수 있다. PxLens와 같은 기술은 의료계에서 한정된 자원을 활용하여 더 많은 업무를 소화할 수 있게 새로운 방법을 제시할 것이다.

현재 혼합현실 의료 기기 시장에서의 절대 강자는 마이크로소프트의 홀로렌즈HoloLens다. 마이크로소프트가 개발한 혼합현실 스마트글래스인 홀로렌즈는 현실과 가상의 경계를 허무는 선도적 기술이다. 홀로렌즈는 사용자가 주인공이 되어 홀로그램을 통해 주변 환경과 능동적으로 상호작용하는 몰입형 경험을 제공한다. 이는 외과 시술 지원뿐만 아니라 의학 교육 및 시뮬레이션, 건축 및 다양한 공학 분야(토목, 산업 등)에 폭넓게 활용되고 있다.

홀로렌즈의 3차원 홀로그램을 활용한 실시간 수술 내비게이션(수술 안내)은 정확도를 높이고 수술 시간을 단축한다. 홀로렌즈의 증강현실 구현 능력은 뇌-컴퓨터 인터페이스AR-BCI 시스템을 통합할 수 있다. 홀로렌즈로 투영된 특정 사물을 응시하면 뇌의 시각 데이터가 홀로렌즈에 입력되어 그 데이터와 연관된 특정 기기를 작동시킨다. 예를 들면 홀로렌즈에 나타난 자동청소기 이미지를 몇 초간 응시하면 홀로렌즈의 데이터 처리장치가 시각과 관련된 뇌파를 읽고 청소기를 작동시킨다. 반대로 뇌파의 미세한 신호를 시각화하여 신경 질환 연구와 치료를 돕거나 마비 환자와 의료진 간의 직관적 커뮤니케이션을 지원할 수도 있다.

홀로렌즈는 환자의 보행 패턴을 분석하여 맞춤형 재활 훈련 프로그램을 설계하는 데 기여하고 있다. 혼합현실 기술이 환자의 일상과 유사한 가상 환경을 구현하고 센서를 통해 환자의 움직임을 정량적으로 측정할 수 있기 때문이다.

클리블랜드클리닉 연구팀은 홀로렌즈2를 활용한 보행 평가가 전통적 3차원 모션캡처 시스템과 차이가 있는지를 연구했다. 66명의 건강한 성인을 대상으로 보행 평가를 한 결과, 두 시스템은 보행 속도와 방향 전환 시간 등 다양한 지표에서 통계적으로 유의미한 차이가 없음이 밝혀졌다.[22] 힐드Held 등은 뇌졸중 환자를 대상으로 증강현실을 활용한 보행 훈련의 효과를 연구했다. 보행 중 환자에게 실시간으로 시각 및 청각 피드백을 제공한 결과 의미 있는 보행 패턴 개선이 관찰되었다.[23] 따라서 홀로렌즈2를 보행 평가나 재활 프로그램에 임상적으로 활용하면 기존의 평가 방법보다 정밀하고 객관적으로 보행 및 운동 능력을 평가할 수 있고 병원뿐만 아니라 가정 및 지역사회 환경에서도 재활 훈련을 할 수 있다. 홀로렌즈2는 또한 환자의 상태에 맞는 개별화된 치료 전략을 제공할 수 있다.

의학 교육 및 훈련이나 원격 교육, 원격 멘토링, 원격 상담 분야에도 홀로렌즈가 사용되고 있다. 홀로렌즈는 가상 교육 환경을 제공하여 실습생들의 실질적 학습 경험을 향상하고 전문가가 원격으로 지도할 수 있게 한다. 코로나19 팬데믹으로 의과대학생의 임상 실습이 크게 제한되었을 당시 9개의 연구에서 원격진료 교육을 제공하거나 학습 과정을 지원하기 위한 3D 영상 구현에 홀로렌즈2의 활용 가능성을 조사했다.[24] 그 결과 홀로렌즈2가 디지털 콘텐츠를 시각화하고 활용하면서 의학 교육과 훈련의 새로운 도구임을 알게 되었다.

울프Wolf 등은 에크모ECMO 캐뉼러 삽관 훈련에서 제공되는 기존 교육 방식과 혼합현실 기반의 단계별 교육 방식의 효과를 비교했다. 21명의 의과대학생을 대상으로 진행된 이 비교 연구에서는 혼합현실 교육 방식이 학습자의 정보 수집 능력을 향상해 에크모 캐뉼러 삽관 훈련의 결과를 개선하는 큰 잠재력이 있음을 보여주었다.[25]

호주의 한 연구팀은 원격 멘토링을 통해 임상 전문의를 지원하는 과정에서 홀로렌즈의 유용성을 입증했다. 이 연구에서는 4명의 숙련된 임상 전문의가 멘토가 되고 12명의 임상 초보자가 멘티 역할을 맡았다. 멘티는 홀로렌즈를 착용하고 시뮬레이션된 학습 환경에서 최대 4개의 임상 시나리오(급성관상동맥증후군·급성심근경색·중증항생제알레르기·저혈당응급상황)에 대응했다. 다른 공간에 있던 멘토는 노트북을 사용하여 각 시나리오 관련 표준 프로토콜에 따라 멘티에게 원격 교육 및 지도를 했다. 연구에서는 증강현실 사용성에 대한 멘토와 멘티의 인식, 멘토링 효과, 멘티의 자신감 및 기술 수행력을 평가했다.[26]

밸러Bala 등은 런던의 한 병원에서 홀로렌즈를 사용하여 원격 교육 병동 라운드를 수행하는 개념 증명 연구를 진행했다. 이 연구는 학생·교수진·환자의 관점에서 교육용으로 이 기술을 사용할 때 타당성·수용성·효과성을 평가했다.[27]

이 두 연구에서 증강현실과 혼합현실 기술은 위치와 관계없

MDBOX 시연 장면(출처: 메디컬아이피)

이 전문가의 지식과 경험을 공유할 수 있었다. 실시간 상호작용을 통해 효율성이 올라갔다. 홀로렌즈를 사용하여 멘토가 실시간으로 시각 정보를 제공하고 멘티에게 피드백을 줄 수 있음이 확인되었다. 그리고 실제 환경과 유사한 시뮬레이션 환경에서 훈련은 높은 학습 효과를 제공한다는 게 입증되었다. 그 밖에 의료 영상 데이터 시각화, 환자 데이터 관리 등 의료 환경 전반에서 홀로렌즈는 의료 효율성을 높이는 데 일조하고 있다.

메디컬아이피는 2023년 8월 서울대학교병원 의학박물관 특별전에서 가상현실 해부학 플랫폼 'MDBOX'를 통해 해부학 미래를 선보였다.[28]

이날 선보인 MDBOX는 해부학 실습의 새로운 지평을 보여주었다. 서울대학교 의과대학에서 이미 2대를 도입하여 수업에 활용하고 있는 이 플랫폼은 모든 종류의 해부학 구조물을 디지털 트윈으로 구현하여 교과서나 카데바(해부용 사체)의 한계를 뛰어넘는다.

인공지능 기반 디지털 트윈 기술은 뼈·근육·심장·뇌 등 장기부터 눈·귀·혈관·폐포 등 미세 구조물까지 수천 가지 해부학 정보를 생생하게 재현한다. 이 같은 정보와 가상현실과 증강현실 기술의 결합은 가상공간에서 몰입감 높은 경험을 제공하여 학습자는 마치 직접 해부하는 듯한 생생한 체험을 할 수 있다.

MDBOX는 또한 단순한 해부 실습 도구를 넘어선다. 심장과 근육의 움직임, 혈류, 소화와 호흡 과정까지 사체만으로는 확인할 수 없었던 영역까지 학습할 수 있어 해부학 교육의 새로운 가능성을 열었다. 메디컬아이피의 MDBOX는 해부학 교육의 효율성과 접근성을 높이고 학습자의 흥미와 이해도를 증진하는 혁신적인 기술이다. 이 기술은 의료 전문가 양성, 해부학 연구 활성화, 대중의 해부학 이해 증진에 기여할 것이다.

스키아는 한국의 AMT 기술을 선도하는 기업이다. 스키아는 의료 영상CT·MRI을 기반으로 병변의 위치와 크기를 증강현실로 구현하여 수술 전 환자 몸에 병변의 위치를 나타내는 솔루션을 개발했다. 2018년 TIPS 선정, 컴업 2019 바이오&헬스 우승, 식품의약품안전처 혁신의료기기 선정 등의 성과를 거둔 스키아는 이화여자대학교목동병원과 임상 시험을 진행했다.[29]

스키아의 핵심 기술은 MARSMedical Augmented Reality Solution라는 의료 영상 기반 증강현실 솔루션이다. MARS는 환자의 몸을 3D 스캐닝하고 이를 재구성하여 의료 영상과 실시간 매칭하는 비마커markerless 증강현실 기술을 이용해 몸속 종양의 위치를 투시하듯이 입체적으로 보여준다. 이는 영상의학과 교수가 수술 전 실시하던 초음파 스킨마킹을 대체하여 외과 의사가 직접 수술 계획을 세우고 더욱 빠르고 정확한 수술이 가능하도록 돕는다.

MARS는 의료진과 환자 모두에게 이점을 제공한다. 의료진은 MARS를 통해 수술 전 환자의 상태를 파악하고 최적의 수술 계획을 수립할 수 있다. 환자는 MARS를 통해 정확하고 안전한 수술을 경험할 수 있다. 스키아의 증강현실 솔루션은 의료 분야의 미래를 보여주는 흥미로운 기술이다. MARS는 수술뿐만 아니라 진단·교육·재활 등 다양한 의료 분야에 활용될 수 있으며, 의료 서비스의 질 향상에 기여할 것이다.

이와 같이 AMT는 의료 효율성을 높이는 데 공헌하고 있지만 앞으로 넘어야 할 과제들도 있다. AMT는 초기 투자 비용이 높아 모든 의료 기관에 도입하기 어렵고 의료진 및 환자의 증강현실과 혼합현실 기술 적응 및 교육이 필요해서 쉽게 도입할 수 없다. 그리고 법적·윤리적 문제가 상존하고 있다. 개인 정보 보호 및 데이터 보안 문제 등이 해결되어야만 전면적으로 도입할 수 있을 것이다.

스마트 섬유

스마트 섬유는 1960년대 형상기억 소재의 발견과 1970년대 지능형 폴리머겔의 개발로 탄생했다. 그러나 '스마트 섬유'라는 용어는 1989년 일본에서 처음 소개되었다. 역사상 최초로 '스마트 섬유'로 분류된 섬유 소재는 형상기억 기능을 가진 실크silk yarn다.[30] 지능형 소재가 섬유에 본격적으로 도입된 시기는 1990년대 후반이지만 최초의 섬유 기반 전자 반도체 부품은 2000년대 초에 등장했다.[31]

스마트 섬유란 외부 환경의 자극을 감지하고 반응할 수 있는 섬유를 말한다. 스마트 섬유는 수동형 스마트 섬유와 능동형 스마트 섬유로 나뉜다. 수동형 스마트 섬유는 외부 환경 자극에 따라 특성을 변화시킬 수 있다. 형상기억 소재, 발수 또는 친수성 섬유 등이 이 범주에 속한다.

능동형 스마트 섬유는 센서와 작동 장치를 포함하여 감지된 정보를 반응 신호로 전환한다. 능동형 스마트 섬유는 온도나 빛의 강도, 오염도 등 외부 환경으로부터 다양한 신호를 감지하고 적절한 반응을 선택하며 섬유 기반이나 소형화된 작동 장치(섬유 디스플레이, 마이크로 진동 장치, LED 등)를 통해 구체적인 반응을 실행한다. 이러한 '반응'은 스마트 섬유 내부의 전자장치(섬유 전자공학)를 통해 수행되거나 스마트 섬유가 데이터베이스를 포함하는 외부 클라우드에 무선으로 연결된 경우 원격으로 이뤄질 수도 있다.[32]

스마트 섬유의 대표 사례 중 하나는 내의에 심전도 센서를 통합하는 것이다. 섬유 기반의 유연한 센서를 내의류에 통합하면 병원에서 환자의 상태를 실시간으로 측정할 수 있다. 긴급 조치가 필요하면 이 데이터를 중앙 데이터베이스로 전달할 수도 있다.

의료 분야에서는 생체 정보 모니터링(호흡 및 심박수 등 모니터링)에 적합한 광섬유 센서FOS도 활용되고 있다. 특히 MRI 검사 중에도 유용하게 사용된다. 심전도 측정용 스마트셔츠의 작동 방식을 살펴보자.

엠글레어Emglare의 스마트셔츠는 내장된 심전도 센서와 전도성 와이어가 신체 정보를 블루투스 안테나를 통해 외부 장치에 전송하고 사용자는 전용 앱을 통해 건강 상태를 모니터링할 수 있다고 한다.[33] 스마트셔츠의 심박수 모니터링 센서는 특수 칩으로 제작되며, 무선 충전 시스템으로 충전할 수 있는 내장 배터리가 있다. 셔츠 자체는 폴리에스터와 전자 섬유 소재로 제조되며, 향상된 센서 품질로 피부 자동 감지 기능을 갖춰 높은 품질의 신호를 수집한다.

셔츠를 입으면 자동으로 센서가 인식되어 따로 켜고 끌 필요가 없다. 물세탁이 가능하지만 센서 집적 부위가 칩 형태이므로 완전한 '섬유 기반' 웨어러블 센서라고 할 수는 없다. 그런데도 칩 기반 스마트셔츠는 제조 비용을 줄이고 세탁 내구성을 향상했다. 그래서 시판되는 많은 스마트셔츠는 이와 유사한 구조로 되어 있다.

고령 인구의 증가와 만성질환 발병률의 상승으로 인해 헬스케어 제품에 관한 관심이 고조되는 가운데 코로나19 팬데믹은 셀프 건강 모니터링에 대한 관심을 더욱 고조시켰다. 그 결과 옷을 통해 혈중 산소 농도를 측정하는 옥시미터oximeter와 같이 다양한 건강 정보를 모니터링하는 '멀티파라미터 트래커multiparameter tracker'를 장착한 스마트 의류가 나왔다. 이제는 심전도·체온·혈압·심박수 등 다양한 신체 지표를 웨어러블 스마트 의류에 내장된 센서로 동시에 측정할 수 있다.[34]

아스트로스킨Astroskin은 체온·혈압·활동량 등 여러 신체 지표를 한꺼번에 측정할 수 있다. 이 셔츠에 내장된 혈압 센서는 3축 가속도계를 이용해 심장·호흡·활동·수면 데이터를 지속해서 분석한다. 이 데이터는 일정 기간 저장도 가능하다. 이 제품은 세탁할 수 있지만 각종 센서를 세탁 전 분리해서 보관해야 한다.[35]

손이나 허리와 같이 움직임이 많은 부위에 착용하기 위한 스트레치 센서도 있다. 스마트밴드 형태로 제작된 FISA Flexible Integrated Sensing Array는 땀, 대사 산물과 전해질을 선택적으로 동시에 검사하는 데 사용된다. 실내외 활동 시 피부 온도를 모니터링할 수도 있다. 센서를 제작하기 위해 유연한 플라스틱 소재인 FPT Flexible Polyethylene Terephthalate가 사용되었다. FISA는 유연한 구조로 되어 있어 센서가 피부에 안정적으로 장시간 밀착되어 측정을 수행할 수 있도록 한다.

FISA는 땀을 통해 혈당이나 젖산, 각종 전해질 수치를 간편하게 확인할 수 있다. FISA에는 젖산 센서, 혈당 센서, 전위차 센서, 효소 센서 등 다양한 센서가 개별 신호 조절 경로와 아날로그 회로 그리고 신호 변환기와 함께 내장되어 있어 비침습적 건강검진을 할 수 있고 대사 활동이나 전해질 균형에 관한 다양한 연구용 데이터 수집을 할 수 있다. 각 센서의 성능을 모니터링하기 위해 다양한 분석 용액이 사용된다.[36]

FISA는 피부에 착용하는 웨어러블 기기가 단순한 활동량 측정을 넘어 혈액 검사가 필요한 수치까지 확인할 수 있는 미래를 보여준다. 향후 이러한 기술이 더욱 발전하여 집에서 손쉽게 건강검진을 할 수 있는 날이 올지도 모른다.

류Liu 등은 포도당 산화효소 및 젖산 산화효소 기반 전극을 직물에 적용하여 포도당과 젖산을 높은 정확도로 측정하는 시스템을 제작했다.[37] 또한 류 등은 유전공학적으로 조작된 박테리아(유전자회로genetic circuits를 포함)를 하이드로겔-엘라스토머 하이브리드와 통합한 생체 물질과 장갑을 개발하여 원하는 기능을 부여했다. 화학적으로 다르게 유도된 세포 변종induced cell strains이 하이드로겔의 공간에 캡슐화되고 박테리아 변종과 환경 사이의 상호작용이 확산을 통해 생성된다. 유도 물질IPTG, Rham의 형광이 프로그래밍된 박테리아 센서IPTGRCV/GFP, RhamRCV/GFP와 접촉하면 형광 반응이 활성화된다. 합성생물학 기술을 바탕으로 한 바이오센서는 기계적 유연성과 저렴한 비용으로 의료 및 환경을 모니터링할 가능성을 열었다.

측면 족저압, 뒤꿈치 파동, 발가락 압력 및 지면 반발력 등의 보행 능력을 측정하는 전자 신발이 개발되어 보행 단계를 구별할 수 있는 근본적 정보를 제공한다.[38] 미쉬라Mishra 등은 유기인OP 신경 작용제 화합물을 감지할 수 있는 장갑을 개발했다. 전기화학 바이오센서가 통합된 이 장갑은 신축성과 인쇄 가능한 효소 기반 전극이 있다. 장갑은 탄소 기반 대향 전극counter electrode, 작동 전극working electrode, Ag·AgCl 기반 전극reference electrode 및 인쇄된 탄소 패드로 이루어진 엄지손가락printed carbon pad과 검지손가락으로 구성된다. 검지는 유기인산 분해효소organophosphorus hydrolase 층이 포함된 감지 손가락이고, 엄지는 수집 및 샘플링 손가락이다.

장갑에서 더 나가 긴 나선형의 인쇄 연결을 무선 전자 인터페이스와 연동시키고자 스트레스를 견디는 잉크를 사용했다. 이러한 '실험실 장갑lab-on-a-glove'은 현장 사용 스크리닝 도구 및 방위나 식품 안전 분야의 시료 도구로도 활용할 수 있다.[39]

첩부형 의료 기기

첩부형 모니터링 기기는 원격의료 진단 분야의 차세대 개인 휴대용 건강관리 기기로 부상했다. 첩부형 기기의 중요한 특징은 피부와 같은 적응성과 유연성으로, 이는 사용자의 자연스러운 움직임과 편안함을 훼손하지 않으면서도 정확하고 신뢰할 만한 감지 기능을 발휘한다.

극단적으로 작아지는 전자 기기의 발전으로 첩부형 무선 건강 모니터링 기기의 성능은 비약적으로 발전했다. 최신 건강 모니터링 기기는 한 단계 더 나아가 환자의 피부에 부착하여 더욱 정확하고 지속적인 데이터를 제공하는 패치 형태를 띠고 있다. 이러한 기기는 글루코스나 젖산 등의 지표를 모니터링하기 위해 생화학 센서가 내장된 스마트패치를 사용한다. 당뇨병이나 종양 치료 모니터처럼 스마트패치에 부착하여 약물을 주입하는 주사 도구와 결합하면 자동화된 마이크로 니들micro needle 시스템을 통해 약물 전달과 데이터 수집이 동시에 이루어질 수 있다.

앞으로 소형 웨어러블 기기의 사용은 초음파 패치, 임신 모니터링 패치, 뇌 손상 감지가 가능한 스포츠 의학 패치 등 다양하게 개발되어 확대될 것이다. 이러한 기기의 미래 동력원으로는 사용자의 체열을 수집하는 에너지 하베스팅energy harvesting을 생각해볼 수 있으며 이는 배터리 전원의 필요성을 없앨 수 있다.

이러한 첩부형 의료 기기들은 전자 부품의 극소형화 없이는 실현될 수 없다. 고밀도 핀을 가진 초소형 상호 연결부microminiature interconnects는 작은 칩들을 필름처럼 얇은 센서, 트랜스미터, 마이크로 컨트롤러, 전원 등에 연결해 초소형의 기기 안에 장착될 수 있도록 한다. 하이브리드 인쇄 가능 전자 기술hybrid printable electronics은 센서와 소형화된 상호 연결부가 매우 얇고 유연한 직물 형태의 기판에 부착되어 최대 밀도를 이룰 수 있도록 한다.

현재 업계에서 가장 작은 커넥터의 피치(간격)는 0.3~0.5mm다. 이러한 기기에서 사용되는 케이블 또한 소형화가 필수적이다. 얇은 프로파일의 기기 패키지 내부에서 접을 수 있는 리본형 또는 평면 유연 케이블flat flexible cabling이 일반적으로 사용된다. 센서 기술 혁신에는 인쇄 센서 기술이 포함되며, 이는 가장 작은 일반 회로보다 훨씬 작은 크기를 구현할 수 있다. IP 실링, 생체 적합 소재, 차

폐 등 추가적 요구 사항이 이러한 구조에 접목되어 설계될 수 있다.

폴리카보네이트, 폴리에틸렌 테레프탈레이트, 폴리우레탄 같은 유연성 열가소성 중합체flexible thermoplastic polymers는 우수한 광학 투명성, 제조 용이성 및 뛰어난 변형 능력 때문에 유연한 소재로 선택되어왔다. 부드러운 기판 기반 템플릿 외에도 완벽히 기능하는 첩부형 유연 센서는 필수적 능동 감지 요소이며 가장 중요한 구성 요소다.

최신 센서 기술, 미세 전기 기계 시스템MEMS, Micro Electro Mechanical Systems, 마이크로 일렉트로닉스, 데이터 분석, 통신 및 물리치료 분야의 진보로 첩부형 기기의 개발이 기능해졌다. 특히 마이크로 일렉트로닉스를 사용한 전자회로의 소형화는 첩부형 장치 개발의 중요한 부분이었다.

과거에는 센서와 프론트 엔드 전자장치의 크기 때문에 하드웨어가 장기간 모니터링 앱을 위한 생리 및 생체 의학 데이터를 수집하는 데 어려움을 겪었다. 현재 마이크로 일렉트로닉스의 발전으로 마이크로 컨트롤러 기능과 무선 전송 가능 회로의 생성이 가능하다. MEMS 또한 일괄 제조가 가능했던 소형화를 허용하고 전자 부품의 비용을 크게 절감했다.[40] 스마트 첩부형 감지 장치는 혈압, 심박수, 전기 생리학, 체온 및 땀 속 생체 지표 같은 신체 상태와 밀접하게 관련된 생리적 신호에 대한 실시간 건강 모니터링 시스템에서 중요한 구성 요소다.[41]

스마트패치는 환자와 의료 전문가 모두에게 자율성과 편리함 뿐만 아니라 정확한 치료 측면에서도 수많은 혜택을 제공한다. 환자 데이터를 수집하는 데 필요한 의료진의 수를 줄여 더 효율적으로 의료 인력을 활용할 수 있게 한다. 패치를 통한 건강 모니터링과 의료 정보 모니터링은 재택 치료를 늘리고 시기적절한 약물 전달로 환자의 건강 상태를 더욱 증진할 것이다.

개발 중인 수많은 아이디어가 시장에 출시되기 위해서는 규제 장벽을 넘어야 하겠지만 스마트패치는 이미 도입되었으며 앞으로도 의료 기기 설계자들에게 혁신을 일으킬 만한 분야다.

치료를 받는 환자의 혈압 및 심박수와 같은 심혈관 신호 모니터링은 매우 중요하다. 얇고 유연한 패치형 연속 혈압BP 모니터링 센서는 강유전성 필름, 특수 설계된 전극 및 유연한 전자회로로 구성된 계층형 구조로 제작되어 인체의 가슴 부위에서 전기 심전도와 심탄도BCG를 불편함 없이 동시에 측정할 수 있다. 개발된 센서를 사용하는 타당성 연구에서 수축기 혈압 추정치는 기준값과 일치하며 등급의 상관계수는 0.95($p < 0.01$)인 것으로 평가되었다.

만성질환, 재활 치료, 퇴원 환자 관리를 위한 원격 환자 모니터링RPM, Remote Patient Monitoring 기기에 관한 관심은 지속해서 증가하고 있다. 코로나19 팬데믹으로 인해 RPM의 도입률이 크게 상승했다. 2021년 비바링크Vivalink의 설문 조사 결과에 따르면 다수의 의료 기관 관리자는 2026년까지 RPM이 주류 의료 관행이 되리라

예측했다.[42]

비바링크는 웨어러블 생체 신호 기기를 포함한 디지털 헬스케어 솔루션 개발 분야의 리더로, RPM 도입 경쟁에서도 앞서 나가고 있다. 비바링크의 스마트패치 무선 생체 인식 센서에 대해서는 여러 차례 소개되었으며, 특히 최근에는 기존의 표준 심전도 검사기인 홀터 모니터Holter monitor보다 향상된 심장 질환의 탐지 및 진단 능력을 갖춘 비바링크의 심전도 센서 패치를 이용한 모바일 심장 원격 측정 연구가 발표되기도 했다.

비바링크는 커프 없는 혈압 측정 기능을 포함한 여러 가지 생체 신호를 추적하는 웨어러블 패치를 공개했다. 이 통합형 패치 바이오센서는 상용 연구 및 개발용으로 제공된다. 비바링크에 따르면 이 다기능 패치는 심전도·심박수·호흡수·혈압을 측정할 수 있다. 미국에서 심전도 및 심박수 측정에 대한 FDA 승인을 받았고 유럽연합에서는 심전도, 심박수 및 호흡수 측정 기능에 대한 CE 승인을 획득했다. 하지만 현재 이 기기는 일반 대중에게 커프 없는 혈압 판독 기능으로 판매되는 것을 승인받지 못해서 당분간 연구 및 개발 목적으로만 사용될 수밖에 없다.

비바링크 패치의 차별점은 최초의 커프 없는 혈압계라는 점이다. 아직 FDA 승인을 받지 못했지만 커프 없는 혈압 측정기가 존재한다. 일부는 스마트폰 카메라를 활용하고, 일부는 PPG를 사용한다. 〈네이처〉 지에 게재된 한 연구는 생체 임피던스 센서를 사용하

여 혈압을 측정하는 커프 없는 기기의 성공적 결과를 보고한 바 있다.[43]

몇 년 전에는 바이오비트Biobeat가 PPG 기반 플랫폼을 사용하여 호흡수와 체온을 모니터링할 수 있는 FDA 승인을 받았으며, 이로써 기존에 받은 혈압, 혈중 산소 포화도 및 맥박수 모니터링 기능에 새로운 생체 신호 측정 기능이 추가되었다. 비바링크의 다기능 웨어러블 패치는 충전식이며 재사용할 수 있다. 비바링크는 원격 및 외래환자 모니터링을 위해 이 패치를 설계했으며, 현재 이러한 응용 분야에서 조기 접근이 가능하다.

최근 한 연구에서 왕Wang 등은 일치형conformal 초음파 패치가 심부 동맥 및 정맥 부위의 혈압 파형을 모니터링하는 유의미한 가능성을 보여주었다.[44] 초음파는 생체 역학 조직 깊숙이 침투할 수 있어 현재 사용되는 전자 기기의 3D 감지가 가능하다. 웨어러블 초음파 장치는 굴곡지고 시간에 따라 모양이 변하는 피부 표면에 완벽하게 일치하면서도 밀접한 접촉을 보장한다.

웨어러블 맥파 모니터링 센서는 표피에 직접 부착되며 이때 맥파의 변동이 센서의 압전 물질 변형을 감지할 수 있다. 박대용 등의 연구는 우리에게 놀라운 혁신을 보여주었다. 피부 위에 부착하여 실시간으로 맥박을 모니터링하는 센서를 연구한 것이다. 피부에 부착된 이 작은 센서는 마치 우리 몸 위에서 춤을 추는 것처럼 맥박의 변화를 감지하고 실시간으로 데이터를 전송한다.[45]

센서의 핵심은 압전 물질이다. 압전 물질은 압력이 가해지면 전기신호를 발생시키는 특성이 있다. 박대용 등은 티탄산 지르콘산 연**PZT**이라는 압전 물질을 사용하여 센서를 제작했다. PZT는 뛰어난 성능과 유연성을 자랑하며, 이는 센서의 정확도와 내구성을 높여준다.

개발된 센서의 성능은 민감도 0.018kPa^{-1}(매우 민감하며, 미세한 맥박 변화까지 감지 가능), 응답 시간 60ms(빠르게 변화하는 맥박에도 실시간으로 반응)이고 기계적 내구성이 뛰어나 오랜 기간 사용할 수 있다. 센서는 무선 블루투스 송신기와 안드로이드 기반 스마트폰에 연결되어 감지된 맥박 데이터를 실시간으로 표시한다. 이는 건강 관리, 스포츠 활동, 의료 진단 등 다양한 분야에서 활용될 수 있다.

체액 모니터링

우리 몸에서 나오는 땀은 단순한 수분 이상의 의미가 있다. 땀에는 전해질, 작은 분자, 단백질 등 다양한 생체 지표가 포함되어 있어 건강 상태를 파악하는 중요한 지표로 활용될 수 있다. 최근 몇 년 동안 땀 분석을 위한 웨어러블 센서들이 개발되어 다양한 땀 성분을 감지할 수 있게 되었다. 이러한 센서는 우리 몸에 부착되어 실시간으로 땀을 분석하여 건강 상태를 모니터링하는 데 도움을 준다.

당뇨병 환자는 땀으로 혈당을 측정하고 관리할 수 있다. 운동 선수는 땀으로 젖산 수치를 측정하여 운동 강도를 최적화할 수 있으며, 스트레스 호르몬 수치를 측정하여 스트레스 관리를 할 수 있다. 또한 특정 약물의 농도를 측정하여 약물 치료 효과를 모니터링할 수 있다.

첩부형 체액 분석 기기는 혈액 검사나 소변 검사와 달리 침습적이지 않고 간편하게 사용할 수 있다. 건강 상태 변화를 실시간으로 파악할 수 있어 건강관리, 스포츠, 의료 진단 등 다양한 분야에서 활용이 가능하다.

체액 분석 기술은 아직 초기 단계지만 건강관리의 새로운 패러다임을 제시할 것으로 기대한다. 투박한 웨어러블 센서를 매끈한 피부 패치로 대체하게 해줄 바이오센서는 앞으로 더욱 정확하고 다양한 정보를 제공할 수 있을 것이다. 초박형 유연 무선 땀 감지 센서는 기능성 엘라스토머 기판 위에 설치되어 있어 생체 적합 유체의 표피 분석이 가능하다.[46] 이는 화학 센서와 초음파 센서를 하나로 결합해 다양한 신체의 생체 신호를 감지한다. 기능도 많아 센서 하나로 신체 내 알코올 및 카페인 농도는 물론 혈압과 심박까지 측정할 수 있다. 게다가 일회용 센서여서 사용도 간편하다. 코로나19 팬데믹 당시 원격진료용으로 사용되기도 했다.[47]

미국 캘리포니아주립대학교가 문신처럼 얇게 피부에 부착하는 팔방미인 웨어러블 센서를 내놓았다. 연구팀은 알코올·카페인·

포도당·젖산염을 전기화학적으로 감지하는 화학 센서와 몸속 혈압을 모니터링하는 초음파 센서를 결합한 신축성 있는 피부 패치를 개발했다.

지속적이고 비침습적인 생체 지표 모니터링은 운동 과학 및 의학 분야에서 인간의 건강, 체력 그리고 웰빙을 유지하고 관리하는 데 중요한 역할을 한다. 체온 감지를 통한 내부 보정 기술을 구현한 웨어러블 전자 센서는 인체 땀 속의 젖산·수소이온·나트륨이온을 실시간으로 감지해주며, 마이크로플루이딕 샘플링과 무선 판독이 가능하다.[48]

이 패치형 센서가 의료용 외에 운동선수나 군인들을 모니터링하는 데 도움이 된다고 보고 펩시코PepsiCo와 협력해 식품의 영양 효과를 측정하는 데에도 활용하고 있다.

알리자데Alizadeh 등은 운동 중 전해질 수치 추적을 통해 수분 상태를 지속적이고 비침습적으로 측정할 수 있는 완전 통합형 웨어러블 땀 감지 패치를 개발했다.[49] 이 장치는 피부에서 효과적으로 땀을 채취하며, 흡수율이 높아 땀의 생리 작용에 미치는 영향을 최소화하고 유연한 소재와 무선 기술을 사용하여 소듐 및 칼륨이온의 선택 전극을 결합한 유연한 초소형 유체역학 및 저소음 전자 기기를 탑재해 무선으로 땀을 모니터링한다.

최근 연구에서는 피부에 부착하여 땀 속 포도당과 pH를 감지할 수 있는 전기화학 센서가 개발되었다.[50] 이 센서는 유연한 기판과 나노시트 금 패턴 위에 탄소 나노튜브를 증착하여 제작되었으며, 접착성 고분자인 실비온silbione을 사용해 피부에 밀착시킨다. 제작된 이 전기화학 센서는 피부 밀착성으로 인해 높은 민감도와 선택성을 가지며, 30% 신축에도 견디고 최대 10일 동안 대기 상태에서도 안정성을 유지한다.

지금까지의 웨어러블 바이오센서는 일반적으로 단일 생체액 샘플을 측정했지만, 최근 연구진들은 하나의 웨어러블 플랫폼에서 2가지 다른 체액(피부 간질액 및 땀)을 동시에 모니터링하는 '피부 생체 모니터링 시스템' 개발에 박차를 가하고 있다. 이 시스템은 피부를 가로지르는 역방향 이온영동법으로 간질액 추출과, 발한 유도 약물(필로카르핀)을 피부의 다른 부위로 이온토포레시스 전달 기술을 병행함으로써 실현되었다.

이러한 발전은 운동선수는 물론 수술 중 환자나 열사병 고위험군의 탈수증을 관리하기 위한 실시간 수분 모니터링에 활용될 수 있다. 신장 질환이나 부신 질환 환자의 정밀한 전해질 관리를 가능하게 하며, 당뇨병 환자의 혈당 측정을 대체할 수 있는 비침습적 당뇨 모니터링의 가능성도 열어준다.

당뇨병은 인슐린 조절 문제로 인한 만성질환으로, 다양한 합병증을 유발할 수 있어 지속적인 혈당 모니터링과 관리가 필수적이다. 이에 따라 당뇨 관리 개선과 효과적인 혈당 조절을 위한 부착형 혈당 모니터링 장치 개발이 주목받고 있다.

한 연구에서는 열 소작 시스템thermal ablation system과 결합된 PDMS 피부 패치가 소개되었다. 이 시스템은 침습적 추출 없이도 피부 간질액의 포도당 및 기타 생체 분자를 제어하고 샘플링할 수 있다.51

또 다른 연구팀은 웨어러블 패치형 센서를 개발했다. 이 센서는 그래핀과 금으로 제작되었으며, 땀 분석을 통한 당뇨 치료를 목표로 한다.52 신축성이 뛰어난 이 장치는 높은 전도성, 광학적 투명성, 기계적 안정성을 보장하기 위해 금 메시와 금 도핑 CVD Chemical Vapor Deposition 그래핀을 활용해 안정적 전기신호 전달을 보장한다. 또한 대규모 변형 장치 어레이에서도 피부처럼 반투명성을 유지한다. GP-하이브리드 센서는 금 도핑 CVD 그래핀을 전기화학적 활성 연성 소재로 사용하여 땀에 존재하는 중요한 생체 지표를 감지하고 선택성과 민감도를 향상했다.

이 패치는 땀 조절 요소(땀 흡수층 및 방수 필름), 감지 요소(습도, 포도당, pH, 진전 센서), 치료 요소(마이크로 니들, 히터, 온도 센서)로 구성된다. 열에 의해 활성화되며 약물을 경피를 통해 전달한다. 이러한 웨어러블 패치는 기존의 혈당 측정의 불편함을 해소할 수 있다. 더 나아가 첨단 센서와 약물 전달 시스템을 결합하면 환자 맞춤형 혈당 관리와 당뇨 합병증 예방에 크게 기여할 것으로 기대한다.

첨단 스마트 패치는 발한 시점을 확인하기 위해 상대 습도를 감지하고 이와 동시에 체온과 pH를 측정해 보정할 수 있다. 패치

내에서 포도당 수치가 일정 수준을 넘어가면 내부 히터가 특수 물질을 녹여 '메트포르민Metformin'을 생체 적합성 마이크로 니들을 통해 경피로 전달한다. 이를 통해 패치는 저혈당이나 고혈당에 대응하는 기능적 반응을 보여준다.

미국 뉴욕주립대 빙엄턴대학교 연구진은 운동과 관련한 저혈당 감지를 위해 인체 발한 시 포도당을 추적하는 자가발전식 일회용 웨어러블 센서 패치를 선보였다.[53] 일반 반창고 형태의 이 패치는 종이 위에 구축된 포도당·산소 효소 연료 전지를 탑재하고 있다. 해당 센서는 외부 전원이나 별도의 판독 장치 없이도 피부에 부착해 땀 내 포도당을 측정할 수 있다. $10k\Omega$ 저항을 장착했을 때의 검량 곡선은 $0.02{\sim}1.0mg/mL$ 포도당 범위에서 높은 선형성($R2=0.989$) 및 $1.35\mu A/mM$의 우수한 민감도를 나타낸다.

좀더 최근의 연구에서는 피부를 통해 약물을 전달할 수 있는 혈액 연관 바이오센싱 웨어러블 기기가 소개되었다.[54] 발한 촉진제(카바콜), 미세 유체 전달을 위한 육각형 심지, 알코올 산화효소를 활용해 땀의 에탄올을 정밀하게 분석한다. 에탄올의 혈중 농도와 정확한 상관관계를 보이는 '땀 에탄올'을 지속해서 측정할 수 있는 통합형 기기다. '에크린시스템즈Eccrine Systems'는 이 기술을 웨어러블 땀 감지 기기로 상용화를 진행하고 있다. 일반 알코올 바이오센서가 땀을 분석하는데, 특히 에탄올이 효소를 통해 대사되며 발생하는 과산화수소의 농도를 측정한다.

향후 웨어러블 스마트패치는 생체 징후 모니터링뿐만 아니라 직접적 맞춤형 약물 전달 기능으로 진화할 수 있을 것으로 보인다. 이러한 통합형 건강관리 기능의 등장은 당뇨 관리, 음주 습관 조절 등에 유용한 도구로 자리 잡을 수 있을 것이다.

체온 모니터링

질병 진단 및 치료 과정에서 피부 온도 변화를 추적하는 것은 매우 중요하다. 이에 따라 초박형의 피부 부착형 센서가 지속적이고 정밀한 체온 측정을 위해 개발되고 있다. 체온 측정 센서의 생명은 편리성이다. 피부 굴곡 표면에 유연하게 부착 가능한 초박형 설계와 유연한 구조로 되어 있어 마치 피부의 일부인 것처럼 부착되어 있어야 불편함이 줄어든다. 또한 센서에 가해지는 부하를 효과적으로 분산시켜 피부 친화성을 제공해야 하며, 장치 자체의 열용량이 매우 낮고 수분이나 기체의 투과성이 높아 체온 변화에 신속하게 반응할 수 있어야 한다.

2022년 한국표준과학연구원과 성균관대학교가 공동 개발한 의료용 실리콘 전자 패치가 이 조건에 부합한다. 이 패치는 화학 접착제 없이도 피부 접착력이 우수한 실리콘 전자 패치와 탄소 나노 섬유 기반의 신축성 전극으로 심전도, 체온 등 생체 신호를 24시간

상시 모니터링할 수 있다.[55]

기존의 전자 패치는 신체를 움직이거나 피부에 땀과 유분이 발생하면 접착력이 급격히 떨어져 상시 착용이 어렵다. 이를 보완하기 위해 화학 접착제를 사용하면 피부 가려움증, 알레르기 등의 부작용이 발생할 수 있다. 생체 전기신호를 전달하기 위해 전도성 소재를 사용하여 화학적·열적 내구성이 약해 전기적 성능이 쉽게 저하된다.

공동 연구팀은 기존 제품의 문제점을 개선하기 위해 물속에서도 미끄러지지 않는 물방개 앞발의 미세 구조를 모방해 운동이나 샤워 중에도 떨어지지 않을 만큼 피부 접착력이 뛰어난 전자 패치 소재를 개발했다. 이 패치는 인체에 무해한 의료용 실리콘으로 제작되었으며 통기성과 배수성이 우수해 장시간 안정적으로 착용할 수 있다.

이 패치에 사용된 탄소 나노 섬유 소재의 신축성 전극은 피부가 접히거나 늘어나도 전기 전도성을 잘 유지한다. 기존 전자 패치 전극의 약한 내구성을 보완하기 위해 전도성 소재인 탄소 나노 섬유를 실리콘 표면에 뿌리박는 새로운 구조를 고안했다. 신체 움직임에 따라 늘어나면서도 패치와 전극이 쉽게 분리되지 않아 신축성·전도성·내구성을 동시에 확보했다.

스마트콘택트렌즈

눈을 뜨자마자 목적지까지 가는 지도가 눈앞에 펼쳐지고, 운동하면서 실시간으로 심장박동까지 확인할 수 있다면 어떨까? 이 꿈 같은 이야기가 현실로 다가왔다. 바로 '스마트콘택트렌즈' 덕분이다. 실리콘밸리 스타트업 모조비전은 '모조 렌즈'라는 스마트콘택트렌즈 시제품을 공개하며 세상을 놀라게 했다. 이 렌즈는 마치 SF 영화 속 장면처럼 눈앞에 직접 정보를 띄울 수 있는 혁신적 기술을 탑재하고 있다.[56]

모조 렌즈는 초소형 LED 디스플레이가 내장된 콘택트렌즈다. 산소가 투과되는 특수 플라스틱으로 만들어진 렌즈 중앙에는 1in(2.54cm)당 1만 4,000개의 화소를 탑재하여 눈앞에 각종 그림과

모조 렌즈(출처: 모조비전)

문자를 선명하게 띄운다. 초소형 배터리 및 센서가 렌즈 가장자리에 장착되어 렌즈 작동에 필요한 에너지를 제공하고 사용자의 움직임을 감지한다. 또한 스마트콘택트렌즈를 낀 채 운동하면 실시간으로 눈앞에 심박수나 운동량 등 각종 데이터가 나타나 훈련 성과를 더욱 극대화할 수 있다.

스트레스 관리용 스마트콘택트렌즈도 나왔다. 기초과학연구원 나노의학연구단 박장웅 연구위원(연세대학교 신소재공학과 교수) 연구팀은 명지대학교 공동 연구진과 눈물 속 스트레스 호르몬 '코티솔cortisol'을 감지하여 실시간으로 정확히 측정할 수 있는 스마트콘택트렌즈를 개발했다. 이 렌즈형 모바일 헬스케어 기기는 스마트폰과 연동되어 일상에서 손쉽게 스트레스를 관리할 수 있다.[57]

녹내장 환자의 안압을 측정해 자동으로 조절하고 안압 상태에 맞게 약물까지 방출하는 스마트콘택트렌즈가 개발되었다.[58] 포스텍 한세광 신소재공학과 교수와 김태연 연구원 연구팀이 녹내장 치료를 위한 획기적 기술을 개발했다. 이 혁신적인 렌즈는 녹내장 환자의 삶을 크게 개선할 것으로 기대한다.

녹내장은 안압 상승으로 시신경 손상이 발생하고 안압 조절에 문제가 생기는 안질환이다. 심하면 시력 상실에 이를 수 있어 조기 발견과 치료가 중요하다. 기존 안압 센서는 안압 모니터링만 가능했지만 포스텍팀의 스마트콘택트렌즈는 안압 진단뿐만 아니라 약물 치료까지 가능하게 했다. 연구팀은 고민감도 안압 센서와 유연성 약물 전달 시스템, 무선 전력-통신 시스템을 개발했을 뿐만 아니라 녹내장의 안압 모니터링·제어를 위한 집적 회로 칩을 정밀하게 통합했다.

연구진은 토끼 실험을 통해 스마트콘택트렌즈가 안압 상태를 실시간으로 파악하고 상황에 맞춰 약물을 방출하여 안압 조절이 가능하다는 것을 확인했다. 한세광 교수는 "이번 연구는 녹내장 치료의 새로운 가능성을 제시하며, 환자들의 삶의 질 향상에 크게 기여할 것으로 기대합니다."라고 밝혔다.

생체 이식형 의료 기기

생체 이식형 의료 기기는 무선 의료 측정 분야에서 주목받고 있는 기술이다. 여기에는 삽입형과 섭취형의 2가지 방식이 있다. 삽입형 기기는 우리 몸 안에 넣어 인체 내부의 변화를 감지하여 질병을 진단하고 치료하는 데 활용되는 미래 의료 기술이다. 마치 우리 몸의 일부가 된 듯 작동하며, 다양한 질병에 맞춤형 치료를 가능하게 할 것으로 기대한다.

섭취형 기기는 약처럼 삼키는 기기로, 소화기관을 이동하며 내시경 검사와 같은 역할을 수행한다. 위장 내부를 직접 관찰하며 영상 정보를 실시간으로 전송해 더 정확한 진단과 치료를 가능하게 한다. 이러한 장치의 원격 무선 기능은 환자 모니터링 데이터의 전송뿐만 아니라 장치의 배터리 유지 및 상태 확인, 기능 업그레이드에도 필수적이다.

이들 기기는 인체 내부에서 직접 작동하기 때문에 이식에 따른 면역 거부반응 등의 부작용을 미리 방지할 수 있는 설계가 필수적이다. 인체 조직은 전도성을 띠므로 임플란트나 섭취형 기기의 금속 부분과 직접 접촉하면 장치의 안테나를 단락시킬 수 있다.[59] 따라서 생체 이식형 기기는 안테나 설계 및 성능 향상, 무선 주파수 설정, 전력 및 전자 시스템 모델링 등이 중요하다.

이들 기기의 지속적 개발은 더욱 정밀한 환자 모니터링과 필요 시 신속하게 개입할 수 있는 맞춤형 치료 방법으로 이어질 수 있다. 이는 질병을 조기에 발견하고 합병증을 예방하며 삶의 질 향상에 중요한 기여를 할 것으로 기대한다.

임플란트 기기

1960년대에 심박 조율기가 처음 개발된 이후 이식형 제세동기[ICD], 이식형 심부 뇌 자극기 등을 사용하는 심혈관 질환자 수가 꾸준히 증가하고 있다. 임플란트 기기는 대부분 배터리, 생체 적합성 물질 그리고 프로그램 가능한 회로로 구성된다.

심박 조율기는 부정맥 치료에 사용되는 가장 대표적인 의료용 임플란트다. 불규칙한 심장박동이 감지되면 저에너지 전기 펄스를 제공해 정상 리듬을 회복한다. 이보다 상위 버전이 ICD다. ICD는 심장마비의 절반을 차지하는 돌연심장사SCD의 주요 원인인 심실 부정맥 치료에 효과적이다. 심부 뇌 자극은 파킨슨병 등 운동장애 치료에 활용되고 있다. 이때 시술은 뇌 신경 구조를 목표로 하는 정위 수술이 필요하다. 목표로 하는 전극은 이식형 펄스 발생기IPG에 의해 제어되어 운동 조절에 필요한 전기신호를 제공한다.[60]

감정과 생체 신호 모니터링을 위한 전자 문신

전자 문신e-tattoo은 신체에 부착하여 데이터를 수집하는 부드러운 센서 장착 웨어러블 기기이다. 전자 문신은 비침습적이며 피부에 최적의 부착이 가능하여 다양한 피부 조직에 적용할 수 있다. 문신용 접착제의 질감은 신축성이 뛰어나 피부 움직임을 그대로 따라가 환자에게 자연스러운 착용감을 제공하며, 의사에게는 정확한 데이터 전송을 가능하게 한다. 현재 전자 문신은 최적의 임상적 결정을 내리고자 하는 1차 진료 제공자의 진단 및 모니터링 수단으로 기능한다.

이러한 기기는 종종 그래핀, 탄소 또는 전도성 폴리머와 같은 전도성 재료로 만들어지며 이는 생체 전위, 즉 착용자의 신체에서 발산되는 전기신호(근육 충동, 심박수 및 뇌 활동)를 측정하게 해준다. 이 센서들은 운동을 추적하는 가속도계나 온도 센서, 심지어 땀의 화학적 조성을 측정하는 센서 등을 함께 장착할 수도 있다.

전자 문신과 운동 중 착용하는 스마트워치나 가슴 스트랩 같은 전통적 웨어러블 기기의 주요 차이점은 부드러운 형태라는 것이다. 장착이 어려운 단단한 장치와 다르게 유연하고 얇은 소재를 사용해서 착용자의 피부와 매우 밀접하게 접촉할 수 있는데, 이는 신체의 전기적 충동을 안정적으로 측정하는 데 필수다. 결국 전자 문신은 전통적인 웨어러블 기기보다 착용감이 더 편안하며, 최근까지 연구실이나 병원 환경에서만 수집할 수 있었던 데이터를 실생활 속에서도 포착할 수 있게 도와준다.

전자 문신은 지속적인 착용을 위해 설계되었기 때문에 연구원과 의료 전문가는 이전에는 불가능했거나 비용이 많이 들었던 데이터를 수집할 수 있다. 예를 들어 뇌 활동과 눈의 움직임을 포착하는 전자 문신은 실제 시나리오와 매우 유사한 산만한 운전 시뮬레이션에서 연구 대상에 적용될 수 있다. 의료 환경에서는 전자 문신을 지속적인 재택 모니터링에 사용할 수 있다.

"이 분야의 기세가 크게 높아지고 있습니다. 이 기술이 성공적으로 대중화되면 건강 상태 모니터링 및 의료 제공 방식에 큰 변화를 가져올 것입니다." 노스웨스턴대학교 퀘리심슨생체전자연구소Querrey Simpson Institute for Bioelectronics 소장이자 2011년 〈사이언스〉지에 출판된 주요 연구 보고서의 공동 저자인 존 로저스John Rogers는 전자 문신이라는 떠오르는 분야에 대해 언급하며 "비

용을 절감하고 환자의 결과를 향상할 잠재력이 있습니다."라고 말했다.[61]

　전자 문신은 기본적으로 극도로 얇은 스티커와 같은 접착제로 센서를 피부에 부착한다. 이 센서들은 착용자의 스마트폰 또는 전용 장치와 같은 수신기가 있는 장치에 데이터를 무선으로 전송하며, 일부 전자 문신에는 우리가 움직이고 생각하고 감각을 통해 세상과 상호작용할 때 방출하는 미묘한 전기적 충동, 즉 생체 전위를 감지하는 얇은 전도성 물질층이 포함된다.

　인체는 실제로 전기 기계이며, 신체의 모든 부분에는 특정 기능과 관련이 있는 고유한 전기신호가 있다. 전기는 저항이 가장 적은 경로를 찾고 인체가 완전한 전기 절연체가 아니므로 이러한 신호 중 일부는 신체에서 전자 문신의 전도성 층으로 이동한다. 이는 전도성 물질에 부착되는 센서로 측정할 수 있다.

　생체 전위, 특히 뇌에서 나오는 것처럼 희미한 신호를 측정하는 장치는 전도성 물질이 피부에 가능한 한 밀착되어 접촉 표면을 최대화하는 것이 중요하다. 이는 팔이나 이마 같이 피부가 상대적으로 평평해 보이는 부분에도 작은 요철이 많아 착용자가 움직일 때 재료가 서로 마찰하여 접촉 불량 또는 데이터에 노이즈가 발생할 수 있어서 생각보다 더 어려운 과제다.

　전통적으로 임상 환경의 이러한 과제는 간격을 메우는 전도성 겔을 사용하여 해결했지만, 나노 기술의 발전 덕분에 연구자들은 겔의 필요 없이 충분히 얇은(경우에 따라 단일 탄소 원자의 두께) 막을 만들 수 있게 되었다. 하지만 많은 전자 문신은 더 저렴하고 두꺼운 전도성 물질을 사용한다. 특히 심장에서 방출되는 것과 같이 더 강한 신호를 포착할 경우 더욱 그렇다. 일부는 전기신호를 전혀 측정하지 않고 대신 가속도계나 온도 센서, 땀의 화학 성분에 의존한다.

베가Vega 등은 치아 에나멜과 같은 생체 물질을 사용하여 무선 그래핀 나노 센서를 개발했다.[62] 이 센서는 전원의 필요 없이 호흡 또는 타액 속 박테리아를 원격으로 감지 및 모니터링할 수 있다. 그래핀의 생체 적합성, 견고성, 광학적 투명성, 생체 전이성, 유연성은 임플란트에 활용하기에 매우 적합하다. 그래핀을 수용성 실크 기판에 인쇄함으로써 일시적 문신 플랫폼으로 사용할 수 있다. 항균 펩타이드가 접목된 그래핀 나노 센서는 단일 세포 수준에서 특정 병원성 박테리아를 감지하는 능력이 있다.

지아Jia 등은 젖산·포도당·암모니아·알코올의 농도를 모니터링하기 위한 문신 형태의 비침습적 진단 방법을 개발했다. 젖산의 경우, 효소에 의해 발생하는 전기화학적 신호를 측정하는 바이오센서가 구현되었다.[63] 땀샘에서 분비되는 젖산 농도(최대 20mM) 감지에 특화된 이 새로운 피부 바이오센서는 민감도와 유연성이 뛰어나 피부의 반복적인 움직임에도 견딜 수 있다. 장기간의 반복 운동 중 땀샘 내 젖산 변화를 실시간으로 분석하는 데 성공적으로 적용되었다.

이와 달리 암모니아 농도 감지는 비활성 이온 운반체와 고체 상태 기준 전극을 기반으로 한 암모니움 선택적 고분자막을 활용한다.[64] 이를 활용한 문신 바이오센서는 0.1~1mM의 암모니아 농도 측정에 성공했다. 포도당 모니터링 역시 문신 기반의 비침습적 기기의 플랫폼에서 구현되었다.[65] 이는 역전 삼투압에 의해 피부쪽으로 이동한 포도당을 효소 기반 전류 측정 바이오센서로 감지한다. 해당 센서는 23nA/μm의 우수한 민감도와 최대 3μm까지의 정확한 포도당 측정이 가능하다. 식사 후 피험자의 피부에 센서를 부착하여 혈당 변화를 모니터링함으로써 검증되었다. 이는 간질액 내 포도당 이외의 물질 분석이나 당뇨 관리에서도 문신 플랫폼을 활용할 수 있음을 시사한다.

알코올 분석의 경우에도 유사하게 이온영동법과 바이오센싱을 접합한 문신 형태의 웨어러블 시스템이 개발되었다.[66] 우선 '필로카르핀' 약물을 경피로 전달해 땀 생성을 유도하고 센서에 내장된 알코올 산화효소로 실시간 알코올 수치를 측정한다. 인체 친화적 설계와 실험 결과를 통해 음주 전후의 명확한 측정치 차이를 입증했다. 이 알코올 센서는 데이터를 무선으로 측정, 제어하기 위한 웨어러블 패치 내 유연한 재질의 전자회로를 포함한다.

현재 상용 웨어러블 기기는 대부분 인체에 부착하기 위해 스트랩이나 접착테이프를 사용한다. 이로 인해 피부와 센서의 접촉이 불안정해지면서 이들 기기는 제한된 측정 정확도, 낮은 신호 대비 잡음비 그리고 움직임으로 인한 오작동에 취약한 단점이 있다. 이러한 문제를 극복하기 위해 테이프가 필요 없는 저비용 초박형의 다기능 전자 문신이 개발되었다.[67] 이 센서는 '잘라서 붙이기cut-and-paste' 방식으로 제작되고 필라멘트 구조로 통기성이 우수하여 착용 시의 불편함이 적다. 1.5μm의 얇은 두께로 피부의 움직임을 자연스럽게 따라가 불편함을 최소화한다. 또한 다양한 센서(심전도, 피부 온도, 습도)를 장착해 별도의 신호 간섭 없이 동시에 측정할 수 있다.

최근 하버드대학교와 MIT 연구진은 데이터 처리나 전송에 별도의 전력을 필요로 하지 않는 단순한 화학반응을 활용한 '생체 반응성 잉크'를 개발했다.[68] 이는 인체 표면 자체를 생체 인터페이스, 즉 상호작용이 가능한 디스플레이로 사용할 수 있음을 입증한 것이다. 조직액으로 알려진 간질액의 변화에 따라 색상이 변하는 바이오센서가 전통적인 문신 잉크를 대체한다. 해당 체액은 혈장과 밀접하게 상호작용하므로 간질액을 분석하면 특정 시점의 혈중 화학물질 농도를 정확히 파악할 수 있다. 연구진은 피부 위에서 색이 변하면서 pH나 포도당, 나트륨 수치의 변화를 추적하는 4종류의 바이오센서 잉크를 개발했다. 지금까지 2가지 유형의 잉크가 돼지 피부상 실험을 통과했다. 하나는 환자의 혈당치를 모니터링하기 위한 것으로, 혈당이 높아지면 녹색에서 갈색으로 변한다. 두 번째는 나트륨 수치가 증가하면 연한 녹색으로 변하고 탈수 예방을 위해 나트륨 농도를 추적한다.

또 다른 연구에서는 자오Zhao 등이 프로그램된 박테리아 세포를 약 30μm의 고해상도로 3cm 크기의 생체 물질에 인쇄할 수 있는 3D 바이오프린팅 하이드로겔 잉크를 개발했다.69 해당 잉크에는 박테리아 세포, 영양소, 시그널 화학물질뿐만 아니라 중합체 미셀과 광개시제의 혼합물이 포함된다. 생체 물질에 직접 3D 프린팅하려면 서로 다른 세포나 화학물질로 구성된 다중 하이드로겔 잉크로 우선 인쇄가 이루어지고 그 위에 자외선을 조사한다. 박테리아 세포에는 특정 기능이 프로그래밍, 3D 프린팅 기술로 이들의 역할을 확장했다. 다양한 화학물질을 감지하도록 만들어진 세포가 이중층 구조의 탄성 물질에 인쇄되어 피부에 부착되면 화학반응에 따라 형광 초록색을 나타낸다.

이러한 혁신적인 웨어러블 기술은 건강관리의 효율성과 정확성을 비약적으로 발전시킬 수 있을 것으로 보인다. 피부 부착의 안정성, 환자의 편의성, 다기능 센서의 통합 등으로 인해 의료 현장 및 일상생활에서 중요한 생체 지표 모니터링 시스템으로 자리 잡을 것이다.

일부 임플란트 장치는 치료가 끝나면 신체 내에서 더는 관리가 필요 없는 상황이 발생한다. 이때는 종종 외과적 제거 절차가 필요한데, 이는 환자에게 신체적·생물학적·경제적 부담을 안긴다. 따라서 신체 내부에서 일정 기간 후에 자체적으로 흡수되는 '생체

6장 스마트 의료용 웨어러블 기기

흡수성' 전자 임플란트를 개발하기 위한 연구가 활발히 진행되고 있다.

최근에는 광학 소자를 내장한 다기능 생체 흡수성 장치,[70] 완전 분해가 가능한 실크 기반 치료 장치, 생체 흡수성 전자 스텐트[71] 그리고 뇌 활동 모니터링용 생체 흡수성 실리콘 센서[72] 등이 개발되었다. 이러한 생체 흡수성 임플란트 기술은 획기적인 일회용 의료 장치를 가능하게 할 것으로 기대한다. 외과적 제거 수술의 필요성을 없애 환자의 부담을 줄이고 자연스러운 분해 기능으로 이식 후 발생할 수 있는 합병증 위험도 최소화한다.

섭취형 센서

프로테우스디지털헬스Proteus Digital Health(이하 프로테우스)가 개발한 섭취형 스마트알약은 작지만 강력한 기술로 의료 분야의 미래를 혁신할 잠재력을 지닌다.[73] 이 알약은 복용 시 작은 센서로 위장을 이동하면서 데이터를 수집하고 이를 착용자의 스마트폰 앱으로 전송한다. 이처럼 획기적인 기술은 질병 관리, 약물 복약 순응도 향상, 개인 맞춤형 치료 제공 등 다양한 측면에서 긍정적인 변화를 가져올 것으로 기대한다.

스마트알약에는 생체 전기신호, 온도, pH 등을 측정하는 센서가 내장되어 있다. 센서가 수집한 데이터는 알약 안에 내장된 무선 송신기를 통해 스마트폰 앱으로 전송된다. 스마트폰 앱은 센서 데이터를 분석하고 알약 섭취 여부, 위장 상태 모니터링, 질병(소화 장애, 궤양, 크론병 등) 진단 및 관리 지원 정보를 사용자에게 제공한다. 또한 앱을 통해 환자의 약 복용 여부를 실시간으로 확인하고 알림을 제공하여 약물 복약 순응도를 향상한다. 특히 만성질환자는 지속적인 약물 복용이 중요한데, 스마트알약은 이러한 환자에게 큰 도움이 될 수 있다.

스마트알약은 위장 상태를 지속해서 모니터링하여 질병의 조기 진단 및 예방에 도움을 줄 수 있다. 특히 위암이나 대장암과 같은 위장 질환은 조기 발견이 중요한데, 스마트알약은 이러한 질병의 조기 진단에 기여할 수 있다. 또한 환자 개개인의 생체 정보 및 약물 반응 데이터를 분석하여 개인 맞춤형 치료를 제공할 수 있다. 이는 치료 효과를 극대화하고 부작용을 최소화하는 데 도움이 된다.

섭취형 스마트알약은 일반 약보다 비싸다는 단점이 있다. 하지만 기술 발전과 생산량 증가에 따라 비용이 점차 낮아질 것으로 예상한다. 안전성은 스마트알약의 또 다른 단점이다. 센서나 무선 송신기의 안전성을 우려한다. 프로테우스는 이를 극복하기 위해서 다양한 임상 시험을 통해 안전성을 검증하고 있으며, 지속적 연구를 통해 안전성을 더욱 향상시킬 예정이다. 센서 데이터의 개인 정보 보호 문제 또한 주목해야 할 점이다. 프로테우스는 개인 정보 보호 정책을 강화하고 데이터 보안을 위해 노력하고 있으며, 더욱 강력한 개인 정보 보호 시스템을 구축할 것으로 기대한다.

프로테우스 섭취형 스마트알약은 아직 초기 단계이지만 의료 분야의 미래를 혁신할 잠재력이 매우 높다. 앞으로 다양한 임상 시험을 통해 효능과 안전성을 더욱 검증하고 기술 발전과 생산량 증가를 통해 비용을 낮추는 노력이 필요하다. 또한 개인 정보 보호 문제를 해결하기 위한 강력한 시스템 구축이 필수이다.

'마이티메드MyTMed' 시스템은 프로테우스에서 개발한 섭취형 스마트알약과 앱으로 구성된 시스템이다. 이 시스템은 약을 먹을 때 같이 삼키는 작은 센서(스마트알약)를 사용하여 환자의 건강 상태를 모니터링하고 관리하는 데 사용된다. 약물 복약 순응도를 직접 확인할 수 있는데, 이는 매우 중요한 측정치다.[74] 마이티메드는 pH2 환경과 접촉하면 무선 주파수를 발하는 전자 펠릿과 해당 주파수를 수신해 클라우드 서버로 전송하는 '허브Hub'로 구성되며, 이를 통해 환자와 의사의 양방향 정보 교환이 가능하다. 그 덕분에 복용 약물의 종류나 순응도에 대한 통제가 비약적으로 향상된다. 이 시스템을 정제 형태의 약물 관리에 적용하면 다양한 만성질환을 더욱 효과적으로 관리할 수 있을 것이다. 앱을 통해 환자의 약 복용 여부를 실시간으로 확인하고 알림을 제공하여 약물 복약 순응도를 향상할 수 있다.

웨어러블 기기의 보편화와 한계

웨어러블 기기는 의료 진단에서 생체 모니터링 시스템에 이르기까지 다양한 분야에서 그 활용도가 높아지고 있다. 특히 전 세계 고령 인구의 증가로 인해 장기적 건강 모니터링 측면에서 웨어러블 기기가 중요한 역할을 한다.

여기서는 중요한 생체 지표를 비침습적으로 또는 연속적으로 모니터링하기 위한 첨단 웨어러블 센서 기술을 살펴보았다. 하지만 디지털 헬스 시대에 웨어러블 기기를 대규모로 사용하고 배치하기 위해서는 아직 몇 가지 기술적 과제가 남아 있다.

먼저 개인 맞춤형 기기 보정이 필요하다. 모든 사람은 유전적 조건이나 기본 생활방식에 차이가 있으므로 질병의 조기 진단 증상이 환자마다 다를 수 있다. 따라서 웨어러블 기기로 더 정확하고 효과적으로 환자의 건강을 모니터링하려면 기계 기반의 개인 데이터 분석과 장치의 개인화된 보정이 필요하다. 센서, 배터리 솔루션 및 재료 과학 분야의 기술이 정교해지고 소형화됨에 따라 웨어러블 바이오센서는 내구성과 견고성 측면에서 큰 발전을 이루었다. 앞으로도 이러한 개선이 지속해서 필요하다. 웨어러블 기기는 습도가 높거나 축축한 환경 또는 고온 등 다양한 조건에서 작동해야 하므로 성능 저하 없이 지속적인 모니터링이 이루어져야 한다. 또 다른 핵심 컴포넌트인 배터리 용량의 확대도 필수적이다. 특히

GPS를 활용하는 추적 기능의 경우 상당한 전력을 소모하기 때문이다. 차세대 웨어러블 기기는 점점 더 소형화될 것이며, 이에 따라 센서 패키징도 더욱 집적된 형태로 이루어질 것이다. 작은 공역에서 효율성을 향상하고 더욱 가벼운 디자인을 실현해야 한다.

지난 수십 년간 전자공학, 생체 적합 소재, 나노 물질 분야의 발전은 작은 센서와 생체 의료 장치를 통해 질병을 진단하고 예측할 수 있는 웨어러블 기기의 개발로 이어져 의료 서비스의 질과 효율성을 대폭 향상시켰다. 향후 환자 모니터링과 임상 관리는 효율적이고 저렴한 웨어러블 기기 솔루션에 기반할 것이며 이를 통해 이전에는 불가능했던 가정과 지역사회 내에서 원격 및 장기 모니터링이 가능해진다. 특히 고령 인구의 건강관리 및 의료 비용 절감, 맞춤형 의료 케어의 발전에도 크게 기여할 것으로 전망한다.

또 다른 문제는 웨어러블 기기의 정렬 오류다. 이는 측정의 품질과 정확성에 영향을 미친다. 이 문제를 해결하기 위해서는 측정 시 생길 수 있는 변수를 허용해주는 더욱 지능적인 설계가 필요하다. 예를 들어 계산적 접근법이나 가이드용 내부 참조점 또는 자동 보정 프로토콜 등의 활용이 제시된다. 특히 신체의 다양한 생리적 특성과 웨어러블이 부착되는 장기의 크기나 3D 형태를 고려한 설계가 중요하다.

뇌파와 연결하여
장애를 극복하는 BCI

어벤져스를 만드는 의료?

마치 염동력을 펼치듯이 많은 SF 영화나 드라마에서 생각만으로 컴퓨터를 조종하는 장면이 나온다. 그런데 이는 뇌-컴퓨터 인터페이스BCI, Brain-Computer Interface라 부르는 실재하는 기술이다. BCI는 뇌파나 뇌세포의 신호를 이용해 기계를 조작하는 기술로, 휠체어나 의수, 로봇 등을 생각만으로 움직일 수 있게 해준다. BCI 기술은 아직 초기 단계에 있다. 하지만 일론 머스크Elon Musk가 2016년에 관련 기술 회사를 설립하며 일반 대중에게 좀더 친숙하게 알려지게 되었고, 2019년에 MIT와 세계경제포럼WEF에서 10대 유망 미래 기술로 선정할 만큼 BCI는 그 발전 가능성이 무궁무진하다.

BCI 기술은 단순히 기계를 조작하는 것을 넘어 가상현실 기술과의 접목을 통해 새로운 감각 경험을 제공하거나 뇌의 시각 영역과 연결하여 시각장애인에게 시력을 제공하는 놀라운 연구들도 진행되고 있다. BCI 기술의 발전은 인간과 기계의 관계를 근본적으로 변화시킬 것으로 예상한다. 인간은 더는 기계 사용자로만 존재할 것 같지 않다. 기계와 융합하여 새로운 존재로 진화할 것이다. 이와 같은 새로운 의료 기술의 진화는 이미 현실 세계에 접목되기 시작했다.

인정하기 싫겠지만 우리 주변의 사람들은 이미 모두 어느 면에서 사이보그로 진화했다 볼 수 있다. 사이보그는 인간과 기계가 결합한 생명체다. 그렇다면 지금 우리는 어떤 기계와 결합했을까? 바로 스마트폰이다. 우리는 이미 스마트폰을 신체 일부분으로 받아들이며 살고 있다. 우리 몸을 통제하는 인체의 뇌는 내뇌內腦고 스마트폰은 외뇌外腦가 되어버렸다. 어느덧 스마트폰은 우리의 일상을 유지하고 통제하는 가장 중요한 기억 저장소인 동시에 외부와 연결하고 소통하는 창구가 되었다. 특히 요즘은 인공지능까지 스마트폰으로 들어와 인간은 더욱 고도화된 지성체로 진화하고 있다. 비록 스마트폰이 우리 신체에 이식되지는 않았지만 이미 인간은 스마트폰과 공생symbiosis하며 살아가고 있다.

그런데 이 공생에서 가장 불편한 점은 입력 작업이다. 스마트폰을 사용하기 위해서는 항상 무언가를 입력해야 하는데, 이 때문에 스마트폰 사용은 우리가 신체 기관을 무의식적으로 사용하는 것만큼 자연스럽고 원활하지 않다. 마치 소통에 장애가 있는 것처럼 말이다. BCI 과학자들은 미래 세계에서는 뇌와 스마트폰을 직접 연결하여 이런 소통 문제를 해결하리라 전망한다. 그들의 예상대로라면 영화 '어벤져스'에나 등장하는 초능력 인간이 보통 사람이 되는 날이 올 수도 있다.

BCI 기술이 구현해낸 염동력

뇌파나 뇌세포의 전기신호를 이용하여 장애를 입은 신체 부위를 다시 활성화하거나 휠체어나 의수, 의족 또는 로봇 보조 장치를 조작하는 BCI 기술은 앞으로 신체적 장애를 극복하고 인간의 능력을 향상하는 데 중요한 역할을 할 뿐만 아니라 인간과 기계의 경계를 허무는 새로운 시대가 올 가능성이 있음을 우리에게 알려주고 있다. 마치 SF 영화나 무협 소설에 나오는 염동력처럼 생각만으로 기계를 제어하기 때문에 BCI를 BMI Brain Machine Interface(뇌-기계 인터페이스)라고도 부르며, 과학자들은 기계와 인체의 결합을 의미하는 '사이보그 Cyborg' 기술의 핵심으로 여기고 있다.

　　의료 분야에서는 BCI 활용에 관한 연구가 이미 수십 년 전부터 활발히 진행되어왔다. 초기 BCI 연구들은 질병이나 장애, 마비 등으로 고통받는 사람들의 삶의 질 향상에 중점을 두고 진행되어왔다. BCI 시스템은 진단, 신경 재활 및 보조 기술과 같은 영역에서 중요한 역할을 하며 환자의 손상된 신경 기능을 회복시켜 다양하게 활동하고 환경과 상호작용할 수 있도록 지원한다. 따라서 BCI를 통해 사용자는 손상된 신체 기능이 복원되거나 의사소통, 휠체어나 보조기구 조작, 재활을 보조하는 등의 정상적 활동이 가능해질 수 있다. 이처럼 BCI는 앞으로 손상된 신체 기능의 회복, 질환의 관리 및 치료에 중요한 역할을 할 것이다.[1]

좀 더 자세히 들어가 보면 BCI는 임상 영역에서 신경 기능의 회복 및 재활에 광범위하게 활용될 잠재력을 지닌다. 특히 척수손상이나 뇌졸중, 근위축성측삭경화증ALS 등으로 인한 심각한 운동 장애를 겪는 환자에게 이 기술은 환자의 자율성·독립성·기동성을 향상하여 삶의 질을 크게 개선할 수 있다. 또한 BCI는 신경 피드백 및 신경 가소성 훈련에 유용한 도구로 사용되어 뇌졸중·파킨슨병·외상성뇌손상과 같은 신경 질환자의 회복을 촉진한다.[2] 운동 관련 활용 외에도 BCI는 다양한 임상 및 비임상 분야에 활용될 수 있다. BCI는 임상 분야에서 우울증·불안장애·외상후스트레스장애PTSD와 같은 정신 질환의 진단과 치료에 새로운 길을 열어주며, 비임상 분야에서는 신경 강화, 뉴로 마케팅, 게임 제품 등의 가능성을 제시한다.[3]

BCI가 지닌 엄청난 잠재력에도 최신 기술을 실용적이고 유용한 임상 분야에 적용하는 데는 실질적 난제가 많다. 하지만 BCI 분야의 연구 개발이 계속 진전됨에 따라 의료 환경을 혁신하고 수많은 사람의 삶의 질을 개선할 수 있는 획기적 기술이 될 날이 앞으로 올 수 있으리라 기대한다.

　BCI 기술의 첫 번째 단계는 뇌 활동을 읽어내는 것이다. 뇌파 감지식 BCI는 뇌파 자극을 인식하는 장치를 사용하여 뇌파를 읽어낸다. 신경 신호 감지 방식(직접 신경 접속 방식)의 BCI는 뇌세포의 전기신호를 직접 읽어낸다. 읽어낸 뇌 신호는 컴퓨터나 스마트폰 같은 장치에서 분석된다. 분석된 신호는 로봇이나 컨트롤러 같은 단말장치에 명령을 전달하여 사물 작동을 구현한다.

　뇌파 감지식 BCI는 뇌파, 즉 뇌의 전기적 활동을 나타내는 파동을 측정하고 분석한다. 이를 위해서는 비교적 간편한 장치가 사용되지만 정확성은 기대에 미치지 못할 수도 있다. 뇌파 감지식 BCI는 뇌파를 이용하여 마음으로 마우스를 조종하는 것과 같다. 마음속으로 커서 이동을 생각하면 뇌파 감지 장치가 뇌파를 읽어내고 컴퓨터는 뇌파를 분석하여 마우스 커서를 이동시킨다.

　BCI는 뇌와 접속하는 방법에 따라 크게 삽입형, 부분적 삽입형, 비삽입형으로 나눌 수 있다. 삽입형 BCI는 뇌에 직접 전극을 삽입하는 방식으로, 가장 정확한 뇌 신호를 얻을 수 있지만 어렵고 시술이 필요하므로 위험성이 있다. 뇌에 직접 접근해야 해서 시술을 해야 한다. 삽입형 BCI는 사고로 시력을 잃은 사람에게 시각을 돌려주고 전신 마비 환자에게 스스로 기계를 조작할 수 있도록 도움을 주는 데 초점을 맞추고 있다. 실제로 시술을 받은 사람 중에는 제한적이나마 시각 정보를 얻어 느릿한 속도로 자동차 운전이 가능한 수준까지 도달했다. 전신 마비 환자도 삽입형 BCI 시술을 받은 사례가 있다.

삽입형 BCI 기술을 사용하고 최근 대중적 인기를 얻은 대표적 회사가 뉴럴링크다. 이 회사는 뇌에 직접 전극을 삽입하는 침습적 기술을 사용한다. 이는 기존의 비침습(비삽입) BCI 기술에 비해 높은 정밀도와 정보 전송 속도를 제공한다. 뉴럴링크 BCI는 1,024개 이상의 전극을 사용하여 뇌의 신경 활동을 기록한다. 이는 기존 BCI 기술보다 훨씬 높은 해상도의 뇌 활동 정보를 얻을 수 있게 한다. 뇌파의 전기적 신호는 너무나도 미약해서 기기가 뇌와 물리적으로 가까워질수록 정밀도가 높아진다. 하지만 1,000개가 넘는 전극을 장기간 안전하게 유지하는 기술은 아직 개발 중이다. 더욱이 이 전극들로 뇌 기능을 해독하고 이를 다시 처리할 수 있는 뇌 부위는 수 센티미터 이내의 아주 국소 부위며, 이 분야 연구는 동물 연구 또는 초보적 인체 임상 연구에 국한되어 있는 상황이다.

국내에서도 최근 고려대학교 의대에서 안암병원 신경외과로 자리를 옮긴 장진우 교수와 서울대학교 공대 김성준 교수, 한림대학교 의대 신형철 교수가 공동으로 강아지의 뇌파를 판독하여 강아지의 반응을 인간의 언어로 해독하는 초기 연구를 진행한 바 있다. 또 다른 연구팀은 통증 모델 실험용 쥐가 발에 통증의 강도를

느낌에 따라 뇌의 신호가 다름을 입증한 연구 등을 진행하여 보고한 바 있다.[4]

부분적 삽입형은 두개골에 구멍을 뚫지 않고 뇌 표면에 전극을 놓는 방식으로, 삽입형 BCI보다는 쉽고 안전하게 뇌와 접속을 가능케 하지만 뇌의 신호를 정확히 읽을 수 없기에 그 정확도는 떨어진다. 비삽입형 BCI는 전극이 뇌와 접촉하지 않고 머리 밖에서 뇌파를 측정하는 방식으로, 가장 안전하지만 정확도가 가장 떨어지고 실제 뇌 질환 치료용으로는 제한점이 많다.

따라서 BCI 기술이 일론 머스크의 뉴럴링크를 통하여 대중에게 곧 실현될 의료 기술인 양 언론에서 대대적으로 보도하고 있지만 이는 아직 초기 단계라 '마음 읽기'와 같은 오컬트적 기적은 기대하지 않는 편이 좋다. 단지 뇌파나 뇌세포의 신호를 읽어 특정 패턴을 입력 신호로 일부 임상에 활용할 수 있지만 아직은 적용이 어려워 미래 임상에서나 적용이 가능한 신기술이라 생각하면 된다.

쉽게 말해 BCI는 뇌의 타자기와 같다. 생각을 직접 입력할 수 있다는 점에서 혁신적이지만 아직은 그 처리 방안과 응용 방법이 완벽하지 않아 신호 해석 정밀도와 속도가 넘어야 할 산이다. 현재로서는 독수리 타법으로 천천히 타자를 치는 정도로 생각하면 된다. 하지만 꾸준히 연구가 진행되고 있어 언젠가는 빠른 속도로 타자를 치듯 능숙하게 BCI를 사용할 날이 올 것이다.

이처럼 뇌 안으로부터 감지되는 신호를 읽어내는 기술은 어느 정도 가능한 수준에 왔지만 뇌 외부로부터 전달되는 신호를 뇌에 전달하는 기술은 그 난이도가 높다. 게다가 이 경우 반드시 삽입형 BCI를 사용해야 하므로 실현되더라도 뇌에 주는 영향에 관한 추가 연구가 필요하다. 시각이나 촉각을 잃은 환자에게 도움을 줄 삽입형 BCI는 아직 개발 중이다. 삽입형 BCI를 통해 시각과 촉각 전달에 성공하면서 개발의 첫걸음을 내딛은 것은 불과 2010년대에 들어서다.

영화 '내 머리 속의 지우개'는 알츠하이머병으로 인한 기억 상실의 비극을 극적으로 보여주며 퇴행성 신경계 질환인 치매에 대한 사회적 관심을 환기했다. 현재까지 치매는 효과적 약물 치료법이 부재하며, 가족과 사회에 심각한 부담을 초래하는 질환으로 인식되고 있다. 그러나 최근 신경외과 영역에서 치매 치료의 새로운 가능성을 제시하는 연구들이 등장하고 있다. 초음파 뇌 수술 및 뇌 심부 자극술DBS, Deep Brain Stimulation을 중심으로 신경외과적 접근을 통한 치매 치료 가능성이 대두되고 있다.[5]

초음파 뇌 수술 및 DBS는 뇌 기능을 조절하고 향상하는 신경외과적 접근법으로, BCI 기술과 밀접한 관련이 있다. BCI는 뇌와 컴퓨터를 연결하여 뇌 신호를 해석하고 외부 장치를 제어하거나 뇌 기능을 조절하는 기술이다. 초음파 뇌 수술과 DBS는 뇌에 직접 자극을 가하거나 뇌혈관 장벽을 조절하여 뇌 기능을 변화시키는 BCI의 한 형태로 볼 수 있다.

초음파 뇌 수술은 수전증, 근긴장이상증 등 운동 이상 질환 치료에 효과적인 비침습적 치료법으로 주목받고 있다. 최근 연구에서는 초음파가 뇌혈관 장벽BBB, Blood-Brain Barrier을 일시적으로 개방하는 효과를 보인다는 사실이 밝혀졌다.[6] BBB는 뇌 조직을 보호하는 중요한 기능을 수행하지만 이와 동시에 치료 물질의 뇌 전달을 제한하는 장벽으로 작용한다. 초음파 뇌 수술을 통해 BBB를 일시적으로 개방하면 치매 치료 약물의 뇌 전달 효율을 높여 치료 효과를 극대화할 수 있을 것으로 기대한다.

드 셰페르De Schepper 등은 초음파 뇌 수술을 이용한 치매 치료 가능성을 확인하기 위해 동물 실험을 진행하고 그 결과를 국제 학술지에 발표했다.[7] 국내에서도 앞서 언급한 장진우 교수 등에 의하여 실험용 쥐의 뇌와 척추신경에 자극을 전달하는 기술을 보고한바 있다.[8] 치매 모델 쥐를 대상으로 초음파 뇌 수술을 시행한 결과 인지 기능 및 기억력 회복 효과가 관찰되었다. 이러한 결과는 초음파 뇌 수술이 치매 치료의 새로운 패러다임을 제시할 수 있음을 시사한다.

DBS는 파킨슨병 등 다양한 신경계 질환 치료에 사용되는 뇌 자극 기술이다. 로자노Lozano 등의 연구에서는 DBS가 잃어버린 기억을 회복시킬 수 있음이 제기되었다.[9] 뇌 심부를 자극하면 기억과 관련된 신경 회로가 활성화되어 잊혔던 기억이 되살아날 수 있다는 것이다.

7장 뇌파와 연결하여 장애를 극복하는 BCI

초음파 뇌 수술 및 DBS는 치매 치료의 새로운 가능성을 제시하는 신경외과적 접근법이다. 현재까지 연구 결과는 긍정적이며, 향후 임상 연구를 통해 치료 효과 및 안전성을 검증해야 할 것이다. 또한 초음파 뇌 수술 및 DBS의 작용 기전을 규명하고 환자 맞춤형 치료 전략을 개발하는 연구가 필요하다.

초음파 뇌 수술은 뇌혈관 장벽을 일시적으로 개방하여 약물 전달 효율을 높이는 기술로, BCI 기반 약물 전달 시스템 개발에 활용될 수 있다. 뇌혈관 장벽을 통과하지 못하는 치료 물질을 초음파 뇌 수술과 함께 투여하여 효과적인 치매 치료를 가능하게 한다. 또한 초음파 뇌 수술은 뇌 신호를 실시간으로 모니터링하고 분석하는 BCI 시스템과 결합하여 치매 환자의 뇌 상태를 정밀하게 진단하고 맞춤형 치료 전략을 수립하는 데 활용될 수 있다.

DBS는 뇌 심부에 전극을 이식하여 특정 부위를 자극하는 기술로, BCI 기반 뇌 기능 조절 기술 개발에 활용될 수 있다. DBS를 통해 기억과 관련된 신경 회로를 자극하여 치매 환자의 기억력을 회복시키거나 인지 기능을 향상하는 BCI 시스템 개발이 가능할 것이다. 또한 DBS는 뇌 신호를 실시간으로 측정하고 분석하여 치매 진행 정도를 모니터링하고 자극 강도를 조절하는 BCI 시스템과 결합하여 치료 효과를 극대화할 수 있다.

초음파 뇌 수술 및 DBS는 BCI 기술과의 연계를 통해 치매 치료의 새로운 지평을 열 수 있다. BCI 기반 치료 시스템은 환자의 뇌 상태를 실시간으로 모니터링하고 맞춤형 치료 전략을 제공하며 치료 효과를 극대화할 잠재력이 있다.

그러나 BCI 기술은 아직 초기 단계에 있으며, 윤리적·사회적 문제를 해결해야 하는 과제를 안고 있다. 뇌에 직접 자극을 가하거나 뇌 신호를 조절하는 기술은 개인의 자율성과 프라이버시, 안전 등에 대한 우려를 야기할 수 있다. 따라서 BCI 기술 개발과 함께 사회적 합의를 통해 안전하고 윤리적인 사용을 위한 제도적 장치를 마련해야 한다.

결론적으로 초음파 뇌 수술 및 DBS는 BCI 기술과의 연계를 통해 치매 치료의 새로운 가능성을 제시하며, 뇌 질환 치료의 패러다임을 변화시킬 잠재력이 있다. BCI 기술의 발전은 치매 환자의 삶의 질 향상과 사회적 부담 경감에 기여할 수 있을 것이다. 치매는 개인과 가족, 사회에 막대한 고통을 초래하는 질환이다. 신경외과적 접근을 포함한 다양한 치료법 개발을 위해 지속적인 연구 투자 및 지원이 필요하다.

현재 BCI 기술은 뇌졸중 환자의 재활이나 파킨슨병 환자의 증상 완화, 불면증 치료 등에도 널리 사용되고 있다. 앞으로 BCI 기술은 그 발전에 따라 뇌 질환 치료나 인공 장기 개발 등에 사용될 것으로 예상한다. 하지만 BCI 기술은 아직 완벽하지 않다. 정확도가 낮고 착용하기 불편하며 가격이 비싸다는 문제점이 있다. 또한 윤리적 문제도 지속적으로 제기되고 있다.

BCI 기술의 등장과 발전

뇌에서 미약한 파장이 나온다는 것을 처음으로 발견한 사람은 영국의 생리학자 리처드 케이턴Richard Caton(1842~1926)이다. 케이턴은 1875년 처음으로 토끼와 원숭이의 대뇌피질에서 나온 미약한 전기 활동을 검류계로 기록했다. 인간의 뇌에서 전기 활동을 처음 기록한 것은 1924년으로, 독일 정신과 의사 한스 베르거Hans Berger(1973~1941)에 의해서였다.

베르거는 머리에 외상을 입은 환자의 두개골 결손부의 피하에 2개의 백금 전극을 삽입하여 기록했으며, 나중에 두피에 전극을 얹기만 하여도 기록될 수 있다는 것을 관찰하고 이를 심전도나 근전도와 같이 뇌전도EEG, Electro Encephalon Gram라고 했다. 이와 같은 그의 공적을 기려 뇌파를 '베르거 리듬'이라고도 한다.

이후 뇌파는 뇌 기능 연구에 널리 사용되었다. 뇌파를 읽어서 사물을 조종하는 데 처음으로 성공한 시기는 1970년대이다. 1973년 미국 UCLA 자크 비달Jacques Vidal 교수가 BCI 개념을 처음으로 제안했다. 비달과 연구자들은 마치 SF 영화의 한 장면처럼 원숭이의 뇌파를 읽어 컴퓨터 화면에 표시된 커서를 조종하는 데 성공했다.10 이는 뇌파를 이용하여 기계를 조작할 수 있음을 실증한 획기적인 결과였다. 당시 뇌파 측정 기술은 아직 초기 단계였지만 과학자들은 뇌파가 인간의 의도를 담고 있음을 알았고 이를 검증하기 위해 인간과 가장 가까운 원숭이를 시험 대상으로 했다.

비달은 자신의 논문에서 BCI 구현을 위한 3가지 조건을 주장했다. 첫 번째는 의사 결정이나 자극에 반응할 때 발생하는 뇌의 생리적 현상을 뇌파라는 전기신호로 변환할 수 있어야 한다. 그다음 전제는 뇌파로 측정된 신호가 특징점keypoint으로 실시간 확인이 되어야 한다는 것이다. 마지막 조건은 반복 측정을 통해 발견된 패턴은 신뢰성과 타당성에 있어 통계적으로 유의미해야 한다는 것이다. 하지만 당시 낮은 컴퓨팅 능력으로 인해 비달의 주장은 개념으로만 존재해야 했다.

초창기 BCI 기술은 8비트 게임 콘솔처럼 투박하고 불편했다. 무거운 기기와 수많은 센서 때문에 사이보그처럼 보였고 활용도 역시 의료 분야에 국한되었다. 초기 BCI 기기는 주로 주의력결핍과잉행동장애ADHD 아동의 집중력 향상이나 중증 장애인의 보조 장치로 쓰였다. 하지만 2000년대에 와서 뉴로스카이Neurosky, 이

이모티브의 EPOC 헤드셋(출처: Dustin van der Haar)

모티브Emotive, OCZ 같은 회사들이 헤드셋 형태의 가볍고 저렴한 BCI 기기를 출시하면서 상황이 완전히 바뀌었다. 마치 가벼운 모자를 쓰는 것처럼 간편하게 착용할 수 있게 되었고 게임이나 집중력 향상 연습 등 다양한 분야에서 활용되기 시작했다.[11]

2015년 2월 미국방위고등연구계획국DARPA에서 삽입형 BCI를 통해 뇌의 시각 피질에 이미지를 전달할 수 있는 칩을 개발 중이라고 발표했다. 이 칩이 개발되면 시각장애인은 스마트글래스를 통해 사물을 볼 수 있는 길이 열리는 것이다. 그리고 2024년 1월 뉴럴링크에서 인간의 뇌에 전극을 이식하는 데 아주 초보적 단계지만 성공했다.

뉴럴링크는 2016년 머스크와 임플란트 전문가 벤 고Ben Go, 신경과학자 마이클 매카이Michael Mackay 등이 설립한 BCI 스타트업이다. 2017년 3월 머스크는 뉴럴링크를 언론에 소개하면서 "인류는 인공지능의 도전에 직면하고 있습니다. 그런데 인간이 인공지능과 맞서 싸울 수 있는 유일한 방법은 인간의 뇌 위에 인공지능 층layer을 만들고 자연적 두뇌와 인공 두뇌를 연결하는 것뿐입니다."라고 거대 담론을 펼쳤다.

인류의 구원자임을 자처하며 머스크는 BCI 연구 목표에 대한 구체적 방안과 청사진까지 제시했다. 뉴럴 레이스Neural Lace라는 액체 그물망 형태의 전극을 머릿속에 삽입해 뇌에서 보내는 신호를 더 정밀하게 읽어낼 뿐만 아니라 궁극적으로는 지식과 정보를 뇌에 다운로드하여 별다른 학습 없이 지식을 쌓아 초인을 만들겠다는 계획이었다. 이를 위해 뉴럴링크는 전기공학·재료공학·디지털공학·광학·소프트웨어공학 같은 기술 분야뿐만 아니라 수의학·신경과학·생화학·외과학에 이르는 온갖 분야의 어벤져스급 연구자를 모았다.

그 후 한동안 잠잠하던 뉴럴링크는 2019년 7월 연구한 결과를 보고하는 발표회를 개최했다. 이 보고 모임에서 머스크는 초고해상도의 신경 신호 측정 시스템을 소개했다. 이 발표에서 처음 등장한 기계가 뉴럴 레이스를 뇌에 이식하기 위한 실과 바느질 로봇이었다. 뉴럴 레이스의 최초 컨셉은 두개골에 작은 구멍을 뚫고 액체 그물망 형태의 전극을 주사기로 집어넣은 뒤 대뇌피질을 덮은 전극 망으로부터 고해상도의 신경 신호를 읽어낸다는 것이었다. 그런데 문제는 주사기로 전극 망을 집어넣는다고 이것이 저절로 펼쳐진 뒤 대뇌피질에 부착될 리는 없기에 실현 가능성이 매우 낮은 접근 방법이었다.

이날 발표에 뉴럴링크는 작지만 엄청난 것을 들고 나왔다. 바로 머리카락 굵기의 20분의 1밖에 안 되는 초정밀 신경 실이었다. 이 신경 실에는 무려 32개의 전극이 코팅되어 있어 뇌에서 나오는 미세한 신호까지 척척 잡아낼 수 있다고 했다. 뉴럴링크는 이 신경 실을 뇌 표면에 바느질하듯 박아 넣을 것이라 했다. 솔직히 말하면 좀 무섭기도 하지만 생각해보면 굉장히 멋진 아이디어다.

신호 측정 유닛 하나에는 총 96개의 신경 실이 장착되어 있어 3,072개의 전극에서 뇌의 신호를 동시에 읽어낼 수 있게 만든다고 했다. 물론 아직 초기 단계라 해결해야 할 과제도 많고 전자공학의 기술적 제한으로 당장 가능할 수도 없다 생각한다. 하지만 뉴럴링크의 선제적 도전으로 다양한 연구와 투자가 지속되면 장차 이 기술이 임상에 적용이 가능한 방안으로 발전할 여지도 있다고 생각한다.

뉴럴링크의 다음 숙제는 '신경 실'을 뇌의 표면에 안착시키는 것이다. 가장 확실한 방법은 신경 실을 뇌의 표면에 박음질하는 것이었다. 뉴럴링크는 이 신경 실을 뇌 표면에 '박음질'하기 위해 캐나다의 로봇 회사 워크스튜디오Woke Studio와 손잡고 아주 높은 정확도의 '바느질 로봇'을 개발했다. 이 로봇은 뇌혈관을 피해 출혈을 최소화하면서도 자동으로 분당 6개의 실을 뇌 표면에 박음질할 수 있었다.

그로부터 1년이 지나고 코로나19 팬데믹으로 지구촌이 시끄러웠던 2020년 8월 뉴럴링크는 '링크Link'라는 동전 크기만 한 소형 신경 접속 장치를 선보였다. 이 장치는 뇌에 이식한 전극에서 발생하는 신호를 무선으로 링크된 기계나 컴퓨터로 전송하여 원하는 작동을 지시하는 기능이 있었다.

2021년에는 머릿속에 링크를 삽입한 원숭이가 생각만으로 조이스틱을 움직여서 게임을 하는 동영상이 공개되었다. 1973년 비달이 원숭이로부터 첫 신호를 받은 지 약 50년 만에 기적이 펼쳐진 것이다.

이후 뉴럴링크의 행보에 가속이 붙기 시작했다. 2022년에는 인체를 대상으로 한 임상 시험을 하기 위해 참가자를 모집했고 2023년 5월에는 FDA의 임상 시험 허가를 획득했다. 뉴럴링크는 자사의 BCI 기술을 우선 세 분류의 지원자에게 임상 시험하고 싶다고 밝혔다. 하나는 장애나 마비로 팔이나 다리를 움직이지 못하는 사람, 다음은 시각장애인 그리고 청각장애인이다. 뉴럴링크는 이들의 대뇌 운동 영역에 링크를 삽입해서 생각만으로 의수나 의족을 제어하게 하고, 대뇌 시각 피질에 링크를 삽입한 후 뇌를 자극해서 사물을 보게 하며, 대뇌 청각 피질에 링크를 삽입한 후 뇌를

자극해서 소리를 듣게 하는 기술을 구현하겠다고 한다.[12]

이처럼 뉴럴링크는 장애를 극복하고 인간의 능력을 증강하는 스마트 의료의 총아로 떠올랐다. 머스크의 호언장담에 따르면 뇌에 특정 지식이나 기억을 다운로드하거나 업로드할 수 있을 날이 머지않았다고 한다. 만약 그의 호언이 실현되면 인간에게는 사이보그라는 수식어가 따를지도 모르겠다. 이 대목에서 애니메이션 영화 '공각기동대'가 그린 사이버펑크적 암울한 사회가 떠오른다. 사이보그 후보가 된 당신을 과연 감당할 수 있겠는가?

그러나 뉴럴링크는 2023년 3월 암초를 만났다. FDA는 뉴럴링크의 캘리포니아 동물 연구 시설에서 품질 관리가 제대로 이뤄지지 않은 점을 지적했다. 다수의 연구 보고서에 품질 보증 담당자가 서명하지 않았거나 승인된 표준 운영 절차 이외의 내용이 문서화되는 등의 문제가 발견되었다. 뉴럴링크는 인간을 대상으로 하는 뇌 내 칩 이식 수술을 위해 FDA에 동물 연구 데이터를 제공했고 이를 기준으로 인간을 대상으로 하는 실험 허가를 받았다. 최근 사지마비 환자의 뇌에 칩을 이식하는 첫 수술을 마무리한 바 있다. 그런데 허가를 받기 위한 서류에 하자가 발견된 것이다.[13]

머스크의 뉴럴링크가 화제의 중심에 있지만 사실 그보다 2년이나 앞서 FDA 임상 시험 허가를 받은 회사가 있다. 바로 호주 스타트업 싱크론이다. 싱크론은 혈관 속에 삽입하는 스텐트라는 초소형 기구에 전기신호 측정 기능을 추가한 스텐트로드를 개발했다. 원리는 간단하다. 목의 혈관을 통해 스텐트로드를 밀어 올려 대뇌까지 보내면 스텐트로드에 있는 전극으로 뇌 신호를 정밀하게 측정할 수 있다.

스텐트 시술은 이미 보편화된 안전한 시술이라서 싱크론은 2021년 비교적 쉽게 FDA 임상 시험 허가를 받았다. 심지어 스텐트로드를 삽입한 사지 마비 환자가 생각만으로 컴퓨터를 조작하는 영상도 공개했다. 이 기술이 상용화되면 6~7년 후에는 우리 주변에서도 뇌 신호 전극을 삽입한 사람을 흔히 볼 수 있을지도 모른다.

싱크론 스텐트로드는 뇌에 직접 삽입하는 방식보다 안전하고 간편하며, 기존 스텐트 시술 기술을 활용하여 임상 적용 가능성이 높다. 그리고 이미 사지 마비 환자의 컴퓨터 조작으로 성공 사례가 입증되어 빠른 확산이 기대된다.[14] 그 반면에 뉴럴링크는 또 한 번 난관에 부딪히게 된다. 2024년 5월 22일 발표에 의하면 뇌 조직 이동에 따른 신호 저하 및 면역 반응 관찰을 위해 뉴럴링크가 최초로 인체 대상 임상 시험을 했다고 한다. 이 임상 시험은 경추 척수손상으로 사지 마비 상태인 환자의 뇌에 뉴럴링크의 칩 '텔레파시'를 이식하여 생각만으로 컴퓨터 커서를 조작하는 능력을 평가하는 것을 목표로 했다. 초기 결과는 긍정적이었다. 환자는 훈련을 통해 커서를 자유롭게 움직이고 간단한 게임을 수행하는 데 성공했다.

그러나 수주 후 커서 조작 능력이 저하되는 현상이 관찰되었다. 이는 뇌 조직의 예상치 못한 이동으로 인해 텔레파시의 케이블 일부가 체액으로 빠져나와 뇌가 칩에 대한 면역 반응을 일으켜 흉터 조직을 형성한 결과로 분석되었다. 이러한 현상은 뇌 신호 감지 민감도 저하 및 데이터 전송량 감소로 이어져 커서 조작 능력 저하를 야기했다.

이 연구 결과는 BCI 기술 상용화를 위해 극복해야 할 기술적 과제를 시사한다. 뇌 조직 이동 및 면역 반응을 최소화하는 칩 디자인 개선, 생체 적합성 소재 개발, 뇌 신호 처리 알고리즘 고도화 등 다각적으로 연구해야만 한다.

뉴럴링크는 이러한 문제점을 인지하고 두 번째 임상 시험을 준비 중이다. 케이블 이식 깊이를 8mm로 늘려 뇌 조직 이동 영향을 줄이고 뇌 신호 처리 알고리즘을 개선하여 데이터 전송 효율성을 높이는 방안을 모색하고 있다. 그러나 일부 전문가들은 케이블 이식 깊이 증가가 오히려 뇌 손상 및 신호 손실을 심화할 수 있다고 우려하며 뇌 조직과의 상호작용을 최소화하는 새로운 접근 방식을 개발해야 한다고 의견을 제기한다.

결론적으로 뉴럴링크의 초기 임상 시험 결과는 BCI 기술의 잠재력과 함께 기술적 난관을 드러냈다. 뇌 조직 이동 및 면역 반응 문제 해결은 BCI 기술 상용화를 위한 필수 과제이며, 향후 연구는 이러한 문제 해결에 초점을 맞춰 진행되어야 할 것이다.[15]

영화나 드라마에서 상대방의 마음을 읽는 초능력을 가진 주인공이 많이 등장한다. 상대방의 마음을 읽어서 사건을 해결하거나 사랑을 쟁취하는 식의 전개인데, 이 능력을 갖춘다는 상상만으로도 재미난 일이 많이 벌어질 것 같다.

뇌에서 나오는 미묘한 신호 기술뿐만 아니라 뇌 신호에 담긴 의미를 해독하는 기술 또한 함께 발전하고 있다. 뇌 신호를 인식하는 것은 우리가 흔히 사용하는 스마트폰 지문 인식과 비슷한 방식을 사용한다. 스마트폰을 잠금 해제하려면 먼저 자신의 지문을 등록해야 하듯이 BCI에서도 다양한 행동이나 상상을 할 때 발생하는 뇌 신호를 데이터베이스에 저장한다. '뇌 지문'을 등록하는 것과 같은 절차다. 일단 '뇌 지문' 데이터베이스가 완성되면 다음으로는 실시간으로 측정되는 뇌 신호를 데이터베이스와 비교해서 사용자의 의도를 알아낸다.

이 인식 절차를 살펴보면 인공지능이 떠오른다. 현재 폭주하듯 발전하고 있는 인공지능 기술이 도입되면서 BCI가 좀더 완성도 높은 기기로 탈바꿈하고 있다. 인공지능과 BCI의 만남 중 가장 대표적인 케이스가 '언어 BCI^{Speech BCI}'라는 기술이다.

언어 BCI는 마음속 생각을 실제 음성으로 바꿔주는 꿈같은 기술이다. BCI의 한 종류로, 'BCI 기술의 완결판'이라 불릴 만큼 획기적인 기술이지만 아직 개발 초기 단계에 있다. 언어 BCI를 처음으로 연구한 사람은 미국 워싱턴대학교 신경외과 에릭 루스하르트Eric Leuthardt 교수다. 2011년 루스하르트 교수는 뇌전증 환자가 서로 다른 음절을 소리 내어 말할 때 뇌에서 발생하는 피질전도ECoG

를 측정해서 컴퓨터 마우스 커서를 좌우로 움직이는 데 성공했다. 그는 피질전도 신호에서 높은 감마 대역 신호가 언어와 밀접한 관련성이 있다는 사실도 밝혀냈다.[16]

우리 뇌에서 언어를 만드는 역할을 하는 부위는 좌뇌 전두엽에 있는 브로카 영역이다. 하지만 뇌의 언어 활동은 매우 복잡하다. 머리 밖에서 측정하는 뇌파로는 정확하게 읽어내기가 어렵다. 그래서 뇌공학자들은 두개골 아래에서 뇌파를 읽어내는 방법을 사용했다. 하지만 문제는 건강한 사람에게 전극을 삽입하는 뇌 수술은 윤리적으로 불가능하다는 것이다.

그래서 루스하르트는 수술을 앞둔 뇌전증 환자를 대상으로 연구를 진행했다. 미국 의료법상 뇌전증 환자는 이미 뇌 수술을 받게 되어 있으므로 연구 목적으로 전극을 삽입하는 것을 윤리적으로 허용한다. 그 결과 2022년에는 뇌전증 환자가 마음속으로 생각한 내용을 실제 음성으로 바꿔내는 데 성공했다. 이는 언어 BCI 기술의 가능성을 보여주는 중요한 성과였다.

언어 BCI 기술이 완성되면 사고하고 소통하는 데 장애가 있는 환자의 재활을 도울 수 있다. 가상현실과 증강현실 관련 산업은 또 한 번 중흥기를 맞을 것이다. 더욱 자연스럽고 몰입감 있는 가상현실과 증강현실 경험을 제공할 수 있기 때문이다. 이와 더불어 게임·음악·영화 등 다양한 엔터테인먼트 콘텐츠 제작에 활용될 수 있다. 의료 쪽에서는 뇌 질환 진단 및 치료에 활용될 수 있다.

루스하르트 교수의 연구 결과가 발표되자 전 세계의 많은 뇌공학자가 언어 BCI 분야에 뛰어들었다고 한다. 하지만 언어 BCI는 생각처럼 쉬운 기술이 아니었다. 많은 뇌공학자가 브로카 영역에서 측정한 피질전도 신호를 해독하기 위해 노력했지만 그 누구도 성공적인 결과를 보고하지 못했다.

하지만 모두가 '언어 BCI의 벽을 넘을 수 없다'라며 포기하려던 때도 희망의 끈을 놓지 않은 한 연구자가 있었다. 그 주인공은 바로 미국 UC 샌프란시스코 신경외과의 에드워드 창Edward Chang 교수다. 창 교수는 2019년 대뇌 브로카 영역이 아니라 조음기관의 운동 영역에서 측정한 피질전도 신호에 최신 인공지능 기술을 적용해서 초보적 언어 BCI를 구현해내는 데 성공했다.

사람이 말할 때는 입술이나 혀와 같은 다양한 조음기관이 복잡하게 운동한다. 그런데 조음기관을 실제로 움직이지 않고 말을 하는 것처럼 입이나 혀를 움직이는 상상만 하더라도 각 조음기관에 해당하는 운동영역이 특정한 패턴으로 활동한다. 따라서 굳이 브로카 영역에서 신호를 읽어오지 않더라도 운동 영역의 피질전도 신호를 이용해서 음성을 합성하는 것이 가능하다.

이와 유사한 기술로 2018년 MIT 미디어랩의 박사과정 학생이던 아르나브 카푸르Arnav Kapur는 알터에고AlterEgo라는 웨어러블 무음 대화 입출력 장치를 개발했다.[17] 이 장치는 머리와 목과 턱 주변에 부착되어 사용자의 뇌 속 언어중추에서 나오는 신호를 발성하지 않고도 컴퓨터상 단어로 해석하는 기술이다. 이 장치는 턱과 입 주변의 다양한 지점에 부착되는 7개의 작은 전극으로 구성되어 있다. 이 전극들은 말하기 위해 사용하는 근육의 전기신호를 받아 들인다. 머리와 목과 턱 부분을 감싸는 형태로 보인다.

이 프로젝트의 주요 목적은 근위축성측삭경화증이나 다발성 경화증처럼 언어장애가 발생한 질환자의 의사소통을 지원하는 것이다. 더 나아가 이 시스템은 인간과 컴퓨터를 완벽하게 통합할 잠재력이 있다. 컴퓨팅·인터넷·인공지능이 '제2의 자아'처럼 일상생활에 스며들어 우리의 인지와 능력을 증진할 수 있다.

이 웨어러블 시스템은 사용자가 단어를 내적으로 생각할 때 말하기 관련 신경들이 자연스럽게 활성화되면서 생성되는 말초신경 신호를 포착한다. 이 기술을 통해 사용자는 눈에 띄는 행동이나 주변 환경과 단절, 개인 정보 노출 없이 컴퓨터나 다른 사람과 정보를 주고받을 수 있다.[18]

우리나라에도 BCI 기술이 활발하게 개발되고 있다. 그 대표적 회사가 와이브레인이다. 이 기업은 의료용 BCI 기기인 마인드스캔과 우울증 전자약 마인드스팀을 상용화했다. 의료보험 급여 항목에 포함된 마인드스캔은 생체 신호 진단 보조용으로 활용 중이며, 비급여 항목에 속하는 우울증 치료용 전자약 마인드스팀은 많은 정신과에서 처방되고 있다.

와이브레인의 마인드스캔은 정신과에서 과학적 진단을 위한 보조 프로그램으로 2019년 식품의약품안전처에서 판매 허가를 받았다. 이 시스템은 CT나 MRI를 이용해 뇌 구조만으로 관찰할 수 없는 뇌 기능을 반영한 정량 뇌파와 심박수계를 함께 검사한다. 검사 결과는 우울증·ADHD·양극성장애·조현병·치매·알코올의존증 등 다양한 정신 질환 증상을 정량 분석해 객관적 지표로 제공한다. 의사와 환자는 객관적 지표를 보고 뇌의 이상 활동을 정량 분석한 것을 확인할 수 있다.

마인드스캔과 같은 비침습적 뇌파 측정 기기의 문제점은 측정 전 두피의 식염수 세척 과정을 거쳐야 하는 불편함이 있다는 것이다. 마인드스캔은 이 과정을 생략할 수 있게 반건식 전극 방식을 도입해 특허를 받았다. 이는 건식 전극을 사용한 독자적 비침습 특허 기술로 전기적 뇌 활동을 5분 이내에 측정할 수 있다. 그리고 클라우드 기반 분석 플랫폼을 통해 뇌 활동을 빠르게 시각화한다. 검사 완료 후 인공지능 기반 알고리즘으로 분석한 결과를 바로 확인할 수 있다.

마인드스캔을 통해 수집된 뇌파 데이터를 기반으로 개인 맞춤형 치료에 마인드스팀을 제공한다. 두 시스템에 사용된 뇌와 컴퓨터 간의 데이터는 계속 누적되면서 치료 개선에 지속 활용이 가능해진다. 마인드스팀은 경증 및 중등증 주요 우울장애 치료를 위해 재택 확증 임상으로 세계 최초 재택 사용 허가를 받은 제품이다. 이 전자약은 우울증으로 인한 무기력과 집중력 장애를 호소하는 환자

7장 뇌파와 연결하여 장애를 극복하는 BCI

의 저하된 전두엽을 자극해 우울증을 치료한다. 지난 2020년 진행된 국내 다기관 재택 임상 결과 6주 동안 매일 30분씩 마인드스팀을 단독 적용해 치료하면 우울 증상의 관해율이 62.8%로, 기존 항우울제의 관해율 50%보다 12.8% 더 높은 증상 개선 효과를 나타냈다.

BCI, 금단의 열매인가?

이처럼 BCI는 우리 삶에 놀라운 변화를 가져올 잠재력이 있다. BCI 기술은 단순한 편리함을 넘어 인간 능력의 확장이라는 흥미로운 가능성을 제시한다. 장애로 말을 못 하는 사람에게 소통 능력을, 건강한 사람에게는 새로운 감각 경험을, 인간과 기계의 융합을 통해 더 높은 수준의 인지 능력을 선사해줄지도 모른다.

하지만 BCI 기술의 상용화를 위해서는 넘어야 할 산이 많다. 기술적 한계로는 뇌파 측정의 정확도와 신호 처리 속도, 사용자 편의성 등이 해결해야 할 과제다. 윤리적인 딜레마 또한 무시할 수 없다. 특히 군이나 의료 분야처럼 사람의 생명이 좌우되는 영역에서 BCI 기술을 사용하면 뇌파 해석 오류는 인명 살상이라는 끔찍한 결과를 초래할 수도 있다. 군사 작전 중 적군과 민간인을 구별하지 못하거나 살상 무기 오작동으로 아군에 치명상을 입힐 수 있다.

BCI 기술의 의료적 사용은 아직 초기 단계다. 뇌파 측정 및 분석의 정확도는 아직 완벽하지 않다. BCI 장치 착용 및 사용이 불편할 수 있다. BCI 치료는 비용이 비싸고 위험도도 높다. 예를 들어 환자의 뇌파를 읽어 수술할 때 환자의 상태에 대한 오류 데이터가 전달되면 치명적 실수를 초래할 수 있다.

뇌파는 개인의 생각과 감정을 담고 있는 매우 민감한 정보다. BCI 기술을 통해 뇌파를 탈취하거나 악용하면 심각한 개인 정보 침해 문제가 발생할 수 있으며, 개인을 조종하거나 사회를 통제하는 데 악용될 수 있다.[19] 따라서 BCI 기술 개발과 더불어 윤리적 논의 또한 병행되어야 한다. BCI 기술의 안전성과 책임성을 확보하기 위한 국제적 규제와 윤리적 가이드라인 마련이 필수며, 기술 개발 과정에서 발생하는 다양한 윤리적 문제에 대한 깊이 있는 논의와 사회적 합의가 필요하다.

BCI 기술은 인간의 삶과 사회를 근본적으로 변화시킬 잠재력을 지닌 혁신적 기술인 동시에 인간 존엄성과 윤리적 가치에 대한 근본적 질문을 던진다. BCI 기술의 상용화는 기술적 완성도뿐만 아니라 윤리적 문제 해결, 사회적 합의, 법적 규제 등 다양한 측면을 고려해야 하는 복잡한 과제다. BCI 기술은 긍정적인 변화와 함께 부정적인 결과를 초래할 수 있는 양날의 검과 같다. BCI 기술의 미래는 우리가 이 기술의 빛과 그림자를 모두 고려하고 신중하게 선택하는 데 달려 있다.

8장

디지털 치료제

스마트폰 앱이 치료제?

4차 산업혁명의 물결이 의료 분야에도 밀려왔다. 인공지능·가상현실·증강현실 등 디지털 기술의 발전은 의료 패러다임을 근본적으로 뒤흔들고 있다. 그 중심에는 '디지털 치료제DTx, Digital Therapeutics'라는 혁신적 치료법이 자리 잡고 있다. 디지털 치료 기기는 2세대 치료제인 바이오 의약품에 이어 3세대 치료제로 주목받고 있다.

디지털치료제연합DTA, Digital Therapeutics Alliance에서는 "디지털 치료제는 근거 기반의 임상 평가 소프트웨어를 활용하여 질병과 장애의 광범위한 스펙트럼을 예방하고 관리하고 치료하는 의료적 개입을 환자에게 직접 제공하는 새로운 종류의 의료"[1]라고 정의하고 있다.

디지털 치료제는 환자에게 근거 기반의 치료적 개입을 제공하는 소프트웨어 의료 기기로, 환자에게 의료적 예방·관리·치료 방법을 제공하기 위해 빅데이터 분석이나 앱·가상현실·증강현실·인공지능·게임 등 다양한 디지털 기술을 사용하여 개인 맞춤형 치료가 필요한 다양한 병증에 활용되고 있다. 이처럼 다양한 디지털 기술이 의료 분야에 접목되면서 환자의 삶의 질 향상에 대한 기대가 높아지고 있다.

디지털 치료제가 기존의 디지털 헬스케어 제품과 다른 점은 의학적 근거나 효과가 모호한 '웰니스wellness'와는 달리 실제로 환자를 치료할 수 있다는 것이다. 이때 치료 목적을 실현하기 위해 적용된다. 또한 소프트웨어 형태의 디지털 치료제를 환자에게 전달, 사용, 측정, 기록하여 진료에 반영하기 위한 인터넷 또는 이동통신 등의 통신망뿐만 아니라 의료진의 진단과 처방, 국민건강보험 등 보건 의료 체계까지도 디지털 치료제와 생태계를 이루고 있다.

디지털 치료제는 기존 치료법과 비교했을 때 뚜렷한 장점을 지닌다. 첫째, 개인 맞춤형 치료가 가능하다. 인공지능은 환자의 생체 정보, 증상, 치료 반응 등을 실시간으로 분석하여 최적의 치료 방법을 제시한다. 이는 기존의 획일적인 치료 방식보다 훨씬 효과적인 방식으로 치료를 제공한다. 둘째, 접근성이 높다. 스마트폰이나 태블릿, 웨어러블 기기 등을 통해 언제 어디서든 디지털 치료를 받을 수 있다. 특히 의료 서비스 소외 계층에게는 새로운 세계를 열어준다. 셋째, 부작용이 낮다. 디지털 치료는 복용하거나 침습하는

약물 치료보다 부작용이 낮고 안전성이 높다는 점에서 환자들의
약물 부작용 부담을 줄인다.

디지털 치료제는 아직 초기 단계이지만 신경 퇴행성 질환, 재
활 및 물리 치료, 종양 치료 등 다양한 분야에서 큰 효과를 발휘하
고 있다. 특히 알츠하이머나 파킨슨병 등 신경 퇴행성 질환의 치료
에는 새로운 희망이 될 수 있다. 디지털 치료제는 재활 치료 과정을
보조하고 환자의 운동 습관 개선을 통해 회복을 촉진하는 데도 도
움이 될 것이다.

디지털 치료제는 미래 의료의 희망으로 부상하고 있다. 고령
화 사회, 만성질환, 뇌졸중, 치매 등의 무서운 단어는 우리에게 2가
지 선택지를 제시한다. 하나는 돈 걱정에 시달리며 병마와 싸우는
삶이고 다른 하나는 부담 없는 디지털 치료를 통해 건강하고 행복
한 노년을 누리는 삶이다. 물론 우리는 후자를 선택할 것이다. 초고
령 사회로 향하는 지금, 다학제적 의료 서비스가 주목받고 있는 지
금 디지털 치료의 중요성은 점점 높아지고 있다. 데이터와 결과에
기반을 둔 효율적인 치료, 디지털 기술과 의료, 제약 기술의 융합
이 모든 것이 디지털 치료제의 핵심 요소다. 디지털 치료제는 단순
히 질병을 치료하는 데 그치지 않고 의료 비용을 절감하고 환자의
삶의 질을 향상하며, 더 나아가 건강한 노후를 위한 새로운 가능성
을 제시하고 있다.

디지털 치료제의 종류

DTA는 디지털 치료제를 건강 상태 관리, 의학적 장애와 질병의 관리 및 예방, 복약 최적화, 의학적 장애와 질병 치료 등 4가지 목적으로 분류하고 있다. 건강 상태 관리 디지털 치료제는 의학적 효능과 안전성을 주장하지 않기 때문에 규제 승인 없이 웰니스 제품으로 출시될 수 있다. 대표적인 예로는 스트레스 관리 앱, 수면 패턴 개선 앱 등이 있다. 이 앱들은 생활 습관 개선이나 건강 이상 정보 관리의 용도로 사용되며, 개발이나 사용에 첨단 기술을 요구하지 않으므로 주로 스마트 워치·링·글래스 등 웨어러블 기기의 기본 기능으로 제공되는 경우가 많다.[2]

의학적 장애와 질병의 관리 및 예방을 위한 디지털 치료제는 만성질환 관리, 재활 치료, 정신 건강관리 등에 활용된다. 당뇨병이나 아토피피부염·고혈압·우울증·시야장애·범불안장애·알코올사용장애·호흡장애·비기질성수면장애 등을 관리해주는 앱이 이에 속한다. 복약 최적화 디지털 치료제는 환자의 복약을 돕고 약물 부작용을 관리하며, 치료 효과를 극대화하기 위한 솔루션이다. 복약 알림 앱, 약물 상호작용 체크 앱, 치료 일지 관리 앱 등이 대표적 예이다. 의학적 장애 및 질병 치료 디지털 치료제는 기존 치료법을 보완하거나 대체하여 질병 치료에 직접 사용된다. 암 치료 앱, 인지 행동 치료 앱, 가상현실 기반 재활 치료 프로그램 등이 이에 속한다.

관리와 예방

당뇨병·불면증·아토피피부염 등 만성질환은 환자가 의사를 방문한 후 다시 의사를 만나는 기간이 너무 길게 되면 제대로 된 치료가 어렵다. 디지털 치료제를 이용한 관리와 예방이 이를 극복할 대안으로 떠오르고 있다. 삼성서울병원 소아청소년과 안강모 교수가 소아 아토피피부염 관리와 예방을 위해 개발한 디지털 치료제는 병증 관리와 예방에 큰 도움을 줄 것으로 예상한다. 안 교수는 "아토피 피부염은 가이드라인대로 해도 치료가 잘 안 되는 아이들이 있다."라며 "의사는 환자가 병원에 왔을 때 상태만 알 수 있다. 그래서 평소 환자 상태를 알고 이를 기반으로 치료 계획을 짜는 것이 중요하다. 환자와 의사 모두 이 부분에 잠재된 니즈가 있었다."라고 했다.[3]

안 교수 연구팀은 평소 환자의 아토피피부염 상태를 관리하는 앱을 개발했다. 환자가 병원을 방문하면 치료받고 교육하는 것은 기존대로 진행하는데, 기존 관리와 차이점은 환자나 보호자가 자신의 스마트폰에 안 교수 팀이 개발한 앱을 깔고 환자의 상태를 기록하도록 해서 재방문 때 좀더 과학적인 치료로 증상을 개선할 수 있다는 것이다.

한국의 인공지능 메드테크 전문 기업 웨이센이 출시 중인 웨이메드 코프 프로WAYMED Cough PRO와 웨이메드 푸드 알레르기 WAYMED Food Allergy는 관리와 예방 분야의 가장 혁신적 디지털 치료제로 평가받고 있다.[4] 웨이메드 코프 프로는 3~5회 정도의 기침 소리만으로 사용자의 호흡기 건강 상태를 확인할 수 있는 인공지능 자가 점검 앱 서비스다. 인공지능을 이용해 사용자의 호흡기 상태를 점검할 수 있어 누구나 손쉽게 호흡기 건강을 관리하는 게 가능하다. 또한 사용자가 원하면 입력된 호흡기 데이터를 의료 기관과 연계해 원격의료 서비스를 받을 수 있어 매우 혁신적인 디지털 치료제이다.

웨이메드 푸드 알레르기는 식품 알레르기로 고생하는 소아, 청소년을 위해 인공지능 기반으로 개인화된 식품 알레르기 경구 면역 디지털 치료제다. 환자의 혈액검사 정보로 알레르기 반응 정도를 예측하고 빅데이터 분석을 통해 디지털 기술과 쌍방향 소통으로 경구면역 요법을 가정에서 안전하고 편리하게 진행할 수 있도록 도움을 주는 혁신적 제품이다. 이 두 제품은 2024년 1월 미국

소비자기술협회CTA, The Consumer Technology Association로부터 'CES 2024 혁신상'을 수상했다.

　스마트워치나 스마트링 등 웨어러블 기기와 연동하여 불면증을 치료한다고 나선 디지털 치료제인 WELT-I 역시 의사와 환자의 연결을 기반으로 한다. 앱스토어에서 다운받는 기존의 디지털 치료제는 의사와 환자의 접점이 없다면 효용성이 감소한다. 여기에서 착안해 웰트는 WELT-I를 개발했다. 이 치료제는 불면증 치료를 위해 환자가 병원에 왔을 때와 밖에 있을 때를 계속 측정해 하나의 연결된 스토리로 만들어 의사와 환자 간 소통을 가능케 했다.

　웰트는 챗GPT에 플러그인Plug-in해서 환자 데이터를 분석하고 환자가 질문하면 답하는 인공지능 웰트를 내놓을 예정이라고 한다. 환자의 데이터를 모아서 챗GPT를 학습시키고 인공지능이 수면을 돕는 처방까지 하게 만들겠다는 계획이다. 예를 들어 웰트를 이용하는 환자가 "오늘 밤 잠이 잘 올까요?"라고 질문하면 웰트 챗GPT는 "생활 습관 분석 결과 잠이 잘 안 올 것으로 예상하며, 처방한 수면제 한 알 드시고 1시간 뒤 취침을 권장합니다."라고 답변해주는 것이다.

복약 최적화

복약지도 디지털 치료제란 의사나 약사가 환자의 모바일 앱 등을 통해 현재 복용 중이거나 추가 또는 변경되는 약에 대한 효능, 금기사항, 부작용 등을 안내하거나 필요하면 알림을 보내 의약품 복용과 관련한 지도를 할 수 있는 시스템이다.

에이치디메디HDMedi는 복약지도용 디지털 치료제 '싸스SaaS'를 개발했다. 싸스는 의약품 오남용 등 민감한 사회적 문제를 방지하고 처방과 복약 내용을 누적해 연속적으로 복약지도를 돕는 역할을 한다. 이 솔루션을 이용하면 환자는 안전하게 약을 먹을 수 있고 약사와 소통을 강화할 수 있다.[5]

싸스는 클라우드 기반 인프라와 지능형 플랫폼으로 구성되어 있다. 복약 알림 기능을 기본으로 장착한 이 솔루션은 의료 데이터를 수집하고 저장한 뒤 인공지능을 이용해 분석된 맞춤형 정보를 환자에게 제공하며, 약사는 이 데이터를 확인한 뒤 복약지도 내용을 시스템에 입력하고 환자에게 보안 문자로 전송해 섬세한 복약지도를 제공할 수 있다. 이때 보내는 메시지는 기존 처방전의 한계를 넘어 약에 관한 상세 정보, 즉 의약품 안전 사용 서비스**DUR, Drug Utilization Review** 정보뿐만 아니라 약사가 환자에게 전하는 메시지도 보낼 수 있다고 한다.

경구용 남성형 탈모 치료제 프로페시아로 유명한 글로벌 제약사 오가논은 자사 제품을 처방받은 환자가 병원 밖에서도 탈모 치료제 복약 관리 및 탈모 치료 과정을 기록할 수 있도록 환자용 앱을 출시했다.[6]

남성형 탈모는 많은 남성이 겪는 고민거리다. 하지만 적극적인 치료를 통해 개선될 수 있다는 사실은 널리 알려지지 않았다. 전문의와 상의하여 정확한 진단과 적절한 치료를 받는 것이 중요하

오가논의 복약지도 앱 마이프로페시아(출처: 메디파나뉴스)

며, 이제는 앱을 통해 탈모 치료 과정을 더욱 스마트하게 관리할 수 있게 되었다. 남성형 탈모는 남성의 약 50%가 겪는 흔한 질환이지만 조기에 진단하고 치료하지 않으면 탈모가 진행되어 심리적 스트레스와 사회적 어려움을 겪을 수 있다. 탈모 증상이 나타나면 망설이지 말고 가까운 탈모 전문 병원에 방문하여 정확히 진단받는 게 중요하다. 하지만 병원에 방문하기를 망설이는 환자를 위해 집에서 탈모를 자가 진단하고 관리할 수 있는 다양한 앱과 서비스가 등장하여 환자들의 편의성을 높여주고 있다.

마이프로페시아는 환자가 직접 증상 개선 현황을 지속해서 확인하며 기록할 수 있도록 지원한다. 이 앱은 환자가 본인의 두피를 주기적으로 촬영하면 앱이 자동으로 모발 성장 과정을 그래프 수치로 분석해준다. 이를 통해 환자는 탈모 치료 경과를 눈으로 직접 확인할 수 있으며, 의료진은 환자의 탈모 치료 상태를 좀더 꼼꼼하게 파악하여 구체적 치료 계획을 수립하는 데 도움을 받는다.

마이프로페시아는 또한 모발 성장제 복용을 위한 알림 기능을 제공하여 환자가 약을 꾸준히 먹도록 복약 관리를 지원한다. 특히 남성형 탈모 경구 약제는 최소 2~3개월은 복용해야 효과가 나타나므로 이 기능은 환자의 치료 지속성을 높이는 데 중요한 역할을 한다. 이에 더해 마이프로페시아는 남성형 탈모 질환과 관련해 다양한 정보를 제공한다. 환자들은 탈모의 원인과 증상, 치료 방법 등에 관한 정보를 쉽게 접할 수 있으며, 이를 통해 탈모 관리 관련 지식을 쌓고 자신에게 적합한 치료 전략을 세울 수 있다.

　마이프로페시아를 통해 환자는 자신의 모발 성장 과정을 수치화된 그래프로 확인할 수 있어 탈모 치료 효과를 객관적으로 평가할 수 있다. 앱 분석 결과를 바탕으로 환자는 의료진과 더욱 효과적으로 소통하고 자신에게 맞는 치료 계획을 수립할 수 있으며, 약 복용 알림 기능과 탈모 치료 관련 정보 제공을 통해 환자들의 치료 지속성을 높이는 데 도움을 준다. 이와 같은 과정을 통해 환자는 탈모 치료 효과를 직접 확인하고 의료진과 꾸준한 소통을 통해 치료 중 불안감을 해소할 수 있다.

　탈모 치료 앱은 단순한 도구가 아니라 탈모 치료의 새로운 가능성을 열어주는 기술이다. 앱을 통해 환자들은 탈모 치료 과정에 더 적극적으로 참여할 수 있으며, 의료진은 환자에게 좀더 효과적인 치료를 제공할 수 있다. 탈모 치료 앱은 탈모로 고민하는 남성에게 희망을 선물하는 기술이며, 앞으로 탈모 치료 분야에 큰 변화를 가져오리라 기대한다.

　TS트릴리온의 탈모 전문 플랫폼 '모MO'로는 비대면, 원격으로 집에서도 탈모를 자가 진단할 수 있다. MO는 탈모 증상 사진 촬영 및 분석, 인공지능 기반 탈모 진단 결과 제공, 전문의 상담 및 진료 예약, 개인 맞춤형 탈모 관리 솔루션 제공, 탈모 관련 약물 처방 및 배송, 복약지도를 제공한다.[7] 롯데헬스케어는 스타트업 '비컨'과 탈모 홈케어 관련 솔루션을 공동 개발했다. 두피 타입 및 고민에 대한 온라인 문진을 하고 비컨 인공지능 기반으로 개인 맞춤형 탈모 관리 솔루션을 제공하는 것이 주요 기능이다. 이처럼 현재 많은 제약회사가 탈모 치료 앱을 제공하고 있으며, 앞으로 더 많은 앱이 출시될 것으로 예상한다.

아직은 개발되지 않았지만 장기간 복약을 위해 복약지도가 필요한 한방에서도 디지털 치료제는 큰 효과를 발휘할 것 같다. 한방병원에서 지어온 탕약을 앱을 통해 복약 기록하고 그에 따른 증상변화를 기록하면 한방병원 재방문 시 더욱 과학적인 치료가 가능하지 않을까?

8장 디지털 치료제

의학적 장애 및 질병 치료

고성능 디지털 기기를 이용하는 디지털 치료제는 디지털이란 단어가 의미하듯 비용을 들이지 않고 무한 복제가 가능하고 제조·운반·보관 역시 돈이 들지 않는다. 또한 비대면 치료가 가능하여 원격지나 도서지 또는 장애나 생업으로 병원 내원이 힘든 환자에게 큰 도움을 줄 수 있다. 그뿐만이 아니다. 디지털 치료제는 행동 중재behavior intervention를 통해 치료하기 때문에 약이나 주사로 인한 독성이 없고 부작용이 적다. 디지털 치료제는 치료 자체가 소프트웨어를 매개로 해서 환자의 개인화된 치료 데이터를 축적할 수 있어 치료 성과를 높일 수 있다.

최초의 디지털 치료제를 만든 기업은 2011년 미국 보스턴에서 설립된 아킬리인터렉티브Akili Interactive다. 이 회사는 인지장애 치료를 위해 인데버RxEndevorRx라는 비디오 게임 형태의 흥미로운

세계 최초의 디지털 치료제 인데버Rx 게임 화면(출처: 아킬리인터렉티브랩스)

약을 출시했다. 당시 의료계에 파문을 일으킨 인데버Rx는 2020년에나 미국 FDA의 승인을 받는다. 인데버Rx는 최초의 게임형 디지털 치료제라는 점에서 큰 주목을 받았지만 그 효과와 안전성에 대한 논쟁은 여전히 뜨겁다.

인데버Rx는 8~12세 ADHD 어린이를 위한 3D 액션 어드벤처 게임이다. 플레이어는 아바타를 조종하며 주의력과 집중력, 충동 조절 능력을 향상하는 다양한 미니 게임을 수행한다. 게임은 점점 어려워지도록 설계되어 플레이어의 몰입도를 높이고 지속적인 참여를 유도한다.

아킬리인터랙티브는 임상 시험 결과 인데버Rx를 사용한 어린이가 주의력과 집중력, 충동 조절 능력에서 유의미한 개선을 보였다고 주장한다. 하지만 일부 전문가는 임상 시험의 규모가 작고 장

8장 디지털 치료제

기적 효과를 검증하기에는 부족하다고 지적한다. 또한 게임 자체의 즐거움이란 외생변수의 개입에 대한 의심도 받고 있다.

인데버Rx는 일반 게임보다 안전하게 설계되었지만 두통·메스꺼움·피로 등의 부작용이 발생할 수 있다. 게임 중독 가능성에 대한 우려도 있다. 인데버Rx는 의료 분야에 혁신을 가져올 잠재력을 지닌 기술이지만 아직 검증해야 할 부분이 많다. 앞으로 더 많은 연구를 통해 인데버Rx의 효과와 안전성을 명확히 밝혀내야 한다.

인테버Rx의 등장 이후 미국과 유럽에서 개발된 디지털 치료제들이 미국 FDA 승인에 도전했다. 제약 회사가 디지털 치료제 시장을 확보하기 위해 IT 기업과 협약을 맺는 사례도 증가했다. 이런 흐름이 IT 강국인 한국에도 큰 영향을 주었다. 한국에도 많은 디지털 치료제가 생겨나며 투자를 유치했다. 그러나 아직도 괄목할 만한 성과를 낸 기업은 찾기 힘들다. 무거운 현실이 있지만 앞으로 기술 개발이 더욱 가속화된다면 디지털 치료제는 스마트 의료의 한 축을 담당할 것으로 예상한다.

국내에서는 뉴냅스의 '뉴냅비전'이 2019년 첫 임상 연구 승인을 받았다. '뉴냅비전'은 뇌졸중으로 생긴 시각장애를 치료하는 가상현실 기기 디지털 치료제다. 뉴냅비전은 가상현실 기기를 착용한 환자에게 30분씩 특정 자극을 보내면 환자가 게임하듯 자극을 판별해 응답하는 방식이다. 이 병증을 앓는 환자는 눈과 시신경에는 이상이 없으나 시각 정보를 인식하는 시각중추 손상으로 시야

내에서 볼 수 없는 영역이 나타난다. 뉴냅비전은 시각장애가 있더라도 특정한 시각 자극은 뇌의 무의식 영역으로 전달된다는 맹시 이론과 반복적 시지각 훈련을 통해 시각 경로의 뇌 연결성을 변화시킬 수 있다는 원리를 결합해 만들어졌다.

그러나 '뉴냅비전' 임상은 2023년에 실패했다. 그 대신 뉴냅스는 뉴냅비전의 업그레이드 버전인 '비비드 브레인'을 개발해 임상에 재도전한 상태다. 비비드 브레인은 뇌 손상으로 인한 시각장애를 개선하는 데 도움을 주는 가상현실 기기용 디지털 치료제로, 2023년 5월 식품의약품안전처로부터 혁신 의료 기기로 선정되기도 했으며 확증 임상 시험을 진행 중이다.[8]

라이프시맨틱스의 '레드필 숨튼'은 만성폐쇄성폐질환 환자의 호흡 재활을 돕기 위해 개발된 디지털 치료제다. 호흡 재활 치료의 접근성을 높이기 위해 개발된 이 앱은 산소 포화도 및 보행 능력 검사를 통해 환자의 운동 능력을 실시간으로 분석해서 호흡 재활 중 위급 상황이 발생하거나 운동량 부족이 감지되면 자동으로 알람 및 문자를 전송한다. 그러면 메트로놈을 통해 환자는 건강 상태에 따라 운동량을 조절할 수 있고 의료진에게 자신의 데이터를 실시간으로 전송하는 등 병원 방문의 불편함 없이 자가에서도 호흡 재활을 하는 기능과 시스템을 장착했다. 그러나 2023년 9월 레드필 숨튼은 3상으로 간주하는 국내 확증 임상 시험에 실패했다.

디지털 치료제 전문 기업 하이Haii는 '엥자이렉스Anzeilax'라는 진단과 치료를 결합한 디지털 표적 치료제digital theranostics를 개발하고 있다. 하이의 주력 제품 중 하나인 범불안장애 디지털 치료제 엥자이렉스는 식품의약품안전처로부터 확증적 임상 시험 허가를 받아 진행 중이다. 이 밖에도 치매 진단과 치료를 위한 알츠가드Alzguard와 ADHD 아동들을 위한 뽀미Forme 등을 개발하고 있다.

엥자이렉스는 범불안장애 디치털 치료제다. 엥자이렉스는 스마트 기기로 설문지를 작성하는 동안 심박 변이도와 미간의 움직임, 떨림을 분석해 우울·불안·외상후스트레스장애 등의 정신 질환을 선별하고 치료하는 솔루션이다. 지난해 말 동화약품이 하이에 전략적 투자를 단행했다. 동화약품은 하이의 엥자이렉스를 비롯해 개발 중인 디지털 치료제의 국내 판매권에 우선 협상권을 갖게 되었다. 이 외에도 넥슨, 드래곤플라이 등 게임사에서도 디치털 치료제 개발에 도전하고 있다.

국내 1호 디지털 치료제로 허가받은 에임메드의 불면증 개선 치료 앱 '솜즈Somzz'는 의학적 장애나 질병을 예방, 관리하고 치료까지 하기 위해 환자에게 근거 기반의 적극적·치료적 개입을 제공하는 소프트웨어 의료 기기다. 솜즈는 수면 습관 교육, 실시간 피드백, 행동 중재 등을 6~9주간 수행하여 수면의 질과 효율을 향상해 환자의 불면증을 개선한다. 이 치료용 소프트웨어에는 '불면증 인지 행동 치료법'이라는 불면증 환자 치료 방법이 작동한다.[9] 인지 행동 치료법이란 불면증에 대한 잘못된 생각과 행동 패턴을 바꾸어 숙면을 유도하는 치료법이다.

또 다른 불면증 치료 앱인 웰트의 '필로우Rx PILLowRx' 역시 인지 행동 치료법에 기반한다. 필로우Rx는 불면증 환자를 위한 다양한 기능을 제공하며 큰 주목을 받고 있다. 필로우Rx는 의사 처방 후 인증 코드를 입력하여 사용하는 전문 의료 플랫폼이다. 스마트폰 앱 형태로 제공되어 시간과 장소에 제약 없이 쉽게 이용할 수 있다.

필로우Rx에는 매일 수면 패턴을 기록하여 자신에게 맞는 수면 습관을 개선하는 수면 일기가 있다. 이 앱에는 수면 시간을 점진적으로 늘려 숙면을 유도하는 훈련과 숙면을 방해하는 요소를 줄이고 규칙적인 수면 패턴을 유지하도록 돕는 기능이 탑재되어 있다. 그리고 부수적으로 이완 기법 매뉴얼이 있어 명상과 심호흡 등을 통해 스트레스를 줄이고 숙면을 유도한다.

필로우Rx는 아직 임상 시험 결과가 공개되지 않아 효과에 대한 확실한 근거는 부족하다. 하지만 기존 연구 결과에 따르면 인지 행동 치료법은 불면증 치료에 효과적인 것으로 나타났다. 필로우Rx는 의료 기기 허가를 받은 안전한 앱이지만 모든 환자에게 적합하지 않을 수 있다. 특히 중증 불면증 환자나 정신 질환이 있는 환자는 주의가 필요하다.

필로우Rx는 불면증 치료에 새로운 가능성을 제시하는 혁신적 기술이다. 앞으로 더 많은 연구를 통해 효과와 안전성을 검증하고 다양한 기능을 추가하여 환자에게 더욱 효과적인 치료를 제공할 수 있을 것으로 기대한다. 이와 같은 기능으로 필로우Rx는 수면제 처방에 앞서 행하는 1차 치료라 할 수 있다.[10]

과거 '간질'로 불렸던 뇌전증도 디지털 치료제를 적용할 주요 적응증으로 떠올랐다. 뇌전증은 발작을 일으키는 뇌 질환으로, 국내에서는 연간 14만 명의 환자가 발생한다. 국내에서는 SK바이오팜이 뇌전증 디지털 치료제 시장 진출을 추진하는 모습이다. SK바이오팜은 뇌전증 혁신 신약 '세노바메이트' 개발에 성공하는 등 뇌전증 분야에서 세계적 기술을 갖췄다고 평가받는다. 2019년 미국 FDA 허가를 받은 세노바메이트는 2022년 미국에서만 800억 원의 매출을 올리기도 했다.

SK바이오팜은 뇌전증 신약을 넘어 뇌전증을 예측하고 감지하는 디지털 치료제로 포트폴리오를 확장할 계획이다. 2022년 3월 조정우 SK바이오팜 사장은 "뇌전증을 예측하고 감지하는 웨어러블 뇌파 의료 기기 시제품을 개발하고 연내 국내 임상을 계획하고 있다."면서 "디지털 치료제를 개발하는 벤처기업과 관계 구축도 추진 중"이라고 설명했다. SK바이오팜은 미국 디지털 치료제 기업 칼라헬스Cala Health에 투자하고 뇌 과학 분야에서의 기술 협력 가능성을 모색하고 있다.

디지털 치료제는 의료 분야의 새로운 혁신으로 주목받고 있지만 상용화까지는 아직 많은 과제가 놓여 있다. 2020년 8월 '디지털 치료 기기 허가·심사 가이드라인' 제정에도 불구하고 건강보험 급여 및 수가 기준 미확립, 환자 접근성 문제, 의료계와의 협업 관계 구축 등이 과제로 남아 있다.

디지털 치료제가 의료 시스템 내에서 '처방'을 통해 '대안적·보완적 치료' 수단으로 자리매김하기 위해서는 인허가 후 건강보험 수가 책정 및 건강보험 급여 여부 등을 검토할 필요가 있으며 사용에 대한 국민 인식 전환도 이뤄져야 한다. 다만 아직 명확한 처방 적용 방안과 건강보험 급여 기준은 없는 상태로 디지털 치료제 수가 및 처방 등과 관련해 명확한 규제 체계와 '안전성 기준' 마련 등이 필요하다. 디지털 치료제의 효과와 비용 효율성을 고려한 적절한 수가 기준이 마련되어야 환자들의 접근성을 높일 수 있다. 예를 들어 현재 인지 행동 치료는 1회에 4~5만 원 수준으로 6회까지 건강보험이 적용된다.

디지털 치료제는 환자의 지속적 참여가 중요하다. 에임메드의 '솜즈'는 6~9주 동안 환자가 꾸준히 사용해야 효과를 볼 수 있지만 재미가 떨어진다. 이로 인해 환자 접근성이 낮아져 시장에서 사라지는 해외 사례도 존재한다는 점을 참고해야 한다. 환자의 흥미를 유발하는 게임 요소 도입, 사용자 친화적 인터페이스 개발, 다양한 질환과 증상에 맞는 맞춤형 솔루션 제공 등에 관한 지속적인 연구가 필요하다.

디지털 치료제의 판매 주체와 유통 방식 또한 명확하게 정립되어야 한다. 의약품 처방에서도 복약 이행도 저하는 문제로 지적

8장 디지털 치료제

된다. 디지털 치료제는 의약품보다 사용이 복잡하고 효과도 느리게 나타나는 만큼 환자가 자주 쉽게 사용할 수 있게 방안을 마련해야 한다. 결국 디지털 치료제 복약을 위한 복약지도가 필요하다는 뜻인데, 이 부분이 약사의 개입 여지를 열어주고 있다. 환자의 편의성과 안전성을 고려한다면 디지털 치료제의 약국 유통뿐만 아니라 복약지도에 따른 약사 교육과 그에 따른 보상 체계가 마련되어야 한다.

미국은 복약 순응도를 높이기 위해 전문의약품 처방 체계와 유사한 경로를 거치도록 하고 있다. 미국 매사추세츠·오클라호마·미시간은 메디케이드에 디지털 치료제를 급여 항목으로 등재해두고 환자가 의사 처방을 받아 온라인 전문 약국에 제출해 앱을 다운로드하는 방식으로 이용하게 하고 있다.

우리나라에서 디지털 치료제는 아직 뿌리를 내리지 못하고 있다. 2024년 국내 최초로 디지털 치료제 '솜즈'와 웰트의 'WELT-I'를 처방하기 시작 이후 초기 2개월 동안 서울대학교병원 처방 건수가 10건에 불과해 미지근한 현실이 드러났다. 세브란스병원도 2월부터 솜즈를 처방하기 시작했지만 정확한 처방 건수를 집계하기 어려울 정도로 미미한 수준이라고 전했다. 국가 미래 먹거리로 주목받았던 디지털 치료제는 병원 방문 없이 집에서 치료받을 수 있다는 장점으로 기대를 모았지만, 규제·비용·인식 문제 등 여러 걸림돌이 활성화를 가로막고 있다.

디지털 치료제의 활성화를 가로막는 가장 큰 걸림돌은 높은 비용이다. 솜즈의 경우 환자가 부담해야 하는 비용은 20~25만 원으로 기존 인지 행동 치료 비용(50~60만 원)의 절반 수준이지만 여전히 부담스럽다는 평가다. 또한 환자와 의료진의 낮은 인식 또한 문제다. 디지털 치료제는 출시된 지 얼마 안 되어서 아는 사람이 적고 의료진도 100% 신뢰하지 않아 처방률이 낮은 것으로 나타났다.

전문가들은 디지털 치료제가 초기 단계이기 때문에 성장에 시간이 걸릴 수 있지만 정부 차원의 인프라 구축 투자와 연구 확대, 사회적 인식 개선 노력을 통해 활성화 방안을 모색해야 한다고 강조했다. 이유진 서울대학교병원 정신건강의학과 교수는 "디지털 치료제는 아직 연구 목적 처방이 주를 이루고 있어 처방 건수만으로 환자나 의료진 수요를 판단하기에는 이르다."면서도 "정부와 기업, 의료계와 학계가 협력하여 디지털 치료제의 장점을 극대화하고 활성화 방안을 마련해야 할 것"이라고 말했다.

디지털 치료제는 의사 처방이 필요하므로 의료계와의 협업 관계 형성이 중요하다. 디지털 치료제 처방 활성화를 위해 업계와 의료계는 의료인에게 교육 프로그램을 제공하거나 인센티브를 지급하는 등의 노력을 기울여야 한다. 정부는 관련 법규 개정, 정책 지원 등을 통해 디지털 치료제 상용화를 적극적으로 추진해야 한다. 기업은 임상 시험 확대, 효과 및 안전성 데이터 축적, 환자 접근성 개선, 의료계와의 협업 강화 등을 통해 디지털 치료제의 경쟁력을 높여야 한다.

　　디지털 치료제는 의료 분야의 새로운 가능성을 열어주는 혁신 기술이다. 하지만 상용화를 위해서는 아직도 해결해야 할 과제가 많다. 정부와 기업과 의료계는 긴밀한 협력을 통해 디지털 치료제가 환자에게 효과적으로 제공될 수 있도록 노력해야 할 것이다.

메디컬 3D 프린팅

메디컬 3D 프린팅 혁명

산업혁명을 이끈 왓슨의 증기기관차처럼 3D 프린팅이 생산 혁명을 주도하고 있다. 3D 프린팅은 플라스틱·금속·세라믹·분말·액체 또는 살아 있는 세포와 같은 재료를 층층이 쌓아 3D 물체를 만드는 제조 방법이다. 이 과정은 또한 적층 제조AM, 쾌속 조형RP, 고체 자유형 기술SFF라고도 한다. 일부 3D 프린터는 전통 잉크젯 프린터와 유사하지만 최종 제품은 3D 물체가 생성된다는 점에서 다르다.1

3D 프린팅 프로세스에는 24가지 이상이 있으며, 다양한 프린터 기술, 속도, 해상도 및 수백 가지의 재료를 사용한다. 이러한 기술은 컴퓨터 지원 설계 CAD 파일에서 정의된 거의 모든 상상 가능한 모양으로 3D 물체를 만들 수 있다. 기본 설정에서는 3D 프린터가 먼저 CAD 파일의 지시에 따라 물체의 기초를 구축하기 위해 x축과 y축 평면을 따라 프린트 헤드를 움직인다. 그런 다음 프린터

는 z축을 따라 프린트 헤드를 움직여 물체를 레이어별로 상하 수직으로 구축한다.[2]

엑스레이·MRI·CT와 같은 2차원 2D 방사선 이미지는 디지털 3D 인쇄 파일로 변환할 수 있어 복잡하고 맞춤화된 해부학적 구조나 의료 구조를 만들 수 있다는 점에서 메디컬 3D 프린팅은 스마트 의료의 큰 축을 담당하고 있다.

현재 진행되고 있는 혹은 미래 가능한 메디컬 3D 프린팅 활용은 크게 몇 가지 카테고리로 분류할 수 있다. 여기에는 조직 및 장기 제작, 맞춤형 보철물, 임플란트, 해부학적 모델 제작 그리고 의약품 복용 형태, 전달 및 발견과 관련된 제약 연구 등이 포함된다.

의료 분야에서 3D 프린팅 활용은 의료 제품, 의약품 및 장비의 맞춤 제작이나 개인화, 비용 효율성, 생산성 향상, 설계 및 제조 민주화 그리고 향상된 협업 등 많은 이점을 제공할 수 있다. 여전히 해결해야 할 기술적·법적 문제가 남아 있지만 메디컬 3D 프린팅이 혁신적 발전을 하리라는 데는 의료인 대다수가 동의하고 있다.

메디컬 3D 프린팅은 비교적 새로운 기술이지만 지난 40여 년 동안 놀라운 발전을 이루었다. 1980년대 초 3D 프린팅 기술이 처음 등장했을 때부터 의료 분야에서 활용 가능성에 관한 관심이 높았다. 초기에는 기술적 한계와 높은 비용으로 발전 속도가 느렸지만 꾸준한 연구 개발과 기술 발전으로 메디컬 3D 프린팅은 의료 분야의 중요한 도구로 자리 잡았다.

메디컬 3D 프린팅 역사

최초의 3D 프린터는 1981년에 등장했다. 일본의 코다마 히데오小玉秀男 박사가 최초의 쾌속 조형 기계를 발명했는데, 이 기계는 자외선으로 중합할 수 있는 수지를 한 층 한 층 쌓아 조형물을 제작했다. 1986년에는 찰스 헐Charles Hull이 광조형법SLA, Stereolithography에 대해 최초로 특허를 출원했다. 그는 SLA와 현재 3D 프린팅에 가장 많이 사용되는 파일 형식인 'stl' 포맷을 만들어내 '3D 프린팅을 발명한 사람'으로 불리기도 한다.

1988년에는 텍사스대학교 칼 데커드Carl Deckard가 학생 신분으로 선택적 레이저 소결SLS, Selective Laser Sintering 기술의 라이선스를 획득했다. 이 기술은 분말형 재료를 레이저로 녹여서 단단한 구조물을 만드는 또 다른 유형의 3D 프린팅 기술이다. 그 직후인 1989년에는 스콧 크럼프Scott Crump가 열용해 적층 조형FDM, Fused

Deposition Modeling 특허를 획득하고 지금까지도 3D 프린팅 업계 중심에 서 있는 기업인 스트라타시스Stratasys를 설립했다. 같은 해에 찰스 헐의 회사인 3D 시스템즈3D Systems Corporation에서 SLA-1이라는 3D 프린터를 출시했다.[3]

1990년대는 3D 프린팅 산업이 크게 성장한 시기였다. 새로운 회사들이 설립되고 새로운 적층 제조 기술들이 연구되었다. 하지만 SLS 프린터가 상업적으로 이용 가능해진 시기는 2006년이 되어서였다. 1990년대 초, 의료 분야에서 3D 프린팅 기술을 활용한 초기 연구들이 시작되었다. 주로 의료 모델 제작에 활용되었으며, 실제 치료에는 사용되지 않았다. 메디컬 3D 프린팅이 처음으로 개발된 때는 1999년이다.

1999년 보스턴어린이병원과 하버드대학교 의과대학은 이분척추로 태어난 아이에게 대체 방광을 제공하기 위해 3D 프린팅 기술을 활용한 프로젝트를 진행했다. 이 프로젝트는 성공적이었다. 앤서니 아탈라Anthony Atala 박사는 인공 장기를 지지하는 데 필요한 맞춤형 스캐폴드를 만들기 위해 3D 프린팅 기술을 연구하기 시작했다.[4]

이후 정형외과 분야에서는 수술을 계획하고 의료 기기 시뮬레이션을 만드는 데 3D 프린팅 기술을 활용했다. 3D 프린팅 기술을 활용하여 수술을 미리 연습하자 환자의 마취 시간이 줄어들고 출혈이 적으며, 전반적으로 더 나은 결과를 보였다.

치과 산업에서도 3D 프린팅 기술을 적극적으로 도입하고 있다. 환자는 수작업으로 제작되는 의치나 브리지, 임플란트를 수개월 동안 기다려야 했지만 3D 프린팅 기술을 통해 이러한 임플란트를 더 빠르게 제작할 수 있게 되었으며, 맞춤 제작이 필요한 품목까지도 대량 생산이 가능해져 치료비 부담을 줄여주었다.

정형외과의 혁신을 이끄는 3D 프린팅 기술은 특히 고난도 골반 및 인공 고관절 수술에서 두각을 나타낸다. 2020년 미국 클리블랜드클리닉에서 FDA 승인 3D 프린팅 고관절 비구보형물이 인공 관절 재치환술에 최초로 사용된 이래, HSS는 리마코퍼레이트LimaCorporate와 함께 프로메이드Promade PoCPoint of Care를 설립하여 환자 맞춤형 관절 임플란트를 의료 현장에서 직접 제작하고 적용하는 혁신을 이끌었다.[5] 이는 FDA의 패스트 트랙fast track 허가

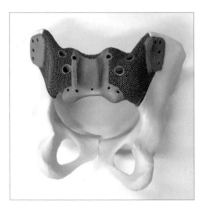

17세 여아의 천골 골육종을 왼쪽의 3D 프린팅 재건체를 이용하여 수술한 서울성모병원 정양국 교수의 사례(출처: 정양국)

제도를 통해 복잡한 관절 재건술의 성공적인 결과를 이끌어내는 데 기여했으며, 티타늄 등 다양한 금속을 이용한 3D 프린팅 임플란트는 복잡한 해부학적 재건술의 새로운 지평을 열었다.[6]

국내에서도 전남대학교 윤택림 교수, 가톨릭대학교 정양국 교수 등이 세계적 수준의 환자 맞춤형 3D 프린팅 임플란트 수술 성공 사례를 보고하며, 신경외과·성형외과·이비인후과 등 다양한 분야에서 3D 프린팅 기술의 활용 범위를 넓혀가고 있다. 왼쪽의 사진에서 보는 것처럼 서울성모병원 정양국 교수가 집도한 17세 여아의 천골 악성종양 절제술 후, 3D 프린팅 재건체를 이용한 '사지구제술'은 이러한 발전을 단적으로 보여주는 케이스다.

2000년대에는 3D 프린팅 기술을 이용한 맞춤형 임플란트, 수술 시뮬레이션 모델, 의료 기기 등이 개발되었다. 이 시기에 가장 주목할 만한 사건은 3D 프린팅의 오픈소스 운동이다. 3D 프린팅 기술에 있어서 2005년은 획기적인 해였다. 바로 에이드리언 보여 Adrian Bowyer 박사가 설립한 렙랩RepRap 프로젝트라는 오픈소스 운동 때문이다.

이 프로젝트의 초기 목표는 자가 복제가 가능한 저가의 기술로서 FDM(열용해 적층 조형) 같은 적층 제조 기술에 대해 다시 생각해보는 것이었다. 그 결과 렙랩이라는 3D 프린터가 탄생했고 이 제품은 향후 발매되는 저가 3D 프린터들을 위한 초석이 되었다.

렙랩 3D 프린터는 자체로 프린트가 가능한 플라스틱 부품들로 만들어졌다. 즉, 렙랩을 소유한 사람은 다른 3D 프린터를 프린트할 수 있어 자가 복제가 가능해진 것이다. 다른 부품이나 도구 또는 디자인도 프린트할 수 있게 된 것이다.

렙랩 프로젝트의 성공은 상업용 3D 프린터가 등장하는 계기가 되었다. 1980년대에 출원된 FDM에 관한 특허들이 2006년에 공개되었기 때문이다. 이로 인해 더 많은 3D 프린팅 제조업체들이 시장에 뛰어들었는데, 2009년에 설립된 메이커봇MakerBot이 대표적 기업이다. 메이커봇은 3D 프린팅을 대중 시장으로 끌어들이는 데 큰 역할을 했다. 이 회사는 고객이 직접 3D 프린터를 만들 수 있는 오픈소스 DIY 키트를 판매했다. 이들의 온라인 파일 저장소인 싱기버스Thingiverse에는 수십만 개의 무료 및 유료 3D 프린팅 파일이 있는데, 이 사이트는 곧 세계 최대의 3D 프린팅 온라인 커뮤니티가 되었다.

2010년대 3D 프린터 업계의 스타는 얼티메이커Ultimaker였다. 이 회사는 2011년 네덜란드 위트레흐트의 프로토스페이스 팹랩Protospace FabLab에서 시작했다. 일단은 산업용 3D 프린터가 가진 높은 비용과 번거로움 없이 정확하고 유용한 부품을 만들어낼 3D 프린터를 제작하려는 몇몇 친구들의 프로젝트였다. 이들은 렙랩 프로젝트에서 영감을 받아 '자체 복제 쾌속 조형기'(자신의 대부분을 복제할 수 있는 오픈소스 기계)에서 출발하여 DIY 키트에서 하드웨어와 소프트웨어, 소재를 제공하는 산업 환경에 적합한 완전한 생태계로 진화했다.

3D 프린팅은 매우 복잡한 혈관 네트워크와 시스템을 재현할 수 있으므로 미래에는 인공 장기 제작에 중요한 역할을 할 수 있다. 이러한 정교한 기계를 생물학적 물질의 실험실 생성 방법과 함께 사용하면 장기 이식을 위해 대기 목록에 이름을 올리고 하염없이 기다리는 수많은 생명을 구할 수 있다.

의료 분야에서 3D 프린팅의 역사는 비교적 짧지만 가장 복잡한 의료적 프로세스조차도 단순화시켜줄 수 있는 미래 의료의 세계로 우리를 이끌고 있다. 이러한 도구는 의사가 인체를 더 잘 이해하고 때로는 복잡한 시스템을 복제하는 데 도움을 준다. 3D 프린팅은 여러 산업의 성장을 가속하는 데 도움을 주었지만 의학은 3D 프린팅이 가장 큰 영향을 미친 분야일 것이다.

이런 가능성을 반영한 것일까? 우리나라에도 2017년 5월 대한메디컬3D프린팅학회Korean Medical 3D Printing Society가 권순용 교수에 의해 발족되었다. 대한메디컬3D프린팅학회는 3D 프린팅 기술을 의료 분야에 접목하기 위해 정부 부처와의 긴밀한 협조 아래 산업계·학계·연구계·의료계 등 다양한 영역의 전문가가 모여 학술 교류, 연구, 산학연 간 네트워크를 구축할 것이다. 의료 기술 향상은 물론 국내 3D 프린팅 기술력을 증진시켜 4차 산업혁명 시대 요구에 부응하는 첨단 의료 기술을 통한 국민 건강과 삶의 질 향상을 목표로 하고 있다.[7]

메디컬 3D 프린팅 사용 분야

스마트 의료에서 사용되는 3D 프린팅은 조직 및 오가노이드 생성, 수술 도구, 환자 맞춤형 수술 모델 및 맞춤형 의수족 제작 4개 분야로 나눌 수 있다.

조직 및 오가노이드 생성을 위한 바이오프린팅

바이오프린팅은 세포, 생체 활성 물질, 사이토카인을 설계하고 선택적으로 분배하여 3D 생체 장기 및 조직을 구축하는 적층 제조 기술이다.[8] 바이오프린팅은 피펫Pippet을 사용하여 살아 있는 세포 또는 바이오잉크를 서로 겹쳐 인공적인 생물학적 구성물을 만든다. 3D 바이오프린팅은 재생 의학 및 의약품 개발 분야에서도 매우 빠르게 발전하는 분야다.

이 기술에서 자가 조직하는 다세포 모듈의 형성과 중간 모듈을 더 큰 조직 단위로 조립하는 능력은 매우 중요한 과제다.[9] 따라서 바이오프린팅과 세포 자가 조직 기술의 융합은 상호작용을 통해 장기 조직의 기능화를 크게 가속할 수 있다. 바이오프린팅은 다기능성 줄기세포 또는 성체 줄기세포에 실제 장기와 유사한 특정 공간 구조 설계를 적용하여 오가노이드의 특정 구조를 고정밀, 고처리량으로 빠르게 프린트할 수 있다. 따라서 오가노이드 형성을 유도하는 결과 기하학을 사용하여 밀리미터 크기의 구조로 자가 조직되도록 유도하여 더 빠르게 그리고 더 잘 조직될 수 있다.

이 기술은 복잡하고 기능적인 조직을 제작하여 이식이나 약물 테스트에 사용할 수 있도록 해 조직공학에 혁명을 가져올 가능성이 있다. 3D 바이오프린팅은 천연 조직의 구조와 기능을 밀접하게 모방하는 조직 및 오가노이드의 생성을 가능하게 한다. 이는 특히 약물 개발에서 중요한데, 개발자는 인체 조직과 더욱 유사한 오가노이드에서 새로운 약물을 테스트하여 좀더 정확하고 효과적인 결과를 얻을 수 있다. 3D 바이오프린팅은 또한 부족한 장기 기증 문제를 해결할 가능성이 있다. 환자의 세포로부터 기능성 장기를 제작함으로써 바이오프린팅은 장기 기증의 필요성을 없애고 장기 거부반응의 위험을 줄일 수 있다.[10]

미국의 오가노보 의료 실험실은 간과 장 조직을 바이오프린팅하여 생체 내 장기 연구 및 특정 질병에 대한 약물 개발을 돕고 있다. 이처럼 오가노이드 덕분에 2018년 5월 오가노보는 효소 결핍으로 인해 인체의 아미노산 티로신 대사 능력을 저하하는 질환인 티로신혈증 1형 프로그램에서 간 조직의 기능에 대한 전임상 데이터를 발표할 수 있었다.

미국 노스캐롤라이나대학교의 웨이크포레스트Wake Forest연구소는 약물 발견 및 질병 모델링에 잠재적 응용 가능성이 있는 3D 뇌 오가노이드를 개발하여 위와 유사하게 약물 개발에 나섰다. 이 대학은 2018년 5월에 자신들이 개발한 오가노이드가 정상 인체 구조와 닮은 정상 세포 기반의 기능적 혈액 뇌 장벽을 가지고 있다고 발표했다. 또한 화상 환자에게 직접 적용할 수 있는 3D 프린팅 피부 이식 연구도 진행하고 있다.[11]

인공 관절 회사의 숙원이었던 '완벽한 코팅 기술'이 드디어 현실이 되었다. 인공 관절 회사의 최대 관심은 '어떻게 하면 인공 관절 표면을 잘 코팅해 뼈에 잘 붙게 할 수 있느냐'다. 당시 미국 등 선진국에서는 플라스마 스프레이 기술이나 비드 코팅 기술 등을 이용해 구멍이 많은 다공성 표면을 만들려고 노력했다. 하지만 기술적으로 사람의 뼈와 비슷한 형태로 크기나 구조를 만들 수 없었다. 이를 세계 최초로 해결한 기업이 우리나라의 인스텍이다. 인스텍은 DED 금속 프린팅 방식 코팅 기술을 개발해 미국 FDA 허가를 받았다.[12]

세계 최초로 6가지 금속 분말을 자유자재로 다루는 첨단 기술인 DED 방식은 레이저를 이용하여 금속 분말을 녹여 층층이 쌓아 올리는 첨단 적층 기술이다. 인스텍은 이 기술을 더욱 발전시켜 6가지 금속 분말을 동시에 사용할 수 있게 했다. 이는 단순히 금속을 섞는 것이 아니라 부위에 따라 필요한 특성을 가진 금속을 정밀하게 배합하여 사용하는 놀라운 기술이다. 인스텍의 DED 기술은 다양한 분야에서 활용될 수 있다. 고압·고온 환경에서 작동해야 하는 항공우주 부품부터 정밀한 제작이 요구되는 첨단 의료 기기까지 인스텍의 기술은 불가능을 가능하게 하고 있다.

하지만 바이오프린팅 조직 및 오가노이드 개발에는 여전히 극복해야 할 많은 과제가 있다. 주요 과제 중 하나는 인쇄된 구조물이 신체의 기존 조직과 적절하게 통합되고 기능할 수 있도록 하는 것이다. 또한 바이오프린팅 조직 및 오가노이드의 장기적 안전성과 효능에 대한 우려도 있다.

세포 프린팅이라 불리는 3D 바이오프린팅은 조형 원리와 프린팅 재료에 따라 잉크젯 기반 바이오프린팅(온도 제어 및 압전), 레이저 보조assisted 바이오프린팅, 압출 기반 바이오프린팅(공압·피스톤·나사형), 광경화photo-curing 바이오프린팅으로 분류한다. 생물학적 3D 프린팅 기술은 바이오잉크를 이용, 인체 조직과 장기를 제작한다. 하지만 현재까지 어떤 바이오프린팅 기술도 모든 크기와 복잡성의 합성 조직을 생산할 수 없다. 이 4가지 주요 바이오프린

9장 메디컬 3D 프린팅

팅 기술은 각각 장단점 및 한계점이 있다.

오가노이드 기술이 새로운 패러다임으로 부상하고 있는 분야는 동물 복지다. 오가노이드는 실제 장기와 유사한 기능을 수행하는 3D 세포 집합체를 만들어내며, 동물실험의 윤리적 딜레마를 해소하고 신약 개발의 효율성을 획기적으로 향상시키는 혁신으로 주목받고 있다.

국내 선도 기업 바이오솔빅스는 줄기세포 기반 플랫폼 기술을 토대로 이 분야의 최전선에 있다. 이 기업은 유도만능줄기세포 iPSC 기반 오가노이드를 활용해 다양한 장기의 독성 및 효능을 분석하는 첨단 CRO 서비스를 제공하고 있다. 이를 통해 신약 개발 과정에서 동물실험을 대체하고, 시간과 비용을 대폭 절감하는 혁신적인 솔루션을 제시하고 있다.

바이오솔빅스의 기술력은 여기서 그치지 않는다. iPSC 기반으로 제작된 그들의 오가노이드는 다양한 장기로의 분화가 가능하며, 췌장암·유방암·폐암 등 여러 암종의 오가노이드를 활용한 효력 분석 서비스까지 제공하고 있다. 이는 암 연구와 치료 분야에 새로운 지평을 열고 있다.

더 나아가, 바이오솔빅스는 오가노이드 기술을 세포 치료제를 개발하는 데도 적극 활용하고 있다. 현재 개발 중인 심근경색 오가노이드 세포 치료제는 관상동맥우회술 환자들에게 새로운 희망을 제시할 것으로 기대한다. 특히, 자가 세포 기반 치료제 개발에 집중함으로써 면역 거부 반응을 최소화하는 접근을 시도하고 있다.

오가노이드 기술은 단순히 과학적 혁신을 넘어 윤리적·경제적 가치를 창출하고 있다. 동물 실험을 대체함으로써 동물 복지 실현에 기여하는 한편, 신약 개발 과정의 시간과 비용을 획기적으로 절감하고 있다. 더불어 개인 맞춤형 치료제 개발의 가능성을 열어, 미래 의료 시장의 핵심 기술로 자리매김할 전망이다.

이처럼 오가노이드 기술은 생명과학의 새로운 지평을 열며, 인류의 건강과 복지 증진에 크게 기여할 것으로 기대한다. 바이오솔빅스를 비롯한 선도 기업들의 끊임없는 혁신은 이 기술의 무한한 가능성을 현실로 만들어가고 있다.

(1) 잉크젯 기반 바이오프린팅

잉크젯 기반 바이오프린팅은 세포를 인쇄하는 데 사용된 최초의 바이오프린팅 방법이다. 기존 잉크젯 프린팅 기술을 기반으로 하는 비접촉식 프린팅 공정으로, 압전 또는 열 구동 노즐을 사용하여 바이오잉크(하이드로겔과 세포의 혼합물)가 미리 결정된 3D 구조에 따라 일련의 액체 방울을 생성한다. 잉크젯 기반 바이오프린팅은 세포 활성, 인쇄 속도, 해상도가 높고 비용이 저렴하다는 장점이 있다.[13] 또한 잉크젯 기반 바이오프린팅은 여러 노즐을 동시에 사용하여 서로 다른 생체 활성 물질, 세포 또는 사이토카인을 동시에 인쇄할 수 있다.

9장 메디컬 3D 프린팅

잉크젯 기반 바이오프린팅 기술을 사용하여 과학자는 분자, 세포 및 장기의 패턴을 만드는 데 큰 진전을 이루었다. 한 연구팀은 잉크젯 기반 바이오프린팅과 섬유아세포를 사용하여 비계가 없는 scaffold-free 곡선의 혈관과 유사한 현수액 구조를 설계했다고 보고했다.[14] 콜라겐의 정밀하고 자동화된 증착을 통해 세포 부착과 증식을 제어하기 위해 고처리량high-throughput 잉크젯 프린팅을 적용하는 방법도 보고되었다.[15]

그러나 낮은 구동 압력으로 인해 잉크젯 바이오프린팅은 고점도 물질이나 고농도 세포를 프린팅할 수 없다는 단점이 있다. 따라서 높은 세포 밀도의 복잡한 생체 모방 조직이나 오가노이드를 잉크젯 바이오프린팅 방법으로 제작하는 것은 어려운 경우가 많다. 저점도 생체 소재는 바이오프린팅된 구조물의 기계적 특성을 감소시킬 수 있지만 세포에 정상적인 또는 유사한 생리학적 환경을 제공하지 못하여 후속 시험관 내in vitro 및 생체 내in vivo 배양 효과를 떨어뜨린다. 게다가 잉크젯 바이오프린팅은 작동 중 노즐이 마모되고 막히는 경향이 있으며 세포도 열적 또는 기계적 손상을 입을 수 있어 잉크젯 기반 바이오프린팅 기술의 광범위한 사용에 제한이 있다.

이 방식을 사용하는 대표 기업이 국내에 있다. 바로 로킷헬스케어다. 로킷헬스케어는 재생 치료 의료 시장에서 혁신을 주도하는 선두 주자로, 3D 바이오프린팅과 인공지능이라는 두 첨단 기술을 무기로 환자 맞춤형 정밀 치료라는 새 지평을 열었다. 이 기업의 목표는 단 하나다. 환자의 삶의 질을 향상하고 치료 방법이 제한적인 만성질환 분야에 혁신적 대안을 제공하는 것이다. 이러한 열정이 결실을 맺어 로킷헬스케어는 인공지능 초개인화 맞춤 장기 재생 플랫폼을 출시했다.

잉크젯 방식의 이 플랫폼은 당뇨발·욕창·화상·피부암 등 피부 재생과 퇴행성관절염 극복을 위한 연골 재생, 신장 기능 재생 등의 질환에 사용되고 있다. 로킷헬스케어의 장기 재생 플랫폼은 병원에서 의료진이 환자 치료에 사용할 수 있는 3D 바이오프린터, 인공지능, 의료용 일회성 키트로 구성된다. 이 플랫폼은 세포 외 기질 ECM, Extracellular Matrix 재생 패치를 생성하여 피부·연골·신장 등 다양한 장기의 재생에 적용된다. 장기별로 특화된 재생 플랫폼은 환자들에게 새로운 치료 기회를 제공하며, 상용화와 세계시장 진출에 성공했다.

특히 당뇨로 피부가 괴사한 환자는 단 한 번의 시술로 통증 없이 빠른 회복을 경험할 수 있다. 이 과정에서 생성된 ECM 재생 패치는 환부에 적용되어 자가 조직을 활용한 빠른 상피화와 육아조직 형성을 촉진한다.[16] 이 치료법의 효과는 SCIE에 등재되어 학술적으로 인정받았다.

로킷헬스케어의 장기 재생 플랫폼 인공지능 시술은 이미지 한 장으로 시작한다. 플랫폼은 환부의 이미지 한 장을 통해 3D 바이오프린팅을 위한 스캐폴드와 환부 모양 코드 파일을 자동으로 생성한다. 이 정보는 환자의 자가 조직 지방 추출량을 자동 계산하여 3D 프린터에 자동 전송하며, 이후 바이오잉크를 준비하여 ECM 재생 패치를 제작하고 환부에 적용한다. 시술은 수술실 내에서 실시되며 평균 30분~1시간이 소요된다.

로킷헬스케어의 장기 재생 플랫폼은 난치성 만성질환 치료에 새로운 지평을 열었다. 이 기술은 면역 거부반응이나 부작용 없이, 병원 입원이나 추가 시술 없이 효과적 치료가 가능함을 보여준다. 기존의 바이오프린팅이 실험실과 연구 수준에 머문 반면 로킷헬스케어는 손상된 조직을 자가 조직으로 재생시키며, 최소한의 조작으로 높은 안정성과 치료 효과를 제공하는 재현 가능한 인공지능 초개인화 장기 재생 의료 기술이라는 점에서 혁신적이다.

(2) 레이저 보조 바이오프린팅

레이저 보조 바이오프린팅은 레이저 직접 쓰기direct write 및 레이저 유도 전사 기술을 활용한다. 집중된 레이저 파동은 리본 흡수층ribbon absorption layer에 고압 거품을 생성하는 데 사용되고, 현탁액 형태의 바이오잉크는 수용 기관으로 밀려나간 다음 가교된다cross-linked. 다른 프린팅 기술과 비교하여 레이저 보조 바이오프린팅과 같은 비노즐 프린팅 방법은 잉크젯과 바이오잉크 사이의 직접적 접촉을 피할 수 있어, 세포·생체 물질이 노즐을 막아 생기는 기계적 손상을 방지할 수 있다.[17] 따라서 레이저 보조 바이오프린팅은 고점성 생체 물질의 프린팅과 높은 세포 밀도의 프린팅이 가능하며, 이렇게 제작된 오가노이드는 높은 세포 활성, 높은 세포 밀도 및 개선된 기능을 가진다.

축삭과 같은 연장부와 높은 세포 활성을 가진 척수 복구를 위한 3D 패턴을 준비하기 위해 레이저 기반 바이오프린팅 사용이 보고되었다.[18] 또한 레이저 보조 바이오프린팅은 간단한 크로스오버 기술을 사용하여 제대 정맥 내피 세포HUVEC를 바이오페이퍼 표면에 증착시키는 데 사용되었는데, 이 세포들은 차별화되어 혈관 조직의 네트워크로 늘어났다.[19]

그러나 레이저 보조 바이오프린팅에도 몇 가지 단점이 있다. 첫째, 비용이 비교적 비싸고 레이저 인쇄 시스템의 제어가 복잡하며, 레이저 보조 바이오프린팅에 적합한 하이드로겔 재료가 제한적이므로 상용화가 어렵다. 둘째, 인쇄 효율이 낮고 각 잉크 층을 반복해서 코팅해야 하므로 균일성을 보장할 수 없으며, 프로세스가 시간 소모적이고 힘이 든다. 이로 인해 복잡한 구조의 프린팅에 적용하기 어렵다. 게다가 세포에 대한 레이저 노출의 부작용이 완전히 파악되지 않은 점이 이 기술의 한계다.

(3) 압출 기반 바이오프린팅

압출 기반 바이오프린팅은 현재 공압 또는 기계적 응력을 사용하여 노즐을 통한 바이오잉크의 압출을 제어하는 가장 널리 사용되는 바이오프린팅 기법이다. 이 방법은 고점도 생체 물질과 고밀도 세포 현탁액을 프린팅할 수 있다. 가장 큰 장점은 30~6×10^7mPa/s 범위의 점도를 가진 생체 물질, 특히 전단 감소shear diminishing 및 빠른 가교 특성을 가진 하이드로겔을 비롯해 광범위하게 인쇄 가능한 생체 적합 재료를 이용할 수 있다는 것이다.[20]

앞서 언급한 두 기술과는 대조적으로 생체 물질 또는 세포 현탁액은 개별 물방울이 아닌 소섬유화된 필라멘트에 연속 침전물 형성을 위해 지속적인 압착으로 만들어지는 생체 물질과 세포에 더 큰 기계적 압력과 전단 응력을 준다. 따라서 이 기술을 사용하면 인쇄된 세포의 생존율을 낮출 수 있는데, 이는 고세포 밀도의 바이오잉크를 프린팅할 때 더욱 두드러진다. 압출 바이오프린팅은 현재 오가노이드를 구축하는 데 사용되는 일반적인 방법이며, 기존의 압출 바이오프린팅 방법을 기반으로 새로운 바이오프린팅 방법이 등장했다. 연구원들은 2개의 노즐과 모터식 X-Z 로봇을 갖춘 압출용 바이오프린터를 제작했다. 간세포와 섬유아세포가 적재된 GelMA 하이드로겔을 사용하여 시간이 지남에 따라 일정 수준의 세포 활성을 유지하는 오가노이드 또는 세포 응집체를 바이오프린팅하기 위한 기술의 타당성을 입증했다.[21] 또한 최근의 한 주요 연구는 압출 프린팅 시스템과 현미경 시스템을 결합하여 실시간 관찰을 위한 자체 현미경 이미지와 조직 발생의 시간적·공간적 정밀 제어를 갖춘 프린팅 시스템을 구축하는 BATE**Bioprinting-assisted tissue emergence**라는 프린팅 방법을 제안했다.[22]

(4) 광경화 바이오프린팅

광경화 바이오프린팅은 현재 종종 SLA와 DLP**Digital Light Processing**로 세분되는 표면 투영에 기반을 둔 생물학적 3D 프린팅 방법이다. 두 방법 모두 광유도 광중합 성형을 사용한다. SLA는 레이저 광을 점에서 선 그리고 선에서 면으로 광경화하는 방식을 사용하는 반면, DLP는 프로젝터를 사용하여 광중합체에 빛을 조사하고 층층이 광경화한다.[23] 광경화 프린팅 장치는 디지털 광 프로젝터를 사용하여 바이오잉크의 전체 표면을 고효율로 경화시킨다. 단층 구조의 복잡성과 관계없이 인쇄 시간은 동일하며 인쇄 정확도는 높다. 프린터는 수직으로 움직이는 플랫폼만 필요하다. 다른 방법과 비교할 때 장치가 상대적으로 간단하고 제어하기 쉬우며, 노즐이 없는 인쇄 방식은 노즐 막힘이나 세포 활성에 영향을 미치는 전단력과 같은 문제를 일으키지 않는다.[24]

광경화 바이오프린팅은 세포 자가 조직과 상대적으로 제어된 분화를 유도하는 능력 때문에 세포 조립체 및 오가노이드 제작에 적합한 프린팅 방법이다. 클레프**Creff** 등은 SLA 기술과 장세포주 성장을 지원하는 감광성 고분자 하이드로겔(폴리에틸렌 글리콜 디아크릴레이트·아크릴산 중합체)을 사용하여 장 상피 구조를 구축했으며, 이 구조가 3주 동안 소장 상피세포 증식과 분화를 지원한다는 것을 보여주었다.[25] 그러나 단점은 자외선과 개시제^{initiator}가 세포를 손상시킬 수 있다는 것이다. 광경화 바이오프린팅은 세포 프린팅에서 점점 더 비중이 커지고 있으며 향후 압출 바이오프린팅을 대체하여 가장 중요한 표준 생물학적 3D 프린팅 기술이 될 것으로 예상한다.

3D 프린팅 모델을 활용한 수술 준비

복잡한 수술을 효과적으로 수행하기 위해서는 심층적 수술 전 계획이 필요하다. 전통적으로 CT 및 MRI 스캔과 같은 고해상도의 고품질 진단 도구는 외과 의사가 환자의 병리 해부학적 구조를 시각화하고 그에 따라 수술 계획 수립 방식을 크게 향상했다. 하지만 이러한 2D 이미지를 바탕으로 종합적 수술 계획을 수립하는 데는 한계가 있다. 2D 영상은 복잡한 3D 구조를 표현하는 데 한계가 있어 경험이 많은 외과 의사에게도 해석하기 어려울 때가 있고 질병 등에 의해 변형된 불규칙한 해부학적 구조는 여전히 수술 전 과정을 복잡하게 한다.

3D 모델은 실제적인 1:1 축척의 해부학적 모델을 제공하여 개별 환자의 해부학적 세부 사항을 더욱 심층적으로 평가하고 수술

기법을 연습함으로써 수술 사례의 시각화 및 계획을 개선할 잠재력이 있다. 이를 통해 외과 의사는 수술 전에 더 완벽하게 준비할 수 있어 수술 성능 향상과 환자 예후 개선으로 이어진다.

3D 프린팅은 복잡한 수술 전에 외과 의사가 연습할 수 있도록 환자 맞춤형 장기 모형을 제작하는 데도 사용된다.[26] 의료 영상 기법을 사용하여 원본 디지털 모델을 생성한 다음 3D 프린터로 출력한다. 이 기술은 수술 절차를 신속하게 진행하고 수술 후 통증과 회복 시간을 줄여줘 수술 후 환자에게 가해지는 트라우마(외상)를 최소화하는 데 효과적이다. 이미 다양한 수술 분야에서 성공적으로 채택되었으며 점점 대중화되고 있다.

일상적 무릎 관절 대체 수술을 생각해보자. 수술 계획 단계에서 고도의 정밀한 3D 프린팅 모형을 사용하면 외과 의사가 직면하게 될 위치 오차가 사라진다. 또한 무릎 임플란트 위치의 정밀도 개선으로 생체역학(운동역학)이 향상된다. 이는 궁극적으로 환자가 훨씬 더 자연스러운 무릎 움직임을 경험할 수 있도록 하며 사용 중 임플란트의 마모를 줄인다.[27]

수술 준비를 돕기 위해 만드는 3D 프린팅 모델은 환자의 해부학적 구조를 상세하고 실물에 가깝게 보여주므로 외과 의사는 환자의 특수한 신체 구조를 더 잘 이해하고 수술 절차를 더 정확하게 계획할 수 있다. 이는 환자의 해부학 구조에 대한 명확한 이해가 중요한 복잡한 수술에서 특히 중요하다. 외과 의사는 실제 환자에게 수술을 시행하기 전에 연습할 수 있으므로 합병증 위험을 줄이고 수술 결과를 향상할 수 있다.

3D 프린팅 모델은 신체의 민감한 부위나 접근하기 어려운 부위를 포함하는 수술에 특히 도움이 된다. 3D 프린팅 모델은 또한 다가올 수술에 대해 환자와 가족을 교육하고 예상되는 상황을 이해시키는 데도 사용된다. 3D 프린팅 모델은 수술 결과 및 환자 만족도 향상에 좋은 결과를 보여주었다.

3D 프린팅 모형은 수술 비용 절감에도 기여한다. 절감이 가능한 주요 요인은 수술 소요 시간의 단축이다. 이 밖에 수술 장비 절약, 수술 후 입원 기간 단축 그리고 한 번의 수술로 치료가 가능해져 재입원을 피할 수 있다는 점 등도 비용을 줄여준다. 경제적 이점 이외에도 3D 프린팅 모델의 또 다른 장점은 의사소통 향상이다. 이 모델을 이용한 수술 준비는 환자와의 의사소통이나 외과 의사 간의 의사소통 등 의사소통 전반에 긍정적인 영향을 미친다.[28]

이러한 모델 제작은 안면 이식에서 척추 수술에 이르기까지 다양한 수술에서 성공적으로 수행되었으며 일반 관행이 되기 시작했다. 두바이에서는 병원들이 3D 프린팅을 자유롭게 사용하도록 하는 규정이 있는데, 의사들은 뇌동맥류를 4개의 정맥에서 겪은 환자를 대상으로 안전하게 혈관을 지나가는 수술 방법을 계획하기 위해 환자의 실제 동맥을 3D 프린팅한 모델을 사용하여 성공적으로 수술했다.

2018년 1월 벨파스트의 외과 의사들은 기증자의 신장을 3D 프린팅한 모델을 사용하여 22세 여성의 신장 이식 연습을 성공적으로 마쳤다. 이식은 꽤 복잡했다. 아버지가 기증자였지만 혈액형이 맞지 않았고 그의 신장에 암으로 발전할 가능성이 있는 낭종이 발견되었기 때문이었다. 외과 의사들은 신장을 3D 프린팅한 모형을 사용하여 낭종의 크기와 위치를 확인할 수 있었다.

3D 프린팅 모델은 수술 방법에 대한 중대한 의사 결정에도 큰 영향을 줄 수 있다. 한 심장혈관흉부외과 사례에서 모델을 통해 심장 팽창의 심각성이 드러나자 외과 의사는 환자의 수술 시기를 앞당겼다. 이전에는 수술할 수 없다고 확신했던 다른 심장혈관흉부외과 사례에서도 3D 모델을 통해 실행 가능한 접근 방식을 결정할 수 있었다. 심장외과 분야에서의 또 다른 이점은 2D 영상만 사용해서는 식별하기 어려운 두 번째 심실 중격 결손을 식별하는 기능이었다. 이 케이스의 3D 프린트 모델을 통해 초기 수술 중에 2가지 결함을 모두 고칠 수 있어 재수술의 필요성을 제거했다.

소아 척추 수술 사례에서는 3D 프린팅 모델을 사용하여 계획을 세운 후 외과 의사가 여러 번의 수술에서 단일 단계 변형 교정으로 초기 수술 계획을 변경했다. 이를 통해 환자와 가족이 반복적으로 병원을 방문할 필요성이 없어지고 반복적인 수술 위험 노출도 줄었으며, 스트레스도 감소하고 입원과 재원 기간, 수술 시간도 줄일 수 있었다.

수술 도구의 3D 프린팅

포셉, 지혈겸자, 메스 손잡이, 클램프와 같은 무균 수술 도구를 3D 프린터를 사용해 제작할 수 있다. 3D 프린팅은 무균 도구를 생산할 수 있을 뿐만 아니라 고대 일본의 종이접기 기술을 기반으로 해 정밀하고 매우 작게 만들 수도 있다. 이러한 도구는 환자에게 불필요한 추가 손상을 주지 않으면서도 아주 작은 부위를 수술하는 데 사용될 수 있다. 수술 기구 제작에 전통 제조 방식 대신 3D 프린팅을 사용하면 생산 비용이 상당히 낮아지는 이점이 있다.

3D 프린팅을 이용한 수술 기구 제작은 아직은 활성화되지 않은 분야이다. 콘도르Kondor 등이 최초로 기능적인 수술 기구 개발에 3D 프린팅 기술을 적용했다.[29] 이들은 연구에서 스트라타시스의 FDM 방식 데스크톱 프린터를 사용하여 일반 외과 수술 키트를 제작했다. 콘도르 등은 논문에서 3D 프린팅 수술 기구는 의사의 요구에 따라 맞춤 제작 및 수정이 용이하다는 점을 장점으로 언급했다. 기구의 기능 테스트는 복강 절개, 비장 제거라는 수술 시뮬레이터에서 봉합 작업을 하면서 진행되었다. 이 연구에서 콘도르 등은 CAD 소프트웨어와 SLS 방식으로 수술 시뮬레이션에 사용하는 일반 외과 수술 키트를 설계, 제작 및 최적화하는 과정을 소개했다.

3D 수술 도구를 제작할 때 제조업체는 환자 신체에서 거부반응이 일어나지 않도록 생체에 적합한 재료를 사용해야 한다. 이러

한 재료는 정상 기능을 방해하지 않는 방식으로 인체 조직 및 생물학적 시스템과 상호작용하도록 특별히 설계된다. 제조업체는 일반적으로 스테인리스스틸 및 티타늄과 같은 내구성 있는 금속과 의료용 등급 폴리머(고분자)를 사용한다. 티타늄과 의료용 폴리머는 스테인리스스틸보다 훨씬 가벼우므로 특히 인기가 많다.[30] 티타늄은 또한 반복적인 멸균에도 견딜 수 있으므로 의료 제공자가 도구를 완전히 세척한 후 재사용할 수 있다. 하지만 스테인리스스틸도 반복적으로 멸균할 수 있어서 티타늄보다 가성비 좋은 재료가 될 수 있다.

3D 프린팅 수술 도구는 다음과 같이 다양하다.

- 포셉forceps: 포셉은 외과 의사의 손을 연장해 조직, 장기 및 기타 물질을 안전하게 조작할 수 있도록 한다.
- 클램프clamps: 수술용 클램프는 물질을 함께 고정하거나 의료 절차 중에 방해되지 않도록 고정하는 데 사용할 수 있다.
- 개창기retractors: 개창기는 피부를 벌려 외과 의사가 절개 부위를 명확하게 볼 수 있도록 한다.
- 메스 손잡이scalpel handles: 메스 손잡이는 외과 의사가 수술 중 안정적인 그립감을 유지할 수 있도록 인체공학적이고 내구성이 있어야 한다.
- 지혈겸자hemostats: 지혈겸자는 혈관을 막아 출혈을 조절한다.

향후 제조업체들은 보철물을 포함하여 더욱 복잡한 도구와 장치에 3D 프린팅을 활용하기를 희망한다.

전통적 제조 방식은 감축(빼기) 공정을 사용한다. 즉, 툴을 만들기 위해 원재료에서 물질을 제거한다. 이 방법은 많은 폐기물을 만들어내며 3D 프린팅만큼 효율적이지 않다. 3D 프린팅은 층층이 재료를 쌓아서(더하기) 기기나 부품을 제작한다. 이를 통해 제조사는 더 높은 정밀도로 환자 맞춤형 도구 및 부품을 제작할 수 있다. 나사 및 플레이트와 같은 부품을 제조할 때 고도의 맞춤화가 가능하며, 이는 수술 시간을 단축하고 환자의 치료 결과를 향상한다. 이때 비용 효율성은 덤이다.

전통 의료 도구와 마찬가지로 3D 프린팅 도구 및 장치는 광범위한 검증 및 테스트를 거친다. 미국은 이 과정에서 도구가 FDA 규정 및 ISO 표준에 따라 제조되었는지 확인한다. 도구가 수술 훈련 목적으로 사용되든 실제 수술을 위해 제조되든 관계없이 이러한 표준을 충족해야 한다. 의료계의 많은 사람이 3D 프린팅 수술 도구를 인정했지만 지속해서 수용력을 유지하려면 엄격한 품질 관리 표준을 보장해야 한다.

3D 프린팅으로 제조된 도구와 수술 도구의 의료 분야 활용에 대한 수많은 실제 사례가 있다. 가장 큰 의학적 혁신 중 하나는 코로나19 팬데믹 당시 오리건보건과학대학교 연구진이 3D 프린팅으로 인공호흡기를 개발한 것이다. 재료비는 10달러 미만이었다.

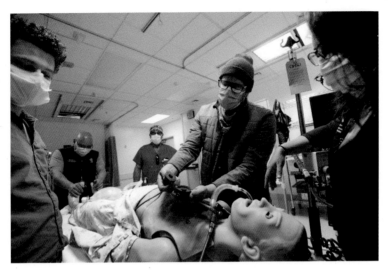

오리건보건과학대학교 연구진들이 3D 프린터로 제작한 인공호흡기를 테스트하는 장면
(출처: OHSU/Kristyna Wentz-Graff)

연구자들은 이 혁신으로 환자의 치료 결과를 개선하고 의료 기관의 비용 절감에 도움을 주었다.[31]

몇 가지 도전 과제가 3D 프린팅 수술 도구의 도입 속도를 늦출 수 있다. 이러한 기기는 FDA 및 기타 관리 기관의 승인을 받지 않는 한 대규모로 사용할 수 없기 때문이다. 또한 재료의 한계로 제조업체가 움직이는 도구와 같이 더 복잡한 구조를 만드는 것을 방해할 수 있다. 전반적인 도구 품질과 일관성을 보장하기 위해서는 글로벌 차원에서 표준화가 필요하다.

하지만 모든 도전 과제에는 기회가 따른다. 사실, 3D 프린팅 수술 도구 분야에서 몇 가지 흥미로운 미래 트렌드가 이미 나타나

9장 메디컬 3D 프린팅

고 있다. 먼저 인공지능 통합은 연구원이 재료의 한계를 극복하고 더 복잡한 구조를 설계하는 데 도움을 줄 수 있다. 또 다른 흥미로운 발전은 바이오프린팅으로 3D 프린터를 사용하여 살아 있는 생물학적 물질로 기능적 장기와 유사한 물체를 만드는 것이다.

환자 안전을 유지하기 위해 적층 제조 공정additive manufacturing process을 통해 제작된 수술 도구 및 기기를 채택하는 조직은 광범위한 외과 의사 교육을 제공해야 한다. 이 교육을 제공하는 것은 엄청난 시간이 소요되고 비용이 많이 들며 외과 직원에게 부담이 될 수 있으므로 채택에 있어 물류 및 비용 관련 장벽이 존재한다.

또한 시술 중에 3D 프린딩된 기기나 도구를 사용하는 것에 대해 동의informed consent 절차의 필요성 등과 같은 윤리적 영향도 존재한다. 조직에서 3D 수술 도구를 채택하고자 하는 경우 이러한 물류, 재정 및 윤리적 장애를 염두에 두는 것이 중요하다. 의료 기관은 이를 인식함으로써 극복하고 3D 프린팅 기술의 장점을 활용할 수 있도록 더 잘 준비할 수 있다.

적층 제조가 환자 치료에 미치는 영향은 중요하고 광범위하다. 3D 프린팅으로 제작된 수술 도구와 맞춤형 도구는 수십 년 만에 가장 위대한 수술 혁신이라 할 수 있다. 이러한 도구와 기술이 대규모로 이용 가능하다면 환자의 예후를 개선하고 수술 시간을 단축하며 회복을 신속하게 할 잠재력이 있다.

맞춤형 의수족 제작

3D 프린팅은 의료 분야에서 착용자의 신체에 맞게 제작된 맞춤형 보철 사지를 생산하는 데 사용될 수 있다. 절단 수술 환자가 전통적 방법으로 보철물을 받기까지는 보통 몇 주 또는 몇 달을 기다려야 한다. 하지만 3D 프린팅은 이 과정을 크게 단축할 뿐 아니라 전통 제조 방식의 보철물과 동일한 기능을 환자에게 제공하는 훨씬 저렴한 제품을 만들어낸다.

이러한 제품의 저렴한 가격은 특히 보철 사지의 교체 주기가 빠른 아동에게 적용하기에 좋다. 또한 3D 프린팅을 사용하면 환자가 자신의 필요에 맞는 보철물을 직접 디자인할 수 있다. 예를 들어 바디랩스Body Labs에서는 환자가 스캔을 통해 자신의 사지에 맞춰 보철물의 모델을 만들 수 있는 시스템을 개발해 더욱 자연스러운 착용감과 외관을 만들 수 있도록 했다. 또 MIT의 연구원들은 더욱 편안한 보철물 소켓prosthetic socket을 설계하고자 노력해왔다.

1990~1999년 과학자와 의료진은 3D 프린팅 보철 기기를 만들기 위해 노력했다. 그들의 연구가 최초의 3D 치과 임플란트와 장기의 제작을 이끌어내며 돌파구가 마련되었다. 하지만 3D 프린팅 보철 팔·손·손가락·다리는 여전히 연구 대상이었다. 마침내 2011년에 3D 프린팅 보철 손의 프로토타입이 만들어졌다.[32]

미국 예술가 이반 오웬Ivan Owen은 2011년 최초로 3D 프린팅 보철물을 제작했다. 하지만 3D 프린팅 보철물은 그의 첫 작품이 아니었다. 그의 첫 작품은 스팀펑크 컨벤션steampunk convention용으로 제작한 기계 손이었다. 그는 이 제작 과정을 담은 영상을 온라인에 게시했다. 목수였던 절단 환자와의 협업 이후 이 프로젝트는 한 어머니의 눈길을 끌었다. 그녀의 아들은 인공 손이 필요했는데, 당시 보철물은 매우 비쌌다. 오웬은 이 사연을 듣고 3D 프린터 제조회사에 3D 프린터 2대를 기부해달라고 했고 최초의 3D 프린팅 보철 손을 만들어냈다. 프린팅된 손은 크기 조정이 가능했으므로 아이가 자라서 보철물이 맞지 않을 문제는 크게 걱정하지 않아도 되었다.

우크라이나와 러시아의 끝이 보이지 않는 전쟁 중에 수많은 군인과 민간인이 보철물을 필요로 하는 비극적 상황에 처해 있다. 우크라이나 사회정책부가 발표한 자료에 따르면, 2022년 12월 현재 무려 1만 2,000명의 군인이 전쟁으로 인해 어떤 형태로든 사지 절단 수술을 받고 보철물을 기다리는 것으로 보고되었다. 보철물에 대한 수요가 급격히 증가함에 따라 우크라이나 및 기타 지역 환자들의 요구를 충족시키기 위해 3D 프린팅된 보철이 어떻게 사용될지에 대한 관심이 높아지고 있다.[33]

지난 10년 동안 3D 프린팅 기술은 신속한 프로토타이핑이나 스케일 모델링에서 복잡하고 정밀한 산업 제품 제조에 이르기까지 다방면으로 발전했다. 3D 스캐닝·모델링·프린팅·알고리즘 개발의 혁신과 CAD를 통해 제조업체들은 첨단 보철 기기의 비용을 크게 절감할 수 있었다.

우크라이나에서의 갑작스럽고도 압도적인 보철물 수요를 해결하기 위해 인도 보철 기술 회사인 비스팔라Vispala와 미국의 IT 회사 시스코Cisco가 파트너십을 맺고 2022년 가을에 350개의 3D 프린팅된 의수를 전쟁 피해자들에게 전달했다. 델프트공과대학교의 거윈 스미트Gerwin Smit는 자신이 개발한 이른바 '100달러 손'을 가볍고 조작이 쉬운 "신뢰할 수 있는 기능적인 인공 손"이라고 설명했다. 3D 프린팅 설계로 인해 보철물은 전 세계 어디에서나 생산 가능하며 기존의 인공 손보다 훨씬 저렴하다.

첨단 보철물은 가격이 엄청나다. 환자의 자연 근전도EMG 신호를 활용하도록 설계된 근전 의수의 가격은 최대 10만 달러에 이르며, 첨단 하지 보철물의 가격은 7만 달러에 달한다. 하지만 당장 생계를 걱정해야 하는 상이용사나 일반인들은 이 정도의 첨단 제품이 필요 없다. 개인 맞춤으로 제작만 되면 바로 사용할 수 있다. 3D 프린팅 보철 기기는 우크라이나 사람들의 삶을 수입 수준과 관계없이 즉시 향상시키고 있는 것이다.

이네이블e-NABLE은 3D 프린터를 사용해 성인과 어린이를 위한 무료 및 저렴한 보철 사지를 제작하는 전 세계 '디지털 인도주의자' 플랫폼이다. 3D 프린팅된 보철물 제작에 사용되는 디자인은 오픈소스이므로 자격을 갖춘 프린터가 있는 사람이라면 누구나 무료로 사용할 수 있다. 우크라이나를 포함한 100개국 이상에 4만 명의 이네이블 자원봉사자가 있으며, 약 1만~1만 5,000명의 수혜자에게 무료 보철을 제공했다. 하지만 일부는 이네이블의 활동에 대해 사전 교육과 경험이 없는 사람들이 제작한 3D 프린팅 기기의 내구성을 문제삼으며 비판의 목소리를 내고 있다.

이처럼 맞춤형 보철 기기가 필요한 환자에게 3D 프린팅 기술과 관련된 설계의 자유는 향상된 디자인과 기능을 위한 무한한 기회를 제공한다. 3D 프린팅 보철 기기는 기존 생산 방식보다 더욱 편안하면서도 높은 가성비를 제공한다.

3D 프린팅 보철 기기는 적층 제조를 통해 최소한의 재료로 복잡한 구조를 만들 수 있다. 재료를 잘 선택하면 더욱 가볍게 만들수도 있다. 보철기 설계 관점에서 3D 프린팅 보철의 또 다른 장점은 '동적 거동'을 생성할 수 있다는 것이다. 예를 들어 소켓은 필요한 부분에서는 단단하게 그리고 쿠션이나 댐핑 부위는 유연하게그 구조를 설계할 수 있다.

3D 보철의 디지털 제작 과정은 환자 데이터 수집으로 시작된다. 여기에는 휴대용 3D 스캐너, MRI 또는 CT 스캔과 같은 3D 의료 이미징 기술을 사용하여 고해상도 해부학적 데이터를 캡처하는 작업이 포함된다. 그런 다음 이 데이터를 나누고 다운스트림 설계작업에 사용되는 디지털 표면 메쉬로 변환한다.

두 번째 단계는 설계 생성이다. 맞춤화 전략에 따라 다양한 수준의 자동화로 기기의 설계를 생성할 수 있다. 일회성 수동 설계 또는 완전 자동 환자 맞춤형 장치를 선택할 수 있다. 규정 준수를 보장하기 위해서는 설계 산출물만큼 설계 프로세스가 중요하다는 점에 주목해야 한다.

다음 단계는 제조다. 3D 프린팅을 사용하여 보철물을 직접 또는 간접적으로 생산할 수 있다. 일반적으로 직접 접근 방식은 AM^{Additive Manufacturing}에서만 가능한 설계 기능을 가진 보철물을 개발할 때 더 나은 옵션이다. 그러나 간접 접근 방식의 경제성은 대량 생산량에서 더 적합하다. 두 경우 모두 보철물은 필수 기능 요구사항을 충족하고 장치의 미적 특성을 향상하기 위해 제조 후 특정 후처리를 거쳐야 한다.

마지막은 환자에게 기기를 전달하는 것이다. 기기가 환자의 해부학적·생리학적 구조와 맞기 때문에 의료 종사자는 보철기를 맞추기 위해 고생할 필요가 없다.

이와 같이 3D 프린팅 기술은 의료 분야에서 혁신적인 변화를 이끌어내고 있다. 메디컬 3D 프린팅의 미래는 매우 밝다. 기술의 발전으로 더욱 정교한 조직 및 장기 제작이 가능해지며, 이는 장기 기증의 부족 문제를 해결하고 이식 수술의 성공률을 높일 것이다. 또한 맞춤형 보철물과 임플란트는 환자 개개인의 신체에 최적화된 치료를 제공하여 환자의 삶의 질을 크게 향상시킬 것으로 기대한다. 나아가 AI와의 융합을 통해 3D 프린팅 기술은 더욱 정밀하고 효율적인 의료 도구와 장치를 생산할 수 있게 될 것이다.

그러나 이러한 밝은 전망에도 불구하고 메디컬 3D 프린팅이 극복해야 할 도전 과제도 많다. 첫째, 3D 프린팅 기술의 안전성과 효능에 대한 장기적인 검증이 필요하다. 특히 인쇄된 조직과 장기가 신체의 기존 조직과 적절하게 통합되고 기능할 수 있도록 하는 것이 중요하다. 둘째, 법적 및 윤리적 문제들이 존재한다. 예를 들어 3D 프린팅으로 제작된 의료 도구와 장치에 대한 규제와 표준화가 필요하며, 이를 위한 국제적인 협력이 필요하다. 셋째, 기술적 한계를 극복하기 위한 지속적인 연구 개발이 요구된다.

앞으로 메디컬 3D 프린팅은 더욱 발전하여 의료 혁신의 중심에 설 것이다. 10년 내에 바이오프린팅을 통해 인공 장기를 대량 생산할 수 있는 기술이 상용화되리라 예상한다. 이는 장기 이식 대기자 명단을 크게 줄일 것이며, 많은 생명을 구하는 데 기여할 것이다. 또한 맞춤형 의료가 더욱 확대되어 개인의 유전자와 환경을 고려한 정밀 의료가 가능해질 것이다. 나아가 인공지능과의 융합으로 3D 프린팅은 더욱 효율적이고 정교한 의료 솔루션을 제공하게 될 것이다.

메디컬 3D 프린팅은 의료 기술의 새로운 지평을 열고 있다. 이 책이 제공한 지식과 통찰이 독자들에게 미래 의료의 방향성을 이해하는 데 도움이 되기를 바란다. 지속적인 연구와 혁신을 통해 메디컬 3D 프린팅이 가져올 놀라운 변화를 기대하며, 이를 통해 더욱 건강하고 행복한 사회를 만들어나가야 할 것이다.

에필로그

이 책은 스마트 병원의 개념과 기술 발전, 다양한 적용 사례, 미래 전망을 깊이 있게 다루며, 의료 시스템의 혁신적인 변화를 조망하고자 했다. 특히 스마트 병원이 환자와 의료진에게 제공하는 새로운 경험과 의료 서비스 질 향상에 초점을 맞춰 미래 의료의 청사진을 제시하고자 노력했다.

정보통신기술과 의료 기술의 융합은 현대 의료 시스템의 효율성과 정밀성을 극대화하는 핵심 동력이다. 이러한 흐름 속에서 스마트 병원은 단순한 기술적 진보를 넘어 의료 패러다임의 근본적인 변화를 의미한다. 최근 수도권에 건설 중인 약 7,000개 병상 규모의 대형 병원들이 '스마트 병원'을 표방하고 있다는 사실은 이러한 변화의 흐름을 뒷받침한다. 청라의 현대아산병원을 필두로, 다양한 규모와 특성을 가진 스마트 병원들이 속속 등장하며 미래 의료 시스템의 새로운 모델을 제시하고 있다.

그러나 스마트 병원 구축에 필요한 정보와 경험 공유의 부족은 여전히 해결해야 할 과제로 남아 있다. 스마트 병원은 단순히 첨단 기술을 도입하는 것이 아니라, 환자 중심의 의료 서비스를 제공하고 의료진의 업무 효율성을 극대화하는 새로운 시스템을 구축하는 것을 의미한다. 이러한 변화를 성공적으로 이끌기 위해서는 다양한 분야의 전문가들이 협력하고 정보를 공유하는 노력이 필수적이다.

스마트 병원은 기술 발전을 통해 더욱 정교하고 효율적인 의료 서비스를 제공할 무한한 가능성을 지니고 있다. 인공지능과 빅데이터 분석은 환자 개개인의 특성을 고려한 맞춤형 진단과 치료를 가능하게 하며, 로봇 기술은 수술의 정확성과 안전성을 높여 환자의 빠른 회복을 돕는다. 또한 사물 인터넷 기술은 환자의 건강 상태를 실시간으로 모니터링하고 의료진에게 필요한 정보를 제공하여 예방 중심의 의료 서비스를 가능하게 한다.

하지만 스마트 병원은 기술 안전성, 윤리적 문제, 인프라 및 인력 확보, 지속적인 연구 개발 등 다양한 도전 과제에 직면해 있다. 예를 들어 인공지능 진단 시스템의 오류 가능성, 환자 개인 정보 보호 문제, 로봇 수술의 안전성 확보 등은 여전히 해결해야 할 과제로 남아 있다. 또한 스마트 병원 시스템 구축 및 운영에 필요한 막대한 비용과 전문 인력 부족 문제도 해결해야 할 과제다.

에필로그

이 책은 스마트 병원의 다양한 측면을 다루고자 노력했지만, 몇 가지 한계점을 인지하고 있다. 기술적 실패 사례 및 해결 방안, 윤리적 문제에 대한 심층적인 논의, 기술 도입의 현실적인 어려움, 장기적인 효과 검증 등에 대한 추가적인 연구가 필요하다. 미래 스마트 병원 연구는 다음과 같은 방향으로 진행되어야 한다.

- 기술적 실패 사례 분석 및 해결 방안 모색: 스마트 병원 기술 도입 과정에서 발생하는 문제점을 분석하고, 이를 해결하기 위한 구체적인 방안을 제시해야 한다. 예를 들어 인공지능 시스템의 오류를 줄이기 위한 알고리즘 개선, 사이버 보안 강화 방안 등에 대한 연구가 필요하다.
- 윤리적 문제에 대한 심층적 논의: 인공지능의 의사 결정 과정에서의 투명성과 책임성, 환자 개인 정보 보호 문제 등 윤리적 문제에 대한 심층적인 논의와 사회적 합의를 위한 노력이 필요하다.
- 경제적 효용성 평가: 스마트 병원 기술 도입이 의료 비용 절감에 미치는 영향을 객관적으로 평가하여 경제적 효용성을 검증해야 한다. 이를 통해 스마트 병원 구축에 대한 투자를 유치하고 지속 가능한 발전을 위한 기반을 마련할 수 있다.
- 기술 통합 방안 연구: 다양한 스마트 병원 기술을 효율적으로 통합하고 기존 의료 시스템과의 연동 방안을 모색해야 한다.

이를 통해 의료진의 업무 효율성을 극대화하고 환자에게 최적화된 의료 서비스를 제공할 수 있다.

- 사용자 경험 연구: 의료진과 환자의 기술 사용 경험을 분석하여 사용자 중심의 스마트 병원 기술 개발을 위한 방향을 제시해야 한다. 사용자 친화적인 인터페이스 개발, 환자 교육 프로그램 개발 등을 통해 스마트 병원 기술의 실효성을 높일 수 있다.

스마트 병원은 미래 의료 시스템의 핵심적인 역할을 수행할 것이다. 이 책에서 제시한 정보와 통찰을 바탕으로 스마트 병원의 발전을 위한 지속적인 노력이 이루어진다면, 우리는 더욱 건강하고 행복한 미래를 맞이할 수 있을 것이다. 스마트 병원은 단순히 기술적인 진보를 넘어, 환자 중심의 의료 서비스를 제공하고 의료 시스템의 효율성을 극대화하는 새로운 패러다임을 제시할 것이다.

특히 초고령화 시대에 접어든 우리 사회는 메타헬스라는 새로운 의료 패러다임을 통해 지속 가능한 의료 시스템을 구축해야 한다. 인공지능, 빅데이터, 사물 인터넷, 로봇공학 등 4차 산업혁명 기술과 의학, 한의학, 대체 의학 등 다양한 의료 지식을 융합하여 환자 중심의 맞춤형 의료 서비스를 제공해야 한다. 이러한 노력을 통해 우리는 건강하고 행복한 초고령 사회를 만들어갈 수 있을 것이다.

메타헬스는 의료의 미래를 혁신할 핵심 키워드다. 의료진과 환자, 정부, 기업 등 모든 이해관계자가 협력하여 메타헬스 시스템 구축에 적극적으로 참여해야 한다. 메타헬스는 단순한 의료 기술의 발전을 넘어, 인간 중심의 의료 서비스를 제공하고 궁극적으로는 인류의 건강과 행복 증진에 기여할 것이다.

참고문헌 및 사이트

서문 • •

1 왕창원, 신항식, "국내 스마트 병원 구축현황 및 발전 방안,"《전기학회논문지》, 72(11), 2023, 1441~1448쪽.
2 https://www.gatesnotes.com/The-Age-of-AI-Has-Begun
3 https://biz.chosun.com/international/international_general/2024/02/05/TLL6FLHYKJBDRHBVXZHGYQY3MU
4 https://www.joongang.co.kr/article/25235869
5 https://www.newsis.com/view/?id=NISX20240326_0002675730&cID=10301&pID=10300

1장 키보드에서 해방된 의사들 • •

1 https://www.healthcareitnews.com/news/mayo-clinic-completes-epic-ehr-rollout-final-go-lives
2 https://www.healthdatamanagement.com/articles/cleveland-clinic-to-implement-oracle-cloud-based-healthcare-platform?id=1680
3 https://consultqd.clevelandclinic.org/how-cleveland-clinics-ehr-transformation-ensures-the-delivery-of-world-class-care-everywhere
4 https://www.nuance.com/healthcare/dragon-ai-clinical-solutions/dax-copilot.html
5 https://www.epic.com/
6 https://open.epic.com/Interface/HL7v2
7 https://www.oracle.com/health/insights/
8 https://blog.naver.com/samasa3/222597897814
9 https://kr.investing.com/equities/cerner-corporatio-earnings
10 https://www.thermofisher.com/kr/ko/home/digital-science/thermo-fisher-connect/editions.html#connect-your-team
11 https://www.zdnet.com/article/microsoft-finalizes-its-acquisition-of-nuance-communications/

12 https://www.nuance.com/healthcare/dragon-ai-clinical-solutions/dax-copilot.html

13 https://www.nuance.com/healthcare/dragon-ai-clinical-solutions/dragon-medical-one.html

14 https://www.healthcareitnews.com/news/nuance-ai-copilot-now-fully-embedded-epic-ehr

15 https://www.prnewswire.com/news-releases/nuance-announces-first-quarter-2022-results-301476693.html

16 http://www.monews.co.kr/news/articleView.html?idxno=206163

17 https://www.medicaltimes.com/Main/News/NewsView.html?ID=1152250

18 https://www.docdocdoc.co.kr/news/articleView.html?idxno=3003020

19 https://www.hilarispublisher.com/abstract/medical-robot-with-electronic-health-record-system-19895.html

20 https://www.emrsystems.net/blog/robotic-process-automation-rpa-in-ehrs/

21 https://www.iuemag.com/june2014/sc/medical-robot.php

22 https://www.healthrecoverysolutions.com/blog/electronic-medical-records-and-telemedicine-software

23 https://www.mayoclinic.org/healthy-lifestyle/consumer-health/in-depth/telehealth/art-20044878

24 https://www.sedaily.com/NewsView/2D6I89T72K

25 위의 글.

26 https://kr.aving.net/news/articleView.html?idxno=1776477

27 https://puzzle-ai.io/

2장 의료와 로봇의 만남 ● ●

1 https://en.wikipedia.org/wiki/History_of_robots

2 http://www.doctorsnews.co.kr

3 https://www.intuitive.com/en-us/patients/da-vinci-robotic-surgery

4 C. X. Lei, Q. Li, S. Z. Li et al., "Comparison of blood loss in patients with femoral neck fracture undergoing screw fixation with and without robot navigation," *Med J Chin People Armed Police Forces*, 29(7), 2018, pp.677~679.

5 W. Li, K. N. Lang, J. Li et al., "Meta analysis of safety and short-term ther-

apeutic effect of Da Vinci robot in early ovarian cancer surgery," *J Zheng-zhou University*(Med Sci), 53(6), 2018, pp.811~816.

6 http://m.irobotnews.com/news/articleView.html?idxno=28747

7 https://scienceon.kisti.re.kr/srch/selectPORSrchReport.do?cn=TRKO201400016762&dbt=TRKO

8 http://www.doctorstimes.com/news/articleView.html?idxno=220339

9 https://www.businesspost.co.kr/BP?command=article_view&num=126811

10 https://ifr.org/

11 https://blog.naver.com/withkisti/223257841397

12 https://www.precedenceresearch.com/healthcare-service-robots-market

13 https://www.intuitive.com/ko-kr/patients/patients/about-da-vinci-systems

14 https://www.stryker.com/us/en/about/news/2020/stryker-releases-mako--total-hip-4-0-software.html

15 https://www.medimaging.net/nuclear-medicine/articles/294783386/new-cyberknife-system-launched-globally.html

16 https://www.omnicell.com/products/medimat-robotic-medication-pack-dispensing-system

17 https://spinalnewsinternational.com/tag/mazor-x/

18 http://www.bosa.co.kr/news/articleView.html?idxno=2061301

19 https://www.dailymedi.com/news/news_view.php?wr_id=897289

20 http://m.irobotnews.com/news/articleView.html?idxno=32072

21 https://blog.naver.com/kips1214/222730801849

22 https://www.roensurgical.com/news/aaqt5po2vyxmtofoxsd0v7ps0uf8ub

23 https://www.roensurgical.com/zamenix-r2

24 https://www.hankyung.com/article/202208021573i

25 https://www.donga.com/news/It/article/all/20190926/97600112/1

26 https://www.youtube.com/watch?app=desktop&v=arFIJTCrukg

27 https://www.businesspost.co.kr/BP?command=article_view&num=126811

28 https://www.dongascience.com/news.php?idx=54589

참고문헌 및 사이트

29 https://www.hypershell.cc/

30 https://www.eduexo.com/resources/articles/exoskeleton-history/

31 https://robohub.org/eksobionics-goes-public-for-20-6-million/

32 https://exoskeletonreport.com/2016/06/medical-exoskeletons/

33 https://www.hocoma.com/solutions/lokomat/

34 https://bioniklabs.com/inmotion-arm/

35 https://www.bioservo.com/products/carbonhand?

3장 아무도 소외되지 않는 스마트 의료, 원격의료 ●●

1 M. J. Field, "Telemedicine: A guide to assessing telecommunications in healthcare," *Journal of Digital Imaging*, 10(1), 1997, p.28(doi: 10.1007/BF03168648).

2 https://www.news-medical.net/health/What-is-Telemedicine.aspx

3 R. H. Eikelboom, "The elegraph and the beginnings of telemedicine in Australia," *Stud Health Technol Inform*, 182, 2012, pp.67~72(PMID: 23138081).

4 chrome-extension://efaidnbmnnnibpcajpcglclefindmkaj/https://www.ccjm.org/content/ccjom/85/12/938.full.pdf

5 https://evisit.com/resources/history-of-telemedicine

6 J. Jagarapu, R. C. Savani, "A brief history of telemedicine and the evolution of teleneonatology," *Seminars in Perinatology*, 45(5), 2021, 151416(doi: 10.1016/j.semperi.2021.151416).

7 https://evisit.com/resources/history-of-telemedicine

8 https://www.mk.co.kr/news/world/10291748

9 https://www.docdocdoc.co.kr/news/articleView.html?idxno=3001918

10 https://www.khidi.or.kr/newsLetter/preView?newsLetterId=91

11 https://www.liebertpub.com/doi/10.1089/tmj.2020.0369

12 http://www.monews.co.kr/news/articleView.html?idxno=216567

13 https://www.docdocdoc.co.kr/news/articleView.html?idxno=2009375

14 https://telemedicine.arizona.edu/blog/cloud-based-telehealth-defined-advantages-applications-and-security

15 https://world.moleg.go.kr/web/wli/lgslInfoReadPage.do?CTS_SEQ=43464&AST_SEQ=313&ETC=0

16 https://www.irjet.net/archives/V9/i5/IRJET-V9I5457.pdf

17 https://www.wheel.com/companies-blog/synchronous-vs-asynchro-

nous-telehealth

18 https://builtin.com/healthcare-technology/telemedicine-companies

19 https://ikoob.com/

20 https://www.appsdevpro.com/blog/how-mhealth-applications-are-changing-healthcare/

21 https://syndelltech.com/wearables-an-emerging-future-trend-in-mhealth-apps/

22 https://health.google/

23 https://www.microsoft.com/en-us/industry/health/microsoft-cloud-for-healthcare

24 Y. Wu, L. Gao, J. Chai et al., "Overview of health-monitoring technology for long-distance transportation pipeline and progress in DAS technology application," *Sensors*, 24, 2024, p.413(doi: 10.3390/s24020413).

25 https://www.altexsoft.com/blog/remote-patient-monitoring-systems/

26 https://www.virtusense.ai/

27 https://www.welldoc.com/

28 https://www.athenahealth.com/

29 https://www.elluminatiinc.com/top-10-telemedicine-apps/

30 https://www.teladochealth.com/

31 https://www.goodrx.com/healthcare-access/telehealth/popular-telehealth-apps

32 https://www.etnews.com/20230830000206

33 https://www.etnews.com/20231108000184

34 https://devabit.com/blog/cloud-based-emr-on-premise-emr-solutions/

35 https://modicklinikken.dk/

36 A. Azim, M. N. Islam, P. E. Spranger, "Blockchain and novel coronavirus: towards preventing COVID-19 and future pandemics," *Iberoamerican Journal of Medicine*, 2(3), 2020.

37 V. Chamola, V. Hassija, V. Gupta et al., "A comprehensive review of the COVID-19 pandemic and the role of IoT, Drones, AI, Blockchain, and 5G in managing its impact," *IEEE Access*, 8, 2020, pp.90225~90265.

38 Z. Jin, Y. Chen, "Telemedicine in the cloud era: prospects and challenges," *IEEE Pervas*, Comput, 14(1), 2015, pp.54~61.

39 A. F. da Conceição, F. S. C. da Silva, V. Rocha et al., "Electronic health records using blockchain technology," arXiv preprint arXiv:1804.10078, 2018.

40 E. Saweros, Y. Song, "Connecting heterogeneous electronic health record systems using tangle," *Proceedings of the 13th International Conference on Ubiquitous Information Management and Communication(IMCOM)*, 2019, pp.858~869.

41 Y. El-Miedany, "Telehealth and telemedicine: how the digital era is changing standard health care," *Smart Homecare Technol and Telehealth*, 4, 2017, pp.43~51.

42 M. Thakore, "Transforming healthcare: blockchain based medical prescription tracking," available online at: https://hackernoon.com/transforming-healthcare-blockchain-based-medical-prescription-tracking-58e7c4b59227, April 2020.

43 M. Raikwar, S. Mazumdar, S. Ruj et al., "A blockchain framework for insurance processes," *IEEE, 9th IFIP International Conference on New Technologies, Mobility and Security(NTMS)*, 2018.

44 K. Mannaro, G. Baralla, A. Pinna et al., "A blockchain approach applied to a teledermatology platform in the Sardinian region (Italy)," *Information*, 9(44), 2018.

45 Health U. D., Services H. et al., *Personal Health Records and the HIPAA Privacy Rule*, Washington, DC., 2008.

46 R. Guo, H. Shi, D. Zheng et al., "Flexible and efficient blockchain-based ABE scheme with multi-authority for medical on demand in telemedicine system," *IEEE Access*, 7, 2019, pp.88012~88025.

47 A. A. Siyal, A. Z. Junejo, M. Zawish et al., "Applications of blockchain technology in medicine and healthcare: challenges and future perspectives," *Cryptography*, 3(1), 3, 2019.

48 M. Rehman, P. P. Jayaraman, C. Perera, "The emergence of edge-centric distributed IoT analytics platforms," *Internet of Things*, Chapman and Hall/CRC, 2017, pp.213~228.

49 K. N. Griggs, O. Ossipova, C. P. Kohlios et al., "Healthcare blockchain system using smart contracts for secure automated remote patient monitoring," *Journal of Medical Systems*, 42(7), 2018, p.130.

50 S. M. Weissman, K. Zellmer, N. Gill et al., "Implementing a virtual health telemedicine program in a community setting," *Journal of Genetic Counseling*, 27(2), 2018, pp.323~325.

51 https://www.etnews.com/20240228000359

52 https://whitepaper.hippocrat.io/index/whatis/sdk#connection-authentication-and-sign-in

53 https://whitepaper.hippocrat.io/index/whatis/sdk#asset-management

54 https://medium.com/precision-medicine/how-big-is-the-human-genome-e90caa3409b0

55 https://whitepaper.hippocrat.io/index/whatis/ssi#exchanging-safe-healthcare-data

4장 스마트 의료의 종결자, 메타헬스 ● ●

1 https://www.donga.com/news/Society/article/all/20240328/124198232/1

2 https://medicalworldnews.co.kr/m/view.php?idx=1510960435

3 https://weekly.hankooki.com/news/articleView.html?idxno=4880644

4 https://scienceon.kisti.re.kr/srch/selectPORSrchTrend.do?cn=SCTM00021904

5 https://www.medipharmnews.com/news/articleView.html?idxno=35623

6 https://www.mk.co.kr/news/society/10938930

7 https://www.akomnews.com/bbs/board.php?bo_table=news&wr_id=40142

8 https://www.docdocdoc.co.kr/news/articleView.html?idxno=2018074

9 https://search.naver.com/통합의료+서비스의료

10 https://news.mt.co.kr/mtview.php?no=2023122814175870831

11 https://news.nate.com/view/20231109n32339

5장 인공지능과 의학의 교차점 ● ●

1 S. A. Hoogenboom, U. Bagci, M. B. Wallace, "Artificial intelligence in gastroenterology. The current state of play and the potential. How will it affect our practice and when?," *Techniques and Innovations in Gastrointestinal Endoscopy*, 22, 2020, pp.42~47; C. Le Berre, W. J. Sandborn, S. Aridhi et al.,

"Application of artificial intelligence to astroenterology and hepatology," *Gastroenterology*, 158, 2020, pp.76~94.

2 J. K. Ruffle, A. D. Farmer, Q. Aziz, "Artificial intelligence-assisted gastroenterology—promises and pitfalls," *Am J Gastroenterol*, 114, 2019, pp.422~428.

3 W. S. McCullough, W. Pitts, "A logical calculus of the ideas immanent in nervous activity," *The Bulletin of Mathematical Biophysics*, 5(4), 1943, pp.115~133(Retrieved from http://cns-classes.bu.edu/cn550/Readings/mcculloch-pitts-43.pdf).

4 https://www.ajunews.com/view/20220224064227786

5 Amisha, P. Malik, M. Pathania et al., "Overview of artificial intelligence in medicine," *Journal of Family Medicine and Primary Care*, 8, 2019, pp.2328~2331.

6 https://en.wikipedia.org/wiki/Mitre_Corporation

7 https://web.stanford.edu/class/cs124/p36-weizenabaum.pdf

8 https://web.njit.edu/~ronkowit/eliza.html

9 https://www.cancer.gov/research/areas/diagnosis/artificial-intelligence

10 https://www.ncbi.nlm.nih.gov/pmc/articles/PMC6697545/

11 S. Weiss, C. A. Kulikowski, A. Safir, "Glaucoma consultation by computer," *Comput Biol Med*, 8, 1978, pp.25~40.

12 https://en.wikipedia.org/wiki/Mycin

13 K. R. Lindsay, B. Buchanan, J. Lederberg, *Applications of Artificial Intelligence for Organic Chemistry: The Dendral Project*, McGraw-Hill Book Company, 1980.

14 https://www.sciencedirect.com/journal/artificial-intelligence-in-medicine

15 R. Liu, Y. Rong, Z. Peng, "A review of medical artificial intelligence," *Global Health Journal*, 4(2), June 2020, pp.42~45.

16 D. L. Waltz, E. M. Waltz, R. N. Miller, "Artificial neural networks for the diagnosis of electrocardiograms," *Computers in Biomedical Research*, 1983.

17 https://www.cs.ucy.ac.cy/courses/EPL678/Material/Thirty_years_of_AIME_conferences.pdf

18 https://www.ncbi.nlm.nih.gov/pmc/articles/PMC4302242/

19 https://ko.wikipedia.org/wiki/%EC%9D%B8%EA%B3%B5%EC%A7%80%EB%8A%A5

20 D. L. Ferrucci, S. Bagchi, D. Gondek et al., "Watson: beyond Jeopardy!,"

Artificial Intelligence, 199-200, 2013, pp.93~105.

21 Y. Mintz, R. Brodie, "Introduction to artificial intelligence in medicine," *Minim Invasive Ther Allied Technol*, 28, 2019, pp.73~81.

22 N. Bakkar, T. Kovalik, I. Lorenzini et al., "Artificial intelligence in neu-rodegenerative disease research: use of IBM Watson to identify addi-tional RNA-binding proteins altered in amyotrophic lateral sclerosis," *Acta Neuropathologica*, 135, 2018, pp.227~247.

23 Y. J. Yang, C. S. Bang, "Application of artificial intelligence in gastroen-terology," *World Journal of Gastroenterology*, 25, 2019, pp.1666~1683.

24 https://namu.wiki/w/머신 러닝

25 M. Peleg, C. Combi, "Artificial intelligence in medicine AIME 2011," *Ar-tificial Intelligence in Medicine*, 57(2), 2013, pp.87~89.

26 J. Schmidhuber, "Deep learning in neural networks: an overview," *Neu-ral Network*, 61, 2015, pp.85~117.

27 D. E. Rumelhart, G. E. Hinton, R. J. Williams, "Learning representations by back-propagating errors," *Nature*, 323(6088), 1986, pp.533~536.

28 E. Chung, "Canadian researchers who taught AI to learn like humans win $1M award," Canadian Broadcasting Corporation, Archived from the original on 26 February 2020, Retrieved 27 March 2019.

29 H. R. Madala, A. G. Ivakhnenko, *Inductive Learning Algorithms for Complex Sys-tems Modeling*, Boca Raton: CRC Press, 1994.

30 J. S. Zhang, L. Y. Gu, S. Y. Jiang, "Blood pressure measurement model based on convolutional recurrent neural network," *Beijing Biomedical En-gineering*, 37(5), 2018, pp.494~501.

31 https://ko.wikipedia.org/wiki/랜덤포레스트

32 G. L. H. Wong, A. J. H. Ma, H. Q. Deng et al., "Machine learning model to predict recurrent ulcer bleeding in patients with history of idiopath-ic gastroduodenal ulcer bleeding," *Aliment Pharmacol Ther*, 49(7), 2019, pp.912~918(View article CrossRef View in Scopus Google Scholar).

33 Z. Liu, S. K. Wang, R. S. Yang et al., "A case-control study of risk factors for severe hand-footmouth disease in Yuxi, China, 2010~2012," *Virol Sin*, 29(2), 2014, pp.123~125(View article CrossRef View in Scopus Google Scholar).

34 B. Wang, H. F. Feng, F. Wang et al., "Application of CatBoost model

참고문헌 및 사이트

based on machine learning in predicting severe hand-foot-mouth disease," *Chinese Journal of Infection Control*, 18(1), 2019, pp.12~16.

35 https://koreascience.kr/article/JAKO202019962560070.pdf

36 https://blog.naver.com/smartnari/223264291777

37 A. Vial, D. Stirling, M. Field et al., "The role of deep learning and radiomic feature extraction in cancer-specific predictive modelling: a review," *Translational Cancer Research*, 7(3), 2018, pp.803~816.

38 X. L. Wu, Y. Tao, Q. C. Qiu et al., "Application of image recognition-based automatic hyphae, detection in fungal keratitis," *Australasian Physical and Engineering Sciences in Medicine*, 41(1), 2018, pp.95~103(View article CrossRef View in Scopus Google Scholar).

39 위의 글.

40 https://www.mk.co.kr/news/business/10841992

41 https://www.hankyung.com/article/2023100204221

42 L. Ertl, F. Christ, "Significant improvement of the quality of bystander first aid using an expert system with a mobile multimedia device," *Resuscitation*, 74(2), 2007, pp.286~295.

43 M. Maizels, W. J. Wolfe, "An expert system for headache diagnosis: the Computerized Headache Assessment Tool(CHAT)," *Headache*, 48(1), 2008, pp.72~78.

44 T. P. Exarchos, M. G. Tsipouras, C. P. Exarchos et al., "A methodology for the automated creation of fuzzy expert systems for ischaemic and arrhythmic beat classification based on a set of rules obtained by a decision tree," *Artificial Intelligence in Medicine*, 40(3), 2007, pp.187~200.

45 A. Sheikhtaheri, F. Sadoughi, Z. H. Dehaghi, "Developing and using expert systems and neural networks in medicine: a review on benefits and challenges," *Journal of Medical Systems*, 38(9), 2014, p.110.

6장 스마트 의료용 웨어러블 기기 • • •

1 https://www.ncbi.nlm.nih.gov/pmc/articles/PMC6631918/

2 https://smroadmap.smtech.go.kr/s0401/view.html?year=2022&id=3635

3 https://www.marketwatch.com/press-release/wearable-healthcare-devices-market-worth-69-2-billion-marketsandmarkets-tm-13761251

4 https://medium.com/@nahmed3536/a-guided-history-of-wearable-devices-af234cb06660

5 K. Jeffrey, V. Parsonnet, "Cardiac pacing, 1960~1985: a quarter century of medical and industrial innovation," *Circulation*, 97(19), 1998, pp.1978~1991(doi: 10.1161/01.CIR.97.19.1978).

6 M. T. Gura, "Considerations in patients with cardiac implantable electronic devices at end of life," *AACN Advanced Critical Care*, 26, 2015, pp.356~363(doi: 10.1097/NCI.0000000000000111); Suji Choi, Hyunjae Lee et al., "Recent advances in flexible and stretchable bio-electronic devices integrated with nanomaterials," *Advanced Materials*, 28, 2016, pp.4203~4218(doi: 10.1002/adma.201504150).

7 https://www.wired.com/2013/05/fitbit-flex/

8 https://weekly.khan.co.kr/khnm.html?mode=view&code=114&artid=202402080530001

9 T. Glennon, C. O'Quigley, M. McCaul et al., "'SWEATCH': A wearable platform for harvesting and analysing sweat sodium content," *Electroanalysis*, 28, 2016, pp.1283~1289(doi: 10.1002/elan.201600106).

10 R. López-Blanco, M. A. Velasco, A. Méndez-Guerrero et al., "Smartwatch for the analysis of rest tremor in patients with Parkinson's disease," *Journal of the Neurological Sciences*, 15(401), 2019, pp.37~42(doi: 10.1016/j.jns.2019.04.011).

11 G. H. Tison, J. M. Sanchez, B. Ballinger et al., "Passive detection of atrial fibrillation using a commercially available smartwatch," *JAMA Cardiol*, 3, 2018, pp.409~416(doi: 10.1001/jamacardio.2018.0136).

12 M. E. Alnaeb, N. Alobaid, A. M. Seifalian et al., "Optical techniques in the assessment of peripheral arterial disease," *Current Vascular Pharmacology*, 5(1), 2007, pp.53~59.

13 J. Joung, C. W. Jung, H. C. Lee et al., "Continuous cuffless blood pressure monitoring using photoplethysmography-based PPG2BP-net for high intrasubject blood pressure variations," *Scientific Reports*, 13(1), 2023, p. 8605.

14 J. Kim, S. A. Chang, S. W. Park, "First-in-human study for evaluating the accuracy of smart ring based cuffless blood pressure measurement," *Journal of Korean Medical Science*, 39(2), 2024, e18.

15 H. Lee, S. Park, H. Kwon et al., "Feasibility and effectiveness of a ring-type blood pressure measurement device compared with 24-hour ambulatory blood pressure monitoring device," *Korean Circulation Journal*, 54(2), 2024, pp.93~104.

16 Y. Nakamura, Y. Arakawa, T. Kanehira et al., "SenStick: comprehensive sensing platform with an ultra tiny all-in-one sensor board for IoT research," *Journal of Sensors*, 2017(doi: 10.1155/2017/6308302).

17 N. Constant, O. Douglas-Prawl, S. Johnson et al., "Pulse-glasses: an unobtrusive, wearable HR monitor with internet-of-things functionality," *Proceedings of the 2015 IEEE 12th International Conference on Wearable and Implantable Body Sensor Networks*, 2015, pp.1~5.

18 J. R. Sempionatto, T. Nakagawa, A. Pavinatto et al., "Eyeglasses based wireless electrolyte and metabolite sensor platform," *Lab on a Chip*, 17, 2017, pp.1834~1842(doi: 10.1039/C7LC00192D).

19 T. E. Harris, S. F. DeLellis, J. S. Heneghan et al., "Augmented reality forward damage control procedures for nonsurgeons: a feasibility demonstration," *Military Medicine*, 185, 2020, pp.521~525(doi: 10.1093/milmed/usz298).

20 G. Piegari, V. Iovane, V. Carletti et al., "Assessment of google glass for photographic documentation in veterinary forensic pathology: usability study," *JMIR mHealth and uHealth*, 6, 2018, e180(doi: 10.2196/mhealth.9975).

21 https://www.mpo-mag.com/contents/view_breaking-news/2023-03-14/proximie-launches-lightweight-wearable-smart-glasses/

22 M. M. Koop, N. Shivji, N. J. Napoli et al., "A comprehensive comparison of gait metrics derived from gold standard 3D motion capture and the Microsoft HoloLens 2," *Sensors*, 23, 2023, p.321.

23 J. P. O. Held, V. L. C. Ferrer, M. Abbegg et al., "Feasibility of adaptive augmented reality based real-time feedback during overground walking in a person with chronic stroke," *Frontiers in Human Neuroscience*, 15, 2021, 736181(invalid URL removed).

24 https://encyclopedia.pub/entry/33528

25 J. Wolf, V. Wolfer, M. Halbe et al., "Comparing the effectiveness of augmented reality-based and conventional instructions during single ECMO cannulation training," *International Journal of Computer Assisted Radiolo-*

gy and Surgery, 16, 2021, pp.1171~1180.

26 D. T. Bui, T. Barnett T, H. Hoang et al., "Usability of augmented reality technology in tele-mentorship for managing clinical scenarios—a study protocol," *PLOS ONE*, 17(3), 2022, e0266255.

27 A. Bala, E. Mayer, Y. S. Lam, "Using the HoloLens to deliver a remote access teaching ward round: a proof-of-concept pilot study," *Future Healthcare Journal*, 8(3), 2021, pp.e589~e593.

28 https://www.etnews.com/20230831000215

29 https://digitalchosun.dizzo.com/site/data/html_dir/2021/02/03/2021020380094.html

30 S. Park, S. Jayaraman, "Enhancing the quality of life through wearable technology," *IEEE Engineering in Medicine and Biology Magazine*, 22, 2003, pp.41~48.

31 위의 글.

32 V. Koncar, "Smart Textiles for monitoring and measurement applications," *Smart Textiles for In Situ Monitoring of Composites*, Amsterdam: Elsevier, 2019, pp.1~151.

33 https://www.researchgate.net/figure/Smart-ECG-measuring-shirt-40-Reprinted-with-permission-from-Ref-40-Copyrigh_fig1_357409821

34 https://www.marketsandmarkets.com/Market-Reports/pulse-oximeter-market-68168578.html

35 https://www.hexoskin.com/

36 W. Gao, S. Emaminejad, H. Y. Y. Nyein et al., "Fully integrated wearable sensor arrays for multiplexed in situ perspiration snalysis," *Nature*, 529, 2016, pp.509~514.

37 X. Liu, T. C. Tang, E. Tham et al., "Stretchable living materials and devices with hydrogel-elastomer hybrids hosting programmed cells," *Proceedings of the National Academy of Sciences of the United States of America*, 114, 2017, pp.2200~2205(doi: 10.1073/pnas.1618307114).

38 P. G. Jung, S. Oh, G. Lim et al., "A mobile motion capture system based on inertial sensors and smart shoes," *IEEE International Conference on Robotics and Automation*, 2013, pp.692~697; S. I. Lee, E. Park, A. Huang et al., "Objectively quantifying walking ability in degenerative spinal disorder patients using sensor equipped smart shoes," *Medical engineering &*

physics, 38, 2016, pp.442~449(doi: 10.1016/j.medengphy.2016.02.004).

39 R. K. Mishra, L. J. Hubble, A. Martin et al., "Wearable flexible and stretchable glove biosensor for on-site detection of organophosphorus chemical threats," *ACS Sensors*, 2, 2017, pp.553~561(doi: 10.1021/acssensors.7b00051).

40 H. Gui, J. Liu, "Latest progresses in developing wearable monitoring and therapy systems for managing chronic diseases," *arXiv*, 2018, pp.1~30.

41 https://connectorsupplier.com/smart-patches-offer-next-level-wireless-health-monitoring/

42 https://www.vivalink.com/

43 N. Luo, W. Dai, C. Li et al., "Flexible piezoresistive sensor patch enabling ultralow power cuffless blood pressure measurement," *Advanced Functional Materials*, 26, 2016, pp.1178~1187(doi: 10.1002/adfm.201504560).

44 C. Wang, X. Li, H. Hu et al., "Monitoring of the central blood pressure waveform via a conformal ultrasonic device," *Nature Biomedical Engineering*, 2, 2018, pp.687~695(doi: 10.1038/s41551-018-0287-x).

45 D. Y. Park, D. J. Joe, D. H. Kim et al., "Self-powered real-time arterial pulse monitoring using ultrathin epidermal piezoelectric sensors," *Advanced Materials*, 29, 2017(doi: 10.1002/adma.201702308).

46 X. Huang, Y. Liu, K. Chen et al., "Stretchable, wireless sensors and functional substrates for epidermal characterization of sweat," *Small*, 10, 2014, pp.3083~3090(doi: 10.1002/smll.201400483).

47 https://m.blog.naver.com/PostView.nhn?isHttpsRedirect=true&blogId=dconomy&logNo=222247907565&proxyReferer=

48 S. Anastasova, B. Crewther, P. Bembnowicz et al., "A wearable multi-sensing patch for continuous sweat monitoring," *Biosensors and Bioelectronics*, 93, 2017, pp.139~145(doi: 10.1016/j.bios.2016.09.038).

49 A. Alizadeh, A. Burns, R. Lenigk et al., "A wearable patch for continuous monitoring of sweat electrolytes during exertion," *Lab Chip*, 18, 2018, pp.2632~2641(doi: 10.1039/C8LC00510A).

50 S. Y. Oh, S.Y. Hong, Y. R. Jeong et al., "Skin-attachable, stretchable electrochemical sweat sensor for glucose and pH detection," *ACS Applied Materials & Interfaces*, 10, 2018, pp.13729~13740(doi: 10.1021/acsami.8b03342).

51 M. Paranjape, J. Garra, S. Brida et al., "A PDMS dermal patch for non-intrusive transdermal glucose sensing," *Sensors and Actuators A: Physical*, 104, 2003, pp.195~204(doi: 10.1016/S0924-4247(03)00049-9).

52 H. Lee, T. K. Choi, Y. B. Lee et al., "A graphene-based electrochemical device with thermoresponsive microneedles for diabetes monitoring and therapy," *Nature Nanotechnology*, 11, 2016, pp.566~572(doi: 10.1038/nnano.2016.38).

53 E. Cho, M. Mohammadifar, S. Choi, "A single-use, self-powered, paper-based sensor patch for detection of exercise-induced hypoglycemia," *Micromachines*, 8, 2017, p.265.

54 A. Hauke, P. Simmers, Y. R. Ojha et al., "Complete validation of a continuous and blood-correlated sweat biosensing device with integrated sweat stimulation," *Lab on a Chip*, 18, 2018, pp.3750~3759(doi: 10.1039/C8LC01082J).

55 https://www.kriss.re.kr/gallery.es?mid=a10206110300&bid=0022&b_list=10&act=view&list_no=4212&nPage=1&vlist_no_npage=1&keyField=&orderby

56 https://www.chosun.com/economy/tech_it/2022/04/14/MTWBPEBEMBFUJFEXZYAXXWNNUE/

57 https://www.ibs.re.kr/cop/bbs/BBSMSTR_000000000735/selectBoardArticle.do?nttId=18951

58 https://m.dongascience.com/news.php?idx=58190

59 A. Kiourti, K. A. Psathas, K. S. Nikita, "Implantable and ingestible medical devices with wireless telemetry functionalities: a review of current status and challenges," *Bioelectromagnetics*, 35, 2014, pp.1~15(doi: 10.1002/bem.21813).

60 O. Waln, J. Jimenez-Shahed, "Rechargeable deep brain stimulation implantable pulse generators in movement disorders: patient satisfaction and conversion parameters," *Neuromodulation: journal of the International Neuromodulation Society*, 17, 2014, pp.425~430(doi: 10.1111/ner.12115).

61 J. A. Rogers, Y. Huang et al., "Electronic tattoos as a platform for continuous monitoring of biomarkers," *Science*, 333(6044), 2011, pp.978~983(doi: 10.1126/science.1206366).

62 K. Vega, N. Jiang, X. Liu et al., "The dermal abyss: interfacing with the

skin by tattooing biosensors," *Proceedings of the 2017 ACM International Symposium on Wearable Computers*, 2017, pp.138~145.

63 W. Jia, A. J. Bandodkar, G. Valdes-Ramirez et al., "Electrochemical tattoo biosensors for real-time noninvasive lactate monitoring in human perspiration," *Analytical Chemistry*, 85, 2013, pp.6553~6560(doi: 10.1021/ac401573r).

64 T. Guinovart, A. J. Bandodkar, J. R. Windmiller et al., "A potentiometric tattoo sensor for monitoring ammonium in sweat," *The Analyst*, 138, 2013, pp.7031~7038(doi: 10.1039/c3an01672b).

65 A. J. Bandodkar, W. Jia, W. Yardimci et al., "Tattoo-based noninvasive glucose monitoring: A proof-of-concept study," *Analytical Chemistry*, 87, 2015, pp.394~398(doi: 10.1021/ac504300n).

66 J. Kim, I. Jeerapan, S. C. Imani et al., "Noninvasive alcohol monitoring using a wearable tattoo-based iontophoretic-biosensing system," *ACS Sensors*, 1, 2016, pp.1011~1019(doi: 10.1021/acssensors.6b00356).

67 Y. Wang, Y. Qiu, S. K. Ameri et al., "Low-cost, µm-thick, tape-free electronic tattoo sensors with minimized motion and sweat artifacts," *npj Flexible Electronics*, 2, 2018, p.6(doi: 10.1038/s41528-017-0019-4).

68 K. Vega, N. Jiang, X. Liu et al., 위의 글.

69 X. Liu, H. Yuk, S. Lin et al., "3D printing of living responsive materials and devices," *Advanced Materials*, 30, 2018, p.1704821(doi: 10.1002/adma.201704821).

70 H. Tao, J. M. Kainerstorfer, S. M. Siebert et al., "Implantable, multifunctional, bioresorbable optics," *Proceedings of the National Academy of Sciences of the United States of America*, 109, 2012, pp.19584~19589(doi: 10.1073/pnas.1209056109).

71 D. Son, J. Lee, D. J. Lee et al., "Bioresorbable electronic stent integrated with therapeutic nanoparticles for endovascular diseases," *American Chemical Society*, 9, 2015, pp.5937~5946(doi: 10.1021/acsnano.5b00651).

72 S. K. Kang, R. K. Murphy, S. W. Hwang et al., "Bioresorbable silicon electronic sensors for the brain," *Nature*, 530, 2016, pp.71~76(doi: 10.1038/nature16492).

73 https://www.statnews.com/2020/01/14/proteus-otsuka-key-pharma-partnership-unravels/

74 P. R. Chai, R. K. Rosen, E. W. Boyer, "Ingestible biosensors for real-time medical adherence monitoring: mytmed," *Proceedings of the 2016 49th Hawaii International Conference on System Sciences*, 2016, pp.3416~3423.

7장 뇌파와 연결하여 장애를 극복하는 BCI ••

1 D. Camargo-Vargas, M. Callejas-Cuervo, S. Mazzoleni, "Brain-computer interfaces systems for upper and lower limb rehabilitation: a systematic review," *Sensors*, 21(13), 2021, 4312(doi: 10.3390/s21134312).

2 A. Kübler, E. Holz, T. Kaufmann et al., "A user centred approach for bringing BCI controlled applications to end-user," *Brain-computer interface systems - recent progress and future prospects*, 2013(Available from: https://www.intechopen.com/chapters/43505).

3 M. Zabcikova, Z. Koudelkova, R. Jasek et al., "Recent advances and current trends in brain-computer interface research and their applications," *International Journal of Developmental Neuroscience*, 82(2), 2022, pp.107~123(Available from: https://pubmed.ncbi.nlm.nih.gov/34939217/).

4 J. Kim, S. E. Lee, J. Shin, et al., "The neuromodulation of neuropathic pain by measuring pain response rate and pain response duration in animal," *Journal of Korean Neurosurgical Society*, 57(1), 2015, pp.6~11; J. K. Krauss, N. Lipsman, T. Aziz, et al., "Technology of deep brain stimulation current status and future directions," *Nature Reviews Neurology*, 17(2), 2021, pp.75~87.

5 https://n.news.naver.com/article/469/0000803244?sid=103

6 Y. Geng, J. Yang, X. Cheng, Y. Han et al., "A bioactive gypenoside(GP-14) alleviates neuroinflammation and blood brain barrier(BBB) disruption by inhibiting the NF-ĐB signaling pathway in a mouse high-altitude cerebral edema(HACE) model," *International Immunopharmacology*, 107, 2022.

7 S. De Schepper, J. Z. Ge, G. Crowley et al., "Perivascular cells induce microglial phagocytic states and synaptic engulfment via SPP1 in mouse models of Alzheimer's disease," *Nature Neuroscience*, 26, 2023, pp.406~415.

8 S. Yun, C. S. Koh, J. Seo et al., "A fully implantable miniaturized liquid crystal polymer(LCP)-based spinal cord stimulator for pain control," *Sensors*, 22(2), 2022, p.501.

9 A. M. Lozano, H. S. Mayberg, P. Giacobbe et al., "Subcallosal cingulate gyrus deep brain stimulation for treatment-resistant depression," *Biological Psychiatry*, 64(6), 2008, pp.461~467.

10 J. J. VIDA, "Toward direct brain-computer communication offsite link," *Annual Review of Biophysics and Bioengineering*, 2, 1973, pp.157~180(doi:10.1146/annurev.bb.02.060173.001105).

11 https://www.ncbi.nlm.nih.gov/pmc/articles/PMC7190148/

12 http://www.rne.or.kr/webzine/vol007/RnE2310_sub11.php

13 https://www.chosun.com/economy/tech_it/2024/03/01/DWBSD772GRE-HHAJLATVS34LMKI/

14 https://www.implantable-device.com/2019/09/20/first-clinical-implant-of-synchrons-stentrode-minimally-invasive-neural-interface/

15 https://biz.chosun.com/science-chosun/medicine-health/2024/05/23/5YXRRS2I3BCY5AV36TL7I2D4A4/

16 http://www.rne.or.kr/webzine/vol007/RnE2310_sub11.php

17 https://www.media.mit.edu/projects/alterego/overview/

18 https://www.dezeen.com/2018/04/09/mit-media-lab-alterego-device-technology/

19 https://www.ncbi.nlm.nih.gov/pmc/articles/PMC6404014/

8장 디지털 치료제 ● ● ●

1 https://dtxalliance.org/

2 http://www.hitnews.co.kr

3 http://www.monews.co.kr/news/articleView.html?idxno=327656

4 https://digitalchosun.dizzo.com/site/data/html_dir/2023/11/16/2023111680056.html

5 https://www.viva100.com/main/view.php?key=20230827010007456

6 https://www.medipana.com/article/view.php?news_idx=323394&sch_cate=D

7 https://www.medipana.com/article/view.php?news_idx=323394&sch_cate=D

8 https://www.epnc.co.kr/news/articleView.html?idxno=237583

9 https://www.etoday.co.kr/news/view/2225914

10 https://www.sisajournal-e.com

9장 메디컬 3D 프린팅 •••

1 C. Schubert, M. C. van Langeveld, L. A. Donoso, "Innovations in 3D print-
   ing: a 3D overview from optics to organs," *The British Journal of Ophthalmolo-*
   gy, 98(2), 2014, pp.159~161.
2 H. Lipson, "New world of 3-D printing offers 'completely new ways of
   thinking,: Q&A with author, engineer, and 3-D printing expert Hod Lip-
   son," *IEEE Pulse*, 4(6), 2013, pp.12~14.
3 https://ultimaker.com/learn/the-complete-history-of-3d-printing/
4 https://www.pacific-research.com/understanding-the-history-of-3d-
   printing-in-medicine-prl/
5 https://pubmed.ncbi.nlm.nih.gov/32158723/
6 https://news.hss.edu/hss-and-limacorporate-partner-to-open-first-pro-
   vider-based-design-and-3d-printing-center-for-complex-joint-recon-
   struction-surgery/
7 http://www.monews.co.kr/news/articleView.html?idxno=309201
8 J. Groll, T. Boland, T. Blunk et al., "Biofabrication: reappraising the defi-
   nition of an evolving field," *Biofabrication*, 8, 2016, p.5.
9 M. A. Heinrich, W. J. Liu, A. Jimenez, et al., "3D Bioprinting: from bench-
   es to translational applications," *Small*, 15, 2019, p.47.
10 P. Rawal, D. M. Tripathi, S. Ramakrishna, et al., "Prospects for 3D bio-
   printing of organoids," *Bio-Design and Manufacturing*, 4, 2021, pp.627~640.
11 https://www.medicaldevice-network.com/features/3d-printing-in-the-
   medical-field-applications/?cf-view
12 https://n.news.naver.com/mnews/article/023/0003827069
13 T. Xu, C. A. Gregory, P. Molnar et al., "Viability and electrophysiology of
   neural cell structures generated by the inkjet printing method," *Biomate-*
   rials, 27, 2006, pp.3580~3588(doi: 10.1016/j.biomaterials.2006.01.048).
14 C. Xu, W. Chai, H. Yong et al., "Scaffold-free inkjet printing of three-di-
   mensional zigzag cellular tubes," *Biotechnology and Bioengineerin*, 109, 2015,
   pp.3152~3160(doi: 10.1002/bit.24591).
15 Y. B. Lee, S. Polio, W. Lee et al., "Bio-printing of collagen and VEGF-re-

leasing fibrin gel scaffolds for neural stem cell culture," *Experimental Neurology*, 223, 2010, pp.645~652(doi: 10.1016/j.expneurol.2010.02.014).

16 S. Namgoong, I. J. Yoon, S. K. Han et al., "A pilot study comparing a micronized adipose tissue niche versus standard wound care for treatment of neuropathic diabetic foot ulcers," *Journal of Clinical Medicine*, 11(19), 2022, p.5887(doi: 10.3390/jcm11195887); A. Ç. Yast, A. E. Akgun, A. A. Surel et al., "Graft of 3D bioprinted autologous minimally manipulated homologous adipose tissue for the treatment of diabetic foot ulcer," *Wounds*, 35(1), 2023, pp.E22~E28(doi: 10.25270/wnds/21136); M. Y. Bajuri, J. Kim, Y. Yu et al., "New paradigm in diabetic foot ulcer grafting techniques using 3D-bioprinted autologous minimally manipulated homologous adipose tissue(3D-AMHAT) with fibrin gel acting as a biodegradable scaffold," *Gels*, 9(1), 2023, p.66(doi: 10.3390/gels9010066).

17 S. Vijayavenkataraman, Y. Wei-Cheng, W. F. Lu et al., "3D bioprinting of tissues and organs for regenerative medicine," *Advanced drug Delivery Reviews*, 132, 2018, pp.296~332(doi: 10.1016/j.addr.2018.07.004).

18 C. M. Othon, X. Wu, J. J. Anders et al., "Single-cell printing to form three-dimensional lines of olfactory ensheathing cells," *Biomedical Materials*, 3, 2008(doi: 10.1088/1748-6041/3/3/034101).

19 R. K. Pirlo, P. Wu, J. Liu et al., "PLGA/hydrogel biopapers as a stackable substrate for printing HUVEC networks via BioLP," *Biotechnol Bioeng*, 109, 2011, pp.262~273(doi: org/10.1002/bit.23295).

20 J. Li, M. Chen, X. Fan et al., "Recent advances in bioprinting techniques: approaches, applications and future prospects," *Journal of Translational Medicine*, 14, 2016, p.271(doi: 10.1186/s12967-016-1028-0).

21 L. E. Bertassoni, J. C. Cardoso, V. Manoharan et al., "Direct-write bioprinting of cell-laden methacrylated gelatin hydrogels," *Biofabrication*, 6, 2014(doi: 0.1088/1758-5082/6/2/024105).

22 J. A. Brassard, M. Nikolaev, T. Hübscher et al., "Recapitulating macro-scale tissue self-organization through organoid bioprinting," *Nature Materials*, 20, 2020, pp.22~29(doi: 10.1038/s41563-020-00803-5).

23 A. C. Daly, M. E. Prendergast, A. J. Hughes et al., "Bioprinting for the Biologist," *Cell*, 184, 2021, pp.18~32(doi: 10.1016/j.cell.2020.12.002).

24 H. Quan, T. Zhang, H. Xu et al., "Photo-curing 3D printing technique

and its challenges," *Bioactive Materials*, 5, 2020, pp.110~115.

25 J. Creff, R. Courson, T. Mangeat et al., "Fabrication of 3D scaffolds reproducing intestinal epithelium topography by high-resolution 3D stereolithography," *Biomaterials*, 2019(doi: 10.1016/j.biomaterials.2019.119404).

26 M. E. Freiser, A. Ghodadra, B. E. Hirsch et al., "Evaluation of 3D printed temporal bone models in preparation for middle cranial fossa surgery," *Otol Neurotol*, 40(2), 2019, pp.246~253.

27 L. Pugliese, S. Marconi, E. Negrello et al., "The clinical use of 3D printing in surgery," *Updates in Surgery*, 70, 2018, pp.381~388(doi: 10.1007/s13304-018-0586-5).

28 https://axial3d.com/assets/documents/Axial3D_3D-Printed-Models-and-the-Effects-on-Perioperative-Planning-and-Surgical-Outcomes_Study.pdf

29 S. Kondor, C. G. Grant, P. Liacouras et al., "On demand additive manufacturing of a basic surgical kit," *Journal of Medical Devices*, 7(3), 2013; S. Kondor, C. G. Grant, P. Liacouras et al., "Personalized surgical instruments," *Journal of Medical Devices*, 7(3), 2013.

30 https://www.thomasnet.com/insights/3d-printed-surgical-instruments/

31 https://news.ohsu.edu/2020/04/24/ventilators-available-with-the-flip-of-a-switch

32 htps://www.xometry.com/resources/3d-printing/3d-printing-in-prosthetics/

33 https://www.medicaldevice-network.com/features/a-custom-fit-3d-printing-technology-turns-to-prosthetics/?cf-view&cf-closed

권순용

가톨릭대학교 서울성모병원 정형외과 교수. 2019년 세계 최초의 스마트 병원인 은평성모병원의 초대 원장, 2대 원장을 지냈다. 국내에서 유일하게 스마트 병원을 설계하고 개원하고 운영함으로써 스마트 병원의 원칙을 충족하는 모델을 제시했다. 대한디지털헬스학회를 창립한 초대 회장으로 인공지능 기반의 음성인식 진자의무 및 간호 기록 시스템인 보이스 EMR·ENR 기록 개발에 참여했다. 특히 보이스 ENR을 세계 최초로 은평성모병원 시스템에 실제 적용하여 의료계에 일대 혁신을 일으켰다. 스마트 병원 구축 과정에서 발생할 수 있는 다양한 문제를 겪은 그는 스마트 병원을 구축하려는 이들이 시행착오를 줄이는 데 실질적인 도움을 주고 시행착오를 줄여, 궁극적으로 한국 의료 발전에 기여하고자 한다.

가톨릭대학교 여의도성모병원 초대 의무원장, 성바오로병원 마지막 병원장, 2018년 평창올림픽 의료지원단장, 대한정형외과연구학회장을 지냈다. 현재 대한노년근골격의학회장, 2024년 의료개혁특별위원회 전문위원, 대한디지털헬스학회·대한의료감정학회·대한메디컬3D프린팅학회 명예회장을 지내고 있으며, EBS '명의'에 다수 출연했다. 수상내역으로 미국 고관절학회 최고논문상 Otto Aufranc Award(2010년), 제16회 한독학술경영대상(2019년), 저서로 《명의들의 스승, 그들》 등이 있다.

강시철

마케팅 전문가이자 트렌드 기획자. 1980년대 초 고려대학교를 졸업한 뒤 오리콤에서 일했다. 1990년대 말 경영학 박사학위를 받을 즈음 비즈니스의 거대 담론은 인터넷이었지만 당시 사람들에게 낯선 분야였다. 그때 인터넷 관련 비즈니스 연구에 뛰어들어 남들보다 한발 앞선 산업 전략과 트렌드를 제시했다. 그 후 30여 년간 인터넷 비즈니스, 사물 인터넷, 인공지능 등을 연구하며 IT업계 최고 권위자로 강연과 저술 활동을 활발히 하고 있다.

스마트 병원 개척의 선구자인 권순용 교수와 함께 스마트 의료에서 인공지능과 인간이 공생하는 방법을 모색 중이다. 의료 기기의 스마트화를 넘어 스마트 기기와 의료진이 한 팀이 되는 구조를 만들기 위해 의료 산업을 낱낱이 분석하고 미래를 전망한다.

1987년 미국 오리건대학교, 2014년 서강대학교 경영대학원에서 강의했다. 저서로 《AI 빅히스토리 10의 22승》, 《인공지능 네트워크와 슈퍼 비즈니스》, 《디스럽션》, 《핸디캡 마케팅》 등을 출간했으며, 대한민국 혁신기업 대상(2020년), 대한민국 최고 경영자 대상(2018년), 한국을 빛낸 창조경영 대상(2017년)을 수상했다. 현재 AMD인베스트먼트그룹 회장으로 재직 중이며, 고려대학교 문과대학 교우회장으로 봉사하고 있다.

• 책에 수록된 사진 자료 중 사용 허가를 받지 못한 기기 및 제품은 출판사로 문의하시면 연락드리도록 하겠습니다.

메타의료가 온다

2024년 8월 21일 초판 1쇄 발행

지은이 권순용, 강시철
펴낸이 이원주, 최세현　**경영고문** 박시형

책임편집 김유경　**디자인** 정은예　**교정교열** 신상미
기획개발실 강소라, 강동욱, 박인애, 류지혜, 이채은, 조아라, 최연서, 고정용, 박현조
마케팅실 양봉호, 양근모, 권금숙, 이도경　**온라인홍보팀** 신하은, 현나래, 최혜빈
디자인실 진미나, 윤민지　**디지털콘텐츠팀** 최은정　**해외기획팀** 우정민, 배혜림
경영지원실 홍성택, 강신우, 김현우, 이윤재　**제작팀** 이진영
펴낸곳 (주)쌤앤파커스　**출판신고** 2006년 9월 25일 제406-2006-000210호
주소 서울시 마포구 월드컵북로 396 누리꿈스퀘어 비즈니스타워 18층
전화 02-6712-9800　**팩스** 02-6712-9810　**이메일** info@smpk.kr

ⓒ 권순용, 강시철(저작권자와 맺은 특약에 따라 검인을 생략합니다)
ISBN 979-11-6534-996-7 (03320)

쌤앤파커스(Sam&Parkers)는 독자 여러분의 책에 관한 아이디어와 원고 투고를 설레는 마음으로 기
다리고 있습니다. 책으로 엮기를 원하는 아이디어가 있으신 분은 메일 book@smpk.kr로 간단한 개
요와 취지, 연락처 등을 보내주세요. 머뭇거리지 말고 문을 두드리세요. 길이 열립니다.